Écrire

pour agir

au quotidien

Éditions d'Organisation
1, rue Thénard
75005 Paris
Connectez-vous sur le site :
www.editions-organisation.com

DES TROIS AUTEURS

Éditions d'Organisation

- *Savoir augmenter,* Jean et Renée SIMONET
- *La prise de notes intelligente,* Jean et Renée SIMONET
- *71 fiches pour les écrits professionnels,* Annick MARRET, Renée SIMONET, Jacques SALZER
- *Enseigner, c'est aussi savoir communiquer,* Jacques SALZER et Carlo ROMANO (épuisé)
- *Formation à l'expression écrite et orale,* Jacques LAVERRIERE, Monique SANTUCCI, Renée SIMONET
- *Le parcours et le projet,* Françoise BERNARD et Renée SIMONET

Dunod

- *Comment réussir son exposé oral,* Renée SIMONET
- *Comment réussir sa recherche de stage,* Renée SIMONET

L'Harmattan

- *Les techniques d'expression et de communication : évolution, fondements, pratiques,* Renée SIMONET

PUF

- *L'expression corporelles,* Jacques SALZER (épuisé)

Renée SIMONET　　　　　Annick MARRET

avec la collaboration de
Jacques SALZER

Écrire
pour agir
au quotidien

Éditions
d'Organisation

DEUXIÈME PARTIE

Écrire mobilise toutes sortes de compétences transversales

TROISIÈME PARTIE

Comment rédiger les écrits d'action

QUATRIÈME PARTIE
La boîte à outils

ÉCRIRE ENCORE ET TOUJOURS

L'évolution des moyens d'information et de communication remet au premier plan la nécessité de recourir à l'expression écrite, qu'elle soit mise en pratique dans l'échange quotidien de « mails » ou qu'elle accompagne l'image et le son dans les pages d'Internet. Coexistent aujourd'hui les supports traditionnels, le simple document sur papier et toutes les ressources qui accompagnent l'usage de l'ordinateur. Le courrier électronique se substitue chaque fois que c'est possible au facteur, au fax, à la distribution en interne des divers documents qui accompagnent la vie des organisations. L'écriture privée connaît un nouvel essor et développe des habitudes qui débordent sur les pratiques professionnelles. C'est ce nouvel environnement de l'écriture et ses caractéristiques que nous aborderons dans un premier temps.

Toutefois **ces nouvelles données technologiques ne doivent pas nous amener à confondre le « support » et le « message »**, même si elles ont des retombées indéniables sur l'écriture. Si la créativité peut se donner libre cours dans l'écriture privée, elle est soumise à une exigence incontournable lorsqu'il s'agit d'écrire **dans les organisations : on écrit pour communiquer en interne et avec l'extérieur, pour initier et accompagner l'action.** C'est pourquoi nous parlerons d'écrits d'action et analyserons la place et les fonctions que ceux-ci tiennent dans la vie des organisations.

La conception et la production d'écrits d'action impliquent la compréhension et la prise en compte du contexte de communication dans lequel l'écrit s'inscrit, la mise en œuvre de méthodes de travail, voire le respect de règles et de normes et ce, quel que soit le canal par lequel les écrits circulent. <u>**Écrire, c'est toujours écrire.**</u> Et cette écriture repose sur la mise en œuvre de **compétences transversales** que nous développerons dans un deuxième temps : mobiliser ses ressources, se documenter, écouter, questionner, prendre des notes, organiser ses idées, expliquer, argumenter, résumer, faire des synthèses, « bien » écrire, s'adapter au contexte, présenter un document et tirer parti des différents supports de communication.

Ces compétences sont mobilisés au service **d'écrits variés produits pour gérer, administrer, faire vendre, accompagner une carrière professionnelle.** Nous étudierons dans un troisième temps les spécificités des documents les plus courants : lettres, circulaires, notes, comptes rendus, procès-verbaux, rapports, abstracts, mémos, questionnaires, notices de commercialisation, curriculum vitæ, lettres de motivation, rapports d'activité professionnelle.

Il s'agit pour nous, dans cet ouvrage, après avoir présenté l'écriture d'action dans son environnement et ses problématiques actuelles, de transmettre des savoir-faire et des méthodes de travail afin de permettre au lecteur-rédacteur de faire face à l'ensemble des situations d'écriture auxquelles il est confronté dans sa pratique professionnelle.

Première Partie

Avant l'écriture la main intervient surtout dans la fabrication, après l'équilibre se rétablit

L'ENVIRONNEMENT DES ÉCRITS D'ACTION

L'évolution technologique transforme les pratiques d'écriture et génère de nouvelles formes de communication. Loin de condamner la production d'écrits, elle initie au contraire de multiples et toujours plus réactifs types d'écrits dont les rédacteurs n'ont pas toujours la maîtrise. D'où la difficile adéquation entre le souci toujours grandissant de communiquer pour agir, que facilite largement l'informatique et l'efficacité réelle des messages écrits.

Quels que soient les contextes, au sein d'organisation et/ou particuliers, l'écrit est actif dans la mesure où le système de communication dans lequel il s'inscrit est identifiable et identifié.

Chapitre 1

Le nouvel environnement
de l'écriture

1. L'ÉVOLUTION TECHNOLOGIQUE TRANSFORME-T-ELLE L'ÉCRITURE ?

Sans remonter aux outils et supports des temps qui ont vu naître et se former les signes et codes de l'écriture, sans reconstituer les péripéties de la rédaction, de la place et des fonctions qu'elle a successivement occupées, on peut affirmer que la nouvelle évolution de l'usage de l'« écriture, une invention dont la mise au point a duré des millénaires », celle qui a vu le passage du papier-crayon à l'ordinateur et au télécopieur (fax), n'est qu'un épisode de plus dans une très longue histoire : celle de la communication entre les hommes.

1.1. Révolution ? Évolution ? Changement ?

Des termes très forts sont souvent utilisés pour désigner des changements, certes importants, mais qui, après examen, ne les méritent peut-être pas. Y a-t-il une commune mesure entre la « Révolution informatique » et l'invention de l'imprimerie ? Lequel des deux évènements mérite-t-il d'être qualifié de révolutionnaire ? Celui qui permet à la pensée de se développer et de s'émanciper ou celui qui ne fait qu'en accroître les capacités de diffusion ? Ladite « Révolution informatique » s'évalue dans la continuité de celle de l'imprimerie.

Nous parlerons donc globalement d'« évolution », et verrons quels changements concrets ont pu, sans entraîner de révolution fondamentale, se répercuter positivement ou négativement sur les pratiques.

1.1.1. Une évolution globale

Nous l'avions déjà signalé dans les précédentes éditions de notre ouvrage[1], et nous le répétons dans notre introduction, les nouvelles technologies n'ont pas entravé la production d'écrits. Bien au contraire les situations d'écrit restent très nombreuses et les récriminations contre la « paperasse » n'y font rien, car il est de fait que plus on agit, plus on écrit. L'ensemble des activités économiques et sociales est largement producteur d'écrits aux fonctions fort diverses ; **que ce soit à la main, ou par ordinateur, on écrit.** L'écran, notre nouvelle page, accueille notre écriture et nous renvoie l'écriture d'autres personnes, souvent mêlées d'images qui y sont associées. **Communiquer par mail c'est « écrire ».** Les pages Internet (à lire et à écrire) nous délivrent conjointement image, son et écriture. La primauté affirmée et réaffirmée de l'oral n'a pas tué l'expression de l'individu par l'écrit, pas plus qu'elle ne l'a supplantée dans la communication collective, même si les formes et styles ont souffert des avatars qu'ils ont connus.

Qu'est-ce donc alors que cette évolution technologique ? En fait, la mise à la portée individuelle et collective d'outils relativement plus légers que les anciennes machines typographiques et plus « performantes » que la machine à écrire si l'on considère la précédente étape de cette évolution.

Déjà, dès cette dernière étape, chaque organisation, voire chaque foyer ou chaque individu pouvait prétendre posséder, s'il le désirait, sa propre unité de composition et d'impression (unitaire) du texte. La pratique la plus courante dans les entreprises petites ou grandes consistait à faire réaliser en imprimerie les textes destinés à une grande diffusion : affiches, notices, catalogues, répertoires, manuels réglementaires, tarifs, supports publicitaires etc. et, concurremment, à faire traiter par les secrétaires et pools dactylographiques les écrits dits « administratifs » et commerciaux.

Ces pratiques perdurent, mais l'outil a changé, au point que les mêmes acteurs, particuliers ou entreprises peuvent éventuellement fabriquer chez eux, « en interne », tout écrit en nombre et le diffuser eux-mêmes.

Désormais, l'homme d'affaires ou l'ingénieur ne se déplace plus sans son ordinateur portable nouveau *vade-mecum* de sa communication, de ses projets, de sa réflexion.

---

1. « Écrire pour Agir », A. Marret, J. Salzer, R. Simonet, 1982.

1.1.2. **Des changements techniques**

C'est donc **l'outil** qui a changé, entraînant évidemment dans son sillage les pratiques et peut-être certains comportements.

L'outil « nouveau »[1], celui qui s'est pratiquement substitué à la machine typographique et à la machine à écrire individuelle, c'est bien sûr l'ordinateur[2], ses périphériques et extensions diverses pouvant s'assembler et se fondre en super-systèmes informatiques, en machines-transferts capables de traiter le texte, le reproduire en nombre, en assembler les pages, les encarter, les relier, voire les empaqueter pour expédition.

Sont alors transformés, parce qu'ils font partie intégrante du système, les supports (au moins les premiers) de l'écriture et ceux que l'on peut appeler les organes « médiateurs ». Ainsi le **papier** sur lequel s'inscrivait le texte devient **écran,** la plume, déjà remplacée par le clavier de la machine à écrire, se voit, elle, si rudimentaire mais si simple, de plus en plus oubliée au profit d'un système complexe **souris-clavier.**

En fait, l'écran où se lit le texte qui se crée n'est lui qu'un semi-support, à moins qu'il ne soit qu'un média… Comment le classer ? Le texte s'y forme mais peut s'en effacer aussi vite ! Au mieux il n'est qu'un relais vers la mémoire d'où le texte peut réémerger. Il ne garde en lui-même aucune trace.

Celle-ci s'inscrit pourtant, et cette fois sur de vrais **supports** détachables, transportables, consultables à l'extérieur de la machine. Certains sont nouveaux : comme **les disquettes** et **les CD-Rom**[3]. Ils portent le texte en mémoire. Un autre subsiste, bien traditionnel, plus particulièrement dédié à la diffusion du texte : **le papier.** Il porte le texte après impression du contenu du disque dur, de la disquette, du « zip » ou du CD-Rom.

---

1. Pas si nouveau en effet, puisqu'il est issu des recherches sur l'information et sa circulation de C.E. SHANNON (1939 et 1948) et de celles de N. WIENER sur la cybernétique, soit l'application de l'information au mouvement (machine et animal) puis à la circulation de l'information dans un système de communication.
2. Ordinateur : ce mot, qui existait déjà, désigne au milieu du XXe siècle « un calculateur électronique doté de mémoires à grande capacité et de moyens de calcul ultra rapides, pouvant adapter son programme aux circonstances et prendre des décisions complexes ».
3. Voir note 3 page 54.

Le texte écrit étant un texte à lire, l'écran support se fait médiateur de lecture, lecture-écriture, relecture-correction, lecture-documentation. Le rédacteur peut en effet y lire tout le contenu des informations préenregistrées soit par lui-même, soit par ses collaborateurs. Il peut encore y lire des informations issues d'un CD-Rom prêté en consultation ou acheté, y recevoir des messages et y voir s'inscrire ceux qu'il adresse en échange. Le rédacteur peut donc ne plus avoir à quitter son poste de travail pour s'enquérir ici ou là, fouiller dans les dossiers ou ses archives personnelles, explorer la bibliothèque ou autre centre de ressources de son entreprise. Et, s'il en utilise les réseaux internes ou externes, voire Internet, il peut alors rechercher des informations et/ou les transmettre à distance, toujours sans bouger.

1.1.3. **Des compétences nouvelles**

Si le bras, la main, le cerveau sont « encore »[1] sollicités dans ce nouvel environnement technique, ce n'est cependant pas tout à fait de la même manière.

A outil nouveau, compétences nouvelles :

- double manipulation de la souris et du clavier,
- apprentissage dudit clavier, certes peu transformé par rapport aux modèles successifs de la machine à écrire, mais quelque peu enrichi de signes nouveaux,
- mais, surtout, acquisition (quasi permanente) de la maîtrise des infinies ressources du système et de sa mémoire.

Tout compte fait, l'ordinateur sollicite donc bien plus totalement son manipulateur qu'une simple machine à écrire.

La **rapidité** par exemple, n'est plus simplement requise de l'agilité manuelle, mais beaucoup plus de la flexibilité mentale qui permet de s'adapter instantanément à un ensemble d'opérations logiques.

En effet, que lesdites opérations soient prédéfinies ou qu'elles soient à combiner dans une nouvelle définition, il suffit de comparer le travail mécanique d'écriture d'une lettre

---

1. Certains pensent en effet que l'évolution technique se traduit infailliblement par une diminution de l'investissement de l'être humain.

à la machine au même exercice traité par ordinateur pour se rendre compte qu'un certain nombre de gestes restent les mêmes :
- déverrouiller la machine ⇨ allumer l'ordinateur
- insérer la feuille ⇨ insérer la disquette
- frapper ⇨ frapper,
  pour ne retenir que quelques-uns des gestes de mise en route des deux types de système, numériquement 3 à 5 pour l'un et l'autre. L'effort mécanique est à peu près le même, moins soutenu toutefois pour l'écriture à l'ordinateur dont le clavier offre plus de souplesse et de confort.

En revanche, dès que l'opérateur entame l'élaboration concrète du texte sur la page, alors il ne s'agit plus pour lui de faire preuve de rapidité mécanique, mais d'**agilité mentale.**

Tout d'abord les compétences-mêmes des nouveaux systèmes l'obligent à « aller les chercher » pour les mettre en œuvre, ailleurs que dans sa propre mémoire, sachant que celles-ci ne cessent de s'accroître en nombre.

Au niveau de la frappe, il est indispensable de recourir aux « symboles » pour respecter la langue nationale. En effet, les brevets concernant l'alphabet des claviers ont été repris, revendus, rachetés maintes fois et ils ont fini par perdre leurs spécificités liées aux langues d'utilisation ; n'ont plus été retenus que les caractères communs à des familles de langues, celles qui, pour notre pays, utilisent l'alphabet latin. Mais cette uniformisation a évacué vers des commandes annexes des signes comme æ, œ, È, É...qu'il faut donc « insérer », faute de quoi les sens pourraient en être modifiés. On cite souvent l'exemple d'un texte relatif au *Palais des Congrès* qui, écrit en majuscules sans la lettre appropriée pour le **è**, est devenu le *Palais des Congres.*

Au niveau de la mise en page, par exemple, centrer le texte, définir les marges, déterminer le type de graphie supposent une recherche d'adéquation dans un catalogue important de possibilités que ne présentaient pas les plus performantes et récentes des machines à écrire. Afficher les menus, choisir entre eux, suppose une formation méthodologique permettant de « rapidement » faire le bon choix.

L'opérateur doit donc savoir au minimum ce qui se cache derrière chaque étiquette de menu, connaître ce dont l'ordinateur est capable, apprécier la réactivité d'un système dont la réponse est quasi immédiate.

On peut aussi rétorquer que l'ordinateur ne propose pas plus de choix d'actions que ceux qu'est nécessairement amenée à faire « la bonne secrétaire » et que copier, couper, coller, jeter à la poubelle ou ranger le bureau ne sont que des actes classiques. On a même pu penser un moment que, puisque toutes ces actions étaient prédéfinies dans l'ordinateur, il n'était pas nécessaire de former des spécialistes. On a pu aussi affirmer que tout le monde pouvait, sans trop de peine, se donner ces compétences sans l'intermédiaire d'un maître. Et les nouveaux auto formés, ayant compris et dominé apparemment le système, la super-machine à écrire, sont devenus alors des « super-dactylos », capables de jouer de toute la nouvelle gamme de choix.

L'ordinateur proposant une gestion de bureau, de dossiers, une capacité à mettre en forme des documents de divers types, il pouvait même remplacer à la fois la dactylo et la secrétaire. Rajoutons à la panoplie un logiciel supposé porter ces compétences, et la même dactylo-secrétaire se fait aussi comptable ! Ou documentaliste, ou pourquoi pas généalogiste, ou...

Mais la puissance et la richesse du système, sa simplicité apparente d'accès, ne doivent pas faire illusion. Utiliser, consulter, créer, passer d'un logiciel à l'autre, savoir exploiter toutes les possibilités d'un système, rechercher les moyens de les accroître par addition ou combinaisons de logiciels nouveaux sur lesquels il a fallu se documenter, supposent tout de même un **apprentissage** ou l'acquisition préalable d'une maîtrise étendue aux concepts qui ont procédé à leur création.

A mesure donc que les systèmes informatiques se sophistiquent et présentent de nouvelles possibilités, s'accroît le nombre des compétences sollicitées. S'il est vrai alors que le meilleur utilisateur potentiel sera le détenteur spécialiste d'un savoir, d'une science, d'une technique, il est vrai aussi que le simple rédacteur au service des penseurs et créateurs en tout genre peut et doit accroître constamment son propre panel de compétences. La réalisation d'un mémoire, d'un rapport, d'une thèse peut demander un certain partage des outils et des ressources entre auteur et rédacteur dans le cas où l'auteur ne rédige pas lui-même. L'un comme l'autre ont intérêt à être formés aux innombrables moyens documentaires qui permettront à l'un de rechercher l'information[1], et à l'autre de la vérifier éventuellement ou de l'illustrer.

---

1. Voir chapitre « Se documenter ».

En effet, **l'illustration** fait de plus en plus partie du texte. Elle n'est pas toujours conçue en dehors et rapportée *a posteriori* à celui-ci. Elle peut être spécialement créée comme un élément original et signifiant du texte. Voici encore une compétence à travailler : la bonne utilisation des logiciels comme PHOTOSHOP, ILLUSTRATOR pour ne citer ici que les plus généralistes[1]. L'affinement des connaissances en cette matière peut passer par l'acquisition de notions de sémiologie ou d'iconographie. On sait que la mise en graphiques, schémas, organigrammes constitue aussi un vrai métier, faisant appel à des connaissances très poussées : **l'infographie**. C'est dire que ce type d'illustration, souvent utile, demande lui aussi quelques compétences, et que faire le choix d'une forme de graphique adéquate n'est pas anodin.

La « machine » elle-même est complexe et l'ensemble écran-clavier-souris n'est, la plupart du temps, que partie d'un système incluant des « périphériques » divers, comme l'imprimante, le scanner, le graveur etc., constituant un ensemble technologique exigeant un sérieux effort de « domestication ».

1.1.4. **Un obstacle à la créativité littéraire ?**

Beaucoup de rédacteurs de la génération « machine à écrire » ont eu du mal à s'adapter à une telle sollicitation. Bien des écrivains refusent toujours la confrontation à l'ordinateur, opposant souvent la lenteur de l'écriture à la main, vécue comme seule capable de permettre à la pensée de se formuler à son rythme naturel, à la célérité induite par la machine qui exige, selon l'expression d'Umberto ECCO, qu'on la « jette hors de soi ».

On retrouve là toute une problématique de l'Écriture comme acte d'expression.

Comment sans le défigurer confier le précieux contenu à la sèche logique binaire informatique (on/off, juste/faux etc.) ? Comment faire abstraction de ce sentiment que l'on n'écrit plus absolument seul mais avec une sorte de secrétaire obéissant à des règles de raisonnement prédéfinies, qui réagit ou contraint à réagir (sans pour autant corriger les erreurs) ? Où sont les traces vivantes de l'écriture qui se fait : la rature, l'ajout en marge, le brouillon, la réécriture, le commentaire créatif ? Que devient, écrit Umberto ECCO en imaginant chez certains écrivains une indignation qu'il ne partage pas, « l'espace de réserve, de repentir, d'invention » ? C'est en effet la substance sur la page des différentes

---

1. Voir « les nouveaux langages ».

rédactions proposées qui permet de juger de l'inventivité de certains écrivains. Le couper-coller paraît certes moins poétiquement suggestif que la « paperolle » de PROUST. Il semble que nous soyons invités à ne faire apparaître qu'une version du texte et une seule. Aussi, la romancière Catherine RIHOIT exprime-t-elle de façon péremptoire ce rejet de l'ordinateur par les écrivains nostalgiques de leurs support et outil favoris, la feuille de papier et la plume : « On sera toujours hostile à l'ordinateur car il nous prive de notre corbeille à papiers ».

Enfin, quelle frustration que la disparition de la relation étroite corps/écriture dans l'écriture manuelle ! C'est ce que l'on trouve exprimé dans *L'Aventure des Écritures*[1] : « Le tapuscrit, forme mécanique du manuscrit avec ses corrections à la main, révèle bien que, dès que l'écriture prend une forme typographique proche de l'imprimerie, elle s'éloigne encore plus de l'écrivain, lui paraît comme une étrangère. »

1.2. Des qualités décisives en faveur de l'ordinateur

1.2.1. Synergie, interactivité

S'il est vrai que l'ordinateur peut conserver quelques détracteurs, et que son utilisation requiert encore pour certains des efforts d'adaptation, ses avantages ne sont plus à démontrer, du moins en ce qui concerne la communication utilitaire. Outre tous ceux qui peuvent être retrouvés en filigrane de nos précédents paragraphes tels que la rapidité, les multiples capacités, la correction immédiate, et donc la possibilité d'aboutir vite à une forme soignée et normalisée, il faut en compter deux autres qui en sont plus ou moins les effets, et qui ont contribué, plus que tout, à l'abandon définitif des machines à écrire traditionnelles : la synergie et l'interactivité.

Les effets de **synergie,** on les retrouve à deux niveaux :

– Ils sont sensibles **au niveau de l'opérateur,** dans la mobilisation conjointe des ressources de son seul poste d'ordinateur. Il peut ajouter ou combiner les ressources de plusieurs logiciels et ainsi envisager d'effectuer des travaux plus complets, plus efficaces ou d'étendre la chaîne de traitement du texte en associant plusieurs fonctions. Le document s'illustre alors d'images en couleur, de schémas, de gra-

---

1. ÉD. Bibliothèque Nationale de France, 1998, Tome « Matières et forme ».

phiques. Il s'imprime, se reproduit en nombre. Bien des publications courantes peuvent ainsi être créées avec une qualité proche de celle de l'imprimerie... dont les outils de base, d'ailleurs, sont les mêmes, simplement un peu plus performants.

Les CD-Rom peuvent stocker des données très diversifiées dont l'exploitation vient alimenter un contenu qui s'étoffe et gagne en qualité. L'astronome peut y trouver les dernières images du ciel, l'architecte les répertoires de structures, le commerçant tout son catalogue de produits inventoriés, classés, visuellement représentés et chacun incorporer ces données à son document.

Ces effets de synergie s'exercent de façon particulièrement intéressante dans l'échange complémentaire des informations d'unité à unité de production (voir p. 21 et suivantes).

– Ils sont indéniables **au niveau des réseaux** où se diffusent toutes sortes d'informations préstockées ou immédiatement produites, parfois en continu, et où circulent les messages capables de modifier instantanément l'action en des lieux différents.

Les effets d'**interactivité** se déduisent des évolutions que nous venons de signaler.

La capacité à faire circuler les informations renforce la capacité d'échanger. On peut alors scinder les unités de production, les disperser, les éloigner, sans que la vitalité de l'entreprise en souffre. Non seulement la communication est préservée, non seulement l'effet de synergie permet de mettre les ressources en commun, mais on peut prendre part à l'action proprement dite dans un échange permanent. Au fur et à mesure que l'informatique élargissait son champ, on passait de la modeste interactivité entre l'opérateur et sa machine se sollicitant l'un l'autre dans un système question-réponse à la conversation entre services puis entre unités dispersées (ex. 1), entre fournisseur et client (ex. 2), puis entre partenaires bien au-delà des frontières (ex. 3). Enfin, le Net ayant conquis les espaces privés et familiaux, les différents media pouvant être associés, l'échange se fait total. Je peux de n'importe où agir sur l'autre et le faire réagir (ex. 4). Ce qui n'est pas sans poser de problèmes d'éthique (qualité, fiabilité du message, opportunité, légalité, moralité, etc.).

Voici quelques exemples de situations de communication interactive :

Exemple 1 : Le fonctionnement des banques et des systèmes financiers
Exemple 2 : La maintenance à distance (téléphone + ordinateur + caméra)
Exemple 3 : La conférence internationale multi-lieux
Exemple 4 : Le déclenchement d'actions de type militaire ou de génie civil
(téléphone portable à messagerie vocale et écrite + ordinateur (s) dont écrans de contrôle)

Exemple

Ces méthodes tendent à envahir toute la sphère de l'activité humaine. Constatons que l'écrit, bien que très relayé par l'image, y a toujours sa place, souvent sous des formes nouvelles.

1.2.2. Nouvelle relation à l'espace et au temps

Une nouvelle relation à l'espace et au temps, conjointement transformés, va modifier la production et la circulation des écrits.

Le **fax,** expression raccourcie de « *fac-similé* » (en latin « fais semblable ») avait déjà introduit une modification notable dans la transmission immédiate de documents. Cet outil permet de faire parvenir n'importe quel type de message écrit par l'intermédiaire du réseau téléphonique après encodage, décodage et réencodage. Écrit sur papier au départ, il est délivré écrit sur papier à l'arrivée. Il parvient à l'adresse du destinataire même en son absence. Cette télécopie (autre nom du fax) peut acheminer ainsi commandes, factures, demandes de renseignements, devis, plans etc. et perdure dans les moyens actuels de communication.

Avec les nouvelles possibilités technologiques, l'information circule en temps réel à travers le monde ; les écrits produits, les images et le son qui les accompagnent souvent, joignent des destinataires à l'échelle internationale, avec ou sans traduction : plus de délai, plus de frontière !

A l'intérieur d'une même structure les barrières géographiques sautent ; l'information circule en temps réel. L'interactivité raccourcit le temps de réponse. Le recours à l'intranet facilite les échanges entre les membres d'une même entreprise et génère un nouveau type de convivialité. Par rapport à l'affichage sur les panneaux d'information ou l'envoi de notes aux responsables hiérarchiques pour diffusion, le courrier électronique permet de joindre tous ceux qui sont concernés ; à eux de lire les convocations, notes d'information, comptes rendus de réunions diverses, etc. qui leur sont adressés.

Les possibilités de mise en commun de données, en quelques lieux que se trouvent les collaborateurs, sont une ressource génératrice de créativité et de gain de temps comme nous le développerons ultérieurement (voir chapitre « Préparer l'information »).

Les échanges entre les diverses organisations (administrations, entreprises, associations) et d'autres organisations ou des particuliers, sont profondément modifiés par un équipement informatique généralisé, les foyers intégrant de plus en plus cet outil dans leur vie quotidienne.

2. LE NOUVEL ENVIRONNEMENT ENGENDRE-T-IL DE NOUVELLES PRATIQUES ?

Ce nouvel environnement pour l'écriture transforme les pratiques et génère de nouvelles formes de communication tant dans la vie privée que dans la vie professionnelle. Le fait que, dans ces deux situations, le « rédacteur » – du texte personnel ou de l'écrit d'action – ait recours aux mêmes outils aboutit à une assimilation, voire à une confusion des genres. L'écriture privée « déteint » sur l'écriture professionnelle au détriment de cette dernière.

2.1. Un nouvel essor de l'écriture « privée »

Avec l'accélération des technologies de la communication que nous avons abordée précédemment, l'acte d'écrire s'inscrit dans un contexte nouveau qui le transforme.

Avec l'introduction de l'ordinateur dans les foyers et l'usage, à titre personnel, des ressources informatiques du lieu de travail, la correspondance électronique privée a relancé la pratique de l'écriture que l'usage du téléphone avait fait considérablement reculer. Plus de contrainte de temps, plus besoin d'aller poster ses lettres ou d'attendre le facteur, il est possible d'avoir une réponse immédiate, facile d'envoyer en documents attachés des textes, des photos, des chansons…, d'avoir recours à des icônes, à des abréviations… La pesanteur associée à l'écriture avec ses règles de mise en forme, de présentation, ses conventions épistolaires, se voit allégée au profit de la créativité, de la spontanéité.

Cette nouvelle pratique d'écriture dont les effets sont indéniables sur la convivialité des relations interpersonnelles a des répercussions, nous semble-t-il, néfastes lorsqu'elle est transposée telle quelle sur les écrits d'action dont le contexte de production est tout autre.

2.2. De nouvelles pratiques d'écriture dans les organisations

Si l'écriture privée s'est transformée, les écrits d'action aussi ont connu des modifications ; de nouveaux genres se sont imposés, d'autres ont évolué. Les pratiques ont intégré les facilités offertes par les nouvelles technologies mais avec des effets pervers dont nous mesurerons l'étendue.

2.2.1. De nouveaux types d'écrits d'action

Traditionnellement, les écrits d'action les plus représentés étaient, du plus simple au plus complexe : la lettre, la note, le compte rendu, le rapport, le mémoire. Tous ceux-ci sont encore produits en grand nombre, mais ils sont amplement relayés par des types d'écrits plus spontanés. En effet, la vivacité est, nous l'avons vu, la caractéristique majeure de la circulation et des échanges d'informations, matière première de base des écrits que nous appelons « d'action » pour les distinguer des « écrits d'expression ». Codés et référencés au minimum, ce qui les rend identifiables, ces nouveaux écrits cherchent à être directs, peu élaborés, courts. Les plus répandus sont les **E-mails** dont la pratique s'est étendue à l'échange des messages interindividuels et les **mémos.** Les uns sont reçus principalement sur écran, les autres sont délivrés essentiellement sur papier. Ils ont en commun leur concision et leur liberté de ton et de présentation.

La **fiche** n'est pas une forme nouvelle d'écrit ; c'est, au contraire, l'une des plus anciennes. Son concept, hérité des tablettes d'argile sur lesquelles on n'écrivait que d'un seul côté, a été très répandu et a précédé la reliure des pages en volumes. Il s'est aussi inscrit tout naturellement dans les concepts-outils de l'ordinateur lui-même, comme il avait été la forme favorite des écrits de classement documentaire. Les fonctions de stockage et de mise en ordre de l'information y sont essentielles ; il offre « dossiers », « fichiers », procédures de classement et de tri, exige la lecture donc l'écriture en verso. La fiche étant donc un type d'écrit bien adapté à l'ordinateur reste donc très pratiquée.

Ces quelques types d'écrits se retrouvent partout dans le champ des échanges d'informations courantes, mais chaque activité spécialisée invente au fil de sa pratique de nouveaux types de messages écrits, visuels ou sonores adaptés à ses besoins et à son développement technologique.

2.2.2. De nouvelles pratiques... limites et dérives

◆ *Des organisations dépassées*

La vie quotidienne des organisations et d'une partie des simples citoyens a, nous l'avons vu, intégré les nouveaux outils de communication et s'adapte rapidement aux évolutions successives. Désormais le E-mail remplace de plus en plus le courrier-papier et l'appel téléphonique, le document attaché se substitue au fax, le contact avec des destinataires multiples ne nécessite plus des envois en nombre et n'implique qu'un ou des carnets(s) d'adresses constitué(s) une fois pour toutes et facilement modifiable(s).

L'information et la publicité installées sur des sites Internet s'animent de l'image et du son ; les choix successifs permettent aux utilisateurs de trouver « les » messages qui les concernent. C'est un gain de temps et de moyens quand on compare ces pratiques avec ce que nécessitaient les ressources passées.

Si toutes les performances technologiques sont réunies pour optimiser les conditions de communication, ces nouveaux systèmes connaissent des limites du fait de l'usage qui en est fait.

La capacité de traitement des courriers électroniques n'a pas suivi l'essor qu'ils ont connu. Des enquêtes ont montré qu'un pourcentage important des messages n'étaient pas traités car les entreprises destinataires étaient dépassées par l'évolution de la situation. On voit actuellement se créer des « cyber entreprises » spécialisées dans le traitement du courrier électronique d'organisations qui n'ont pas les moyens de faire face à son développement.

Les sites Internet, faciles à installer techniquement par les « initiés », ne sont pas toujours opérationnels faute de répondre aux questions ou attentes de l'ensemble des visiteurs ou de recourir à des « mots clés » significatifs.

Ce ne sont que quelques exemples à l'échelle des organisations. Mais il n'est pas dans notre projet de traiter de cette question dans sa globalité mais de nous centrer sur les pratiques d'écriture.

◆ *Une communication compromise*

Il ne s'agit nullement de refuser le progrès et de dresser un tableau apocalyptique de pratiques innovantes mais de nous recentrer sur les exigences des écrits d'action qui, **quel que soit le canal utilisé,** servent à communiquer.

Il en est du comportement des individus comme de celui des organisations. Si le E-mail, bien utilisé, facilite les relations interpersonnelles, mal utilisé, il crée de nouveaux problèmes.

Des études récentes ont mis en évidence la perte de temps liée quotidiennement à la lecture des courriers électroniques : 20 à 40 minutes selon les auteurs des enquêtes menées en entreprise. Et cela ne prend pas en compte les cas particuliers où la consultation du courrier est suspendue ; comment gérer son temps quand, après deux semaines d'absence, un cadre retrouve six cents messages sur sa boîte à lettres !

Jugé plus agréable que le téléphone, le courrier électronique n'en annule pas pour autant son usage : si la réponse considérée comme urgente ne vient pas…un coup de fil pour s'assurer que le message est bien arrivé ! Et, pour peu que le destinataire ne l'ait pas encore lu, il faut lui en signifier le contenu.

Si les destinataires sont multiples et que des réponses sont attendues de chacun, seuls l'impression et le classement permettront de gérer l'hétérogénéité des retours ; cela risque d'accroître le temps de travail.

Si le fichier attaché offre des possibilités très appréciables pour la transmission de documents, surtout lorsqu'ils sont longs, son abus aboutit à une réticence des récepteurs. Là où un texte de synthèse permettrait de mettre en évidence les informations essentielles que l'on veut communiquer, la paresse et/ou la non-prise en compte du destinataire amènent à envoyer des documents de référence en bloc : au récepteur de faire le travail !

Une démarche publicitaire qui consiste à dire dans un courrier électronique : « vous voulez tout savoir sur nos services, ouvrez le fichier attaché ! » n'aboutit pas si, dans le texte d'annonce, l'intérêt des différents types de lecteurs n'est pas éveillé.

Sauf dans les cas où le destinataire est vraiment motivé par le contenu du document attaché, les comportements varient entre un rapide balayage sur l'écran et la non-ouverture du fichier. Ajoutons que toute exploitation nécessitera une impression totale ou partielle.

Au-delà d'une utilisation non opérationnelle du support lui-même et dont nous n'avons évoqué que quelques manifestations significatives, se pose le problème de la qualité de l'expression elle-même.

On écrit comme on parle : toutes les simplifications développées dans la convivialité des écrits privés ont envahi la sphère de l'expression professionnelle. On rédige les lettres comme on en exprimerait le contenu au téléphone…on néglige la syntaxe, l'orthographe et les règles qu'impliquent les relations avec les destinataires. En effet l'attrait de la rapidité et le désir de convivialité poussent souvent à négliger tout souci de la forme et du style. Le mail peut ainsi délivrer un message tellement « informe » – sans forme – que, contaminé par le style parlé il perd toute crédibilité comme acte d'affaire.

La facilité de joindre plusieurs personnes en même temps fait oublier souvent que **toutes ne sont pas concernées au même titre par l'écrit envoyé** et toute subtilité ou nuance disparaît quand, par paresse de faire un tri, l'expéditeur l'adresse à des destinataires non concernés.

La réactivité immédiate dans ce que nous pourrions appeler le réflexe « réponse/envoi » (Reply/Send) **supprime ou diminue le temps de la réflexion** et celui de la conception même du texte ; toute prise de distance par rapport à son propre écrit disparaît et, après coup, le rédacteur pressé se rend compte qu'il a oublié de dire quelque chose d'important, ou qu'il a cédé, à tort, à un mouvement d'humeur, ou qu'il n'a pas eu la prudence de faire des vérifications utiles ou de consulter des collaborateurs mieux informés… Il est trop tard pour revenir en arrière et tout écrit correctif ou complémentaire attirerait l'attention sur la non-maturation de la réponse.

Nous n'irons pas plus avant dans le recensement des retombées de ces nouvelles pratiques rédactionnelles sur la communication. Il nous semble que ces quelques illustrations témoignent des risques actuels. Or les écrits d'action, par le rôle qu'ils jouent dans les échanges professionnels, doivent répondre à certaines exigences quel que soit le canal qui les véhicule.

2.3. Écrire c'est toujours écrire

L'existence de nouvelles ressources technologiques ne doit pas faire oublier que les écrits qui rythment la vie des organisations, structurent les échanges en interne et avec l'extérieur, relèvent de genres d'expression qui ont leurs logiques et leurs règles.

Toute incompréhension, tout quiproquo, tout malentendu peuvent susciter des litiges, faire perdre des clients, perturber le climat de travail. Il s'agit donc de concevoir et de rédiger ces écrits en tenant compte de leur fonction, des objectifs qu'ils cherchent à atteindre, de l'environnement dans lequel ils prennent place, des destinataires concernés… Rappelons que les codes linguistiques perdurent et que la qualité d'expression reste encore un critère d'évaluation des compétences de celui qui écrit.

Certes la simplification de l'écriture a été dans certains cas généralisée grâce à l'insertion dans les programmes d'ordinateurs de phrases-codes ; c'est surtout le cas dans la correspondance commerciale où le « rédacteur » n'a qu'à faire correspondre un texte préétabli avec des situations prérecensées. Mais ce prêt-à-écrire résiste à de nombreuses situations particulières parce qu'il n'est pas adapté aux contextes concernés. Il ne reste plus alors qu'à créer un texte nouveau.

Enfin, la polarisation sur les nouvelles technologies de communication ne doit pas occulter le fait que l'on continue à écrire sur du papier, à envoyer des courriers, à afficher des notes d'information, à distribuer des brochures, des plaquettes… Mais **écrire c'est toujours écrire.**

Les écrits d'action impliquent de la part des « rédacteurs » qu'ils tiennent compte du contexte de communication dans lequel s'inscrit chaque écrit et qu'ils mettent en œuvre des compétences liées à l'acte d'écrire. Ce sont ces deux aspects, inhérents à l'écriture d'action que nous développerons dans les chapitres suivants.

Chapitre 2

Écrire, agir, communiquer

1. LES FONCTIONS DE L'ÉCRITURE D'ACTION

Nous avons déjà esquissé au début de cet ouvrage une sorte de définition de l'Écriture d'Action et en avons donné quelques exemples.

Nous désignons par « écrits d'action » tous les écrits qui sont produits au fil d'une activité industrielle, commerciale ou associative, tous ceux que les citoyens que nous sommes sont amenés à lire, consulter, remplir, rédiger. Ils sont innombrables, car partout où l'on entreprend, partout où l'on agit, on écrit. Leur foisonnement, en grande partie permis par l'essor de l'informatique, s'il témoigne de la place éminente du souci de communication dans notre monde d'action, n'atteste pas forcément de la réussite du propos. C'est que les messages ne sont réellement efficaces que, d'une part s'ils remplissent une fonction précise, et, d'autre part s'ils répondent convenablement aux critères de base de la bonne communication.

1.1. Écrits d'action et organisation : une étroite dépendance

Les écrits d'action et les fonctions de l'organisation sont en très étroite dépendance. Selon les fonctions de l'organisation – production / vente / services – quels seront les besoins de communication ? Quelle sera la place de l'écrit ? Quelles fonctions plus spécifiques devra-t-il assumer ? Quelles fonctions linguistiques seront alors les siennes qui détermineront sa forme ?

Toute organisation a besoin de communiquer avec l'extérieur mais également à l'intérieur même de son espace d'activité pour pouvoir être gérée, administrée, et productive.

Deux schémas appliqués à une entreprise X vont essayer de rendre compte de ce besoin global de communication, mais surtout de l'articulation des messages délivrés avec les différents niveaux fonctionnels.

Schéma N° 1 : MESSAGES et FONCTIONS dans l'organisation

Exemple : L'ENTREPRISE X qui PRODUIT et VEND

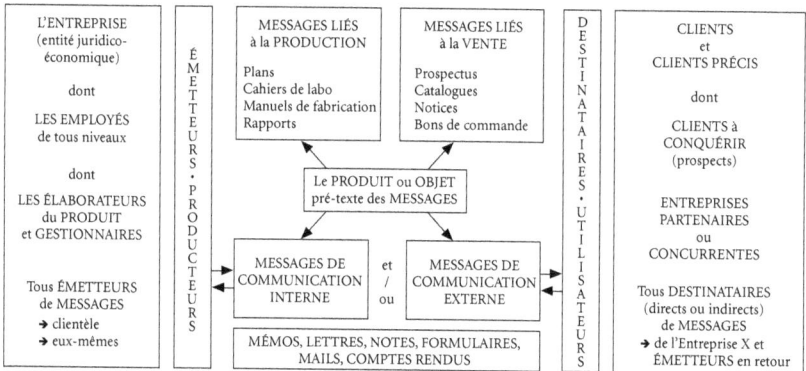

L'ENTREPRISE (entité juridico-économique)	É M E T T E U R S • P R O D U C T E U R S	MESSAGES LIÉS à la PRODUCTION	MESSAGES LIÉS à la VENTE	D E S T I N A T A I R E S • U T I L I S A T E U R S	CLIENTS et CLIENTS PRÉCIS
dont		Plans Cahiers de labo Manuels de fabrication Rapports	Prospectus Catalogues Notices Bons de commande		dont
LES EMPLOYÉS de tous niveaux					CLIENTS à CONQUÉRIR (prospects)
dont		Le PRODUIT ou OBJET pré-texte des MESSAGES			
LES ÉLABORATEURS du PRODUIT et GESTIONNAIRES					ENTREPRISES PARTENAIRES ou CONCURRENTES
Tous ÉMETTEURS de MESSAGES → clientèle → eux-mêmes		MESSAGES DE COMMUNICATION INTERNE	et / ou	MESSAGES DE COMMUNICATION EXTERNE		Tous DESTINATAIRES (directs ou indirects) de MESSAGES → de l'Entreprise X et ÉMETTEURS en retour
		MÉMOS, LETTRES, NOTES, FORMULAIRES, MAILS, COMPTES RENDUS			

Description du schéma 1

C'est une transposition à l'entreprise saisie comme un ensemble de fonctions productrices de messages du schéma classique de LASWELL.

Émetteur ⇨ Message ⇨ Destinataire

qui devient :

Producteur ⇨ Produit ⇨ Utilisateurs

Les producteurs qui produisent des objets émettent en même temps des messages. (*cf.* schéma ci-dessus). Le produit ou objet est en quelque sorte leur « pré-texte ».

Ces producteurs, ce sont :

– L'entreprise elle-même, entité fondatrice, dotée d'une identité propre, porteuse d'un projet, guidée par des objectifs, détentrice de l'autorité ;

– L'ensemble des employés de tous niveaux, exécutants ou décisionnaires, et membres des équipes de travail (techniciens, ingénieurs, manutentionnaires, agents de service, gestionnaires, secrétaires…).

Tous sont producteurs et consommateurs d'informations et donc de messages, même si certains paraissent plus spécialisés. En atteste cet extrait d'annonce : « Recherche ingénieurs-rédacteurs ».

Certains peuvent avoir à assurer plusieurs fonctions et se trouver affectés à la fois à des tâches dépendant de la production et de la vente, tel le technico-commercial qui doit, sans quitter son rôle, être informateur, voire formateur technique et vendeur, donc élaborer des messages d'intention et de style très différents.

Commentaire du schéma 1
La lecture et l'analyse du schéma en termes de production de messages et de fonctions nous conduisent aux constats suivants.

Produire et vendre s'accompagnent, comme toute activité :

– d'une consommation de messages soit issus de l'extérieur et donc fabriqués ailleurs (documents, manuels, textes de lois, règlements, etc.), soit élaborés au fil de l'activité et autoconsommés (autres manuels, notices… voir schéma 1),
– d'une création de messages destinés à la consommation intérieure (aux précédents il convient d'ajouter les notes, lettres, et autres documents administratifs) ou à la consommation des utilisateurs du produit (commandes, factures, devis…).

Ces messages portent l'empreinte des objectifs et intentions de l'entreprise : ils sont **représentatifs de ses fonctions** dans leurs formes et supports.

L'entreprise X ci-dessus qui produit et vend, développe :
– une fonction technologique de fabrication dont l'activité s'appuie sur des écrits plus ou moins techniques tels que les manuels explicatifs et notices techniques (MESSAGES LIÉS À LA PRODUCTION),
– une fonction distribution qui engendre la réalisation de nombreux écrits et messages divers de type commercial tels que les bons de commande, catalogues, prospectus, affiches, auxquels peuvent s'ajouter des images publicitaires vidéo et annonces orales (MESSAGES LIÉS À LA VENTE),

> – *une fonction Administration et Gestion dont les messages sont aussi caractéristiques (lettres, comptes rendus...) et qui peuvent être touchés très fortement par le ton donné à la vie interne de l'établissement, au comportement attendu des employés chargés de porter la « marque » du produit et la « réputation » de l'entreprise.*

Ainsi, tous les messages, y compris ceux qui s'expriment dans l'environnement architectural et la décoration intérieure des locaux, sont affectés par leur double mission technologique et commerciale. Même les plus normalisés en apparence, dans leur présentation et leur style ne sont jamais neutres.

1.2. Écrit et accompagnement de l'action

Outre les fonctions propres à un type d'entreprise, l'écrit contribue, du fait qu'il les fixe dans le texte, à assumer des fonctions plus classiques. Nous en retiendrons quatre :

• La première consiste à :

– porter à chaque instant la trace de l'activité dans toutes les pratiques de l'entreprise,

– institutionnaliser, officialiser, enregistrer les décisions, exprimer les liens administratifs et gestionnaires,

– déclencher, accompagner, régler, enregistrer, contrôler la production et la consommation,

– créer des liens avec les autres entreprises ou organismes en les interpellant, les informant, leur proposant le produit de l'activité.

Commentaire du schéma n° 2

La place et le rôle de l'écrit apparaissent ici clairement : **enregistrer.** Enregistrer tout ce qui se projette, se fait, se dit à chaque moment à propos de l'activité. Chaque écrit (trace graphique ou iconographique) devient alors un **document.**

• La deuxième consiste à porter l'information. Chaque écrit, réalisé ou consulté à tous niveaux de l'activité est porteur d'informations, soit opératoires, celles dont on a besoin pour produire, gérer, faire le point sur soi (l'entreprise, sa situation économique, ses modes et méthodes de travail etc.), soit prospectives (se faire connaître à l'extérieur), éventuellement scientifiques (présenter un produit innovant de sa création).

• La troisième consiste à diffuser l'information. L'écrit permet en effet de se faire connaître à un grand nombre de personnes et autres organisations. Il peut sur papier ou sur écran toucher un vaste public très diversifié. L'affiche en est un bon exemple.

• La quatrième enfin, sœur des deux précédentes, consiste à porter le label, la notoriété de l'organisation. Le message va exprimer l'ambition de l'entreprise ; être leader, représenter un pouvoir financier et économique. La « marque » s'inscrit dans l'angle du papier support de tous les écrits produits, s'imprime sur l'écran de télévision, envahit les pages de magazines, les emballages, se transforme en symbole graphiquement élaboré ou en image propre à se fixer dans l'esprit de chacun.

TABLEAU N° 2. ACTIVITÉS- FONCTIONS-DOCUMENTS
« Fonctions de l'ÉCRIT dans toute entreprise »

PHASES de l'ACTIVITÉ	CONTENUS FONCTIONNELS	DOCUMENTS FONCTIONNELS
1) PHASE PRÉALABLE À L'ACTIVITÉ	Analyser les besoins Étudier le marché	• réunions + **comptes rendus** • **questionnaires d'enquête** • **rapports**
2) PHASE DE CRÉATION (LANCEMENT DU PROJET)	Étudier la faisabilité Établir le cahier des charges Élaborer le prototype de la maquette	• réunions + **comptes rendus** • **rapport de faisabilité** dresse les objectifs, définit, choisit, décrit et argumente les méthodes • **cahier des charges** évalue et fixe les conditions matérielles et pratiques de réalisation • **fiches** • **notes** (consignes)
3) PHASE DE RÉALISATION (MISE EN ŒUVRE)	CONSTRUIRE (l'objet) ORGANISER (le service) Tester la faisabilité de l'objet ou du service	• réunions + **comptes rendus** • **cahiers de labo** • **dessins, schémas** • **organigrammes** .../...

(Suite)		• rapports d'avancement ou finals
		• notices
		• dossiers de :
		  – fiabilité
		  – qualification
		  – homologation
		  – gestion

4) PHASE DE DIFFUSION (DISTRIBUTION)	Monter une campagne de publicité, Commercialiser Faire vivre le « service »	• réunions + comptes rendus • catalogues • affiches, prospectus • spots télé, radio • devis, bons de commandes, factures, lettres • notices d'installation • contrats
5) PHASE D'ÉVALUATION	Assurer le suivi Évaluer	• dossier de suivi, de SAV • Traçabilité • réunions-bilans + comptes rendus
6) PHASE DE DESTRUCTION	Mettre fin au produit ou à l'activité	• Audit + compte rendu • Actes de cessation d'activité

1.3. Des fonctions du langage aux fonctions de l'écrit d'action

Le langage des écrits d'entreprise n'est pas pauvre comme on pourrait le penser. La variété des fonctions qu'ils sont portés à assumer entraîne le recours au maximum des fonctions du langage. Nous pouvons nous reporter pour recenser ces fonctions au tableau établi par JAKOBSON sur les six fonctions du langage dans la communication interpersonnelle.

La fonction expressive est impliquée à chaque fois que l'entreprise prétend s'exprimer directement comme une personne ou un groupe de personnes.

> *« Tout au long de l'année 2001, La Poste poursuit avec vous le passage à l'euro…Notre ambition est de vous aider à utiliser l'euro dès maintenant. »*

TABLEAU N° 3 : **LES FONCTIONS DU LANGAGE selon JAKOBSON**

FONCTIONS	CENTRÉES SUR...	INFORMATION caractérisée par
EXPRESSIVE	Émetteur	Expression de jugements, sentiments, critiques Subjectivité
CONATIVE	Destinataire	Recherche de persuasion, séduction, appel, ordre
RÉFÉRENTIELLE (la plus représentée)	Référent	Renvoi aux situations, à la description ; information brute. Objectivité
PHATIQUE	« Contact »	Expression du besoin de communiquer, appels, interjections
MÉTALINGUISTIQUE	Code	Explication, définition, renvoi au langage même
POÉTIQUE	Message	Mise en valeur du message

A l'information « brute » et à la description correspond la fonction référentielle.

> « *Notre chiffre d'affaires présente un accroissement de...* »
> « *L'immeuble est situé en bordure du Bois de... ; tous les appartements ont une vue sur le lac...* »

La fonction conative correspond à l'appel, à l'incitation, à la persuasion, à la séduction. La publicité est l'exemple même d'une activité dont les messages destinés aux clients potentiels relèvent de cette fonction ; l'expression peut en être directe (« *Faites partie dès aujourd'hui, des clients privilégiés...* ») mais elle relève la plupart du temps de la suggestion par les réactions plus ou moins conscientes que le texte et l'image suscitent chez les destinataires. (*L'image d'une femme ou d'un homme séduisants auxquels le destinataire s'identifiera, une lessive utilisée dans un paysage champêtre qui renvoie au désir de pureté...*).

<u>La fonction poétique</u> renvoie à la démarche créative du concepteur de l'image et/ou du texte. Elle concerne la mise en valeur du message par des effets de langage qui, souvent associés à l'image, jouent sur la sensibilité du lecteur.

Exemple

Une marque de Clairette de Dié (vin blanc pétillant) présente une bouteille, incrustée dans un paysage verdoyant au milieu de collines au pied desquelles s'étendent des vignobles. Le haut de la bouteille semble toucher un ciel ensoleillé. Dans la transparence de la bouteille se mêlent des bulles discrètes et des éléments du paysage.

Le texte impose le slogan : « né des amours du soleil et de la terre » dont on ne peut pas ne pas reconnaître les résonances mythologiques et qui accordent à ce produit une valeur de divine éternité ; cette idée est reprise dans le texte lui-même par « la fraîcheur des montagnes et la chaleur du soleil ».

<u>La fonction phatique</u> est mise en œuvre chaque fois que l'on « parle pour parler », le contenu de l'énoncé n'ayant aucune valeur en soi mais n'étant qu'un prétexte pour tisser du lien, pour établir le contact. Cela correspond aux « échanges » quotidiens sur le temps, les embouteillages ou d'autres propos du style : « Y'a plus de saison, autrefois... » « Y'a rien à la télé ... ». Le terme « Allo » si fréquemment employé relève de cette fonction dans la mesure où il ne sert qu'à introduire la communication.

Il en est de même pour les phrases comme « *Nous avons le plaisir de reprendre contact avec vous.* » « *Je me permets par la présente de m'adresser à vous* » qui introduisent une lettre.

<u>La fonction métalinguistique</u> correspond aux situations d'explication, de commentaire sur des données. Elle est souvent illustrée par des énoncés qui commencent par « *c'est-à-dire* », « *pour être plus clair...* », « *je m'explique* »...

Nous verrons dans le chapitre consacré aux choix linguistiques (voir p. 120 et suivantes) qu'il est nécessaire de mettre à la portée des destinataires des écrits les langages de spécialités dont ils n'ont pas connaissance ; les « traductions », les explications de termes mettent en jeu cette fonction.

Il y a donc une façon d'exprimer chacune de ces fonctions à chaque niveau ; celle-ci marquera le « style » de chaque message et sera déterminée pour sa rédaction, dans une analyse de « communication » stricte. Y seront examinées :

- La pertinence du message : répond-il bien à une fonction de l'activité ? assume-t-il sa fonction propre ? a-t-il le style adéquat ?

– Ses qualités communicationnelles : prend-il bien en compte les paramètres qui vont lui permettre d'être lu, compris, efficace ?
C'est notamment à cette dernière question que vont tenter de répondre les paragraphes suivants.

2. L'ÉCRIT DANS LE SYSTÈME DE COMMUNICATION

Nous l'avons développé précédemment, **l'écrit joue un rôle actif à l'intérieur des organisations – administrations, entreprises, associations –,** tant dans leurs relations avec d'autres organisations ou des particuliers que dans leur fonctionnement interne.
Les différentes fonctions que nous venons de définir vont être remplies avec plus ou moins d'efficacité selon les qualités opérationnelles des écrits qui les portent.

L'acte d'écriture s'inscrit dans une dynamique qui met en jeu un certain nombre de composantes dont le rédacteur lui-même, et identifier la situation dans laquelle son écrit prend place est la première démarche qui s'impose à lui.

Nous allons proposer ci-après trois représentations schématiques qui peuvent servir d'outils d'analyse à toute personne amenée à produire un écrit d'action. Celles-ci ne visent pas à l'exhaustivité. Elles ont surtout pour objectif d'attirer l'attention sur le fait que chaque écrit est singulier, tirant sa spécificité de la place qu'il tient dans le système de communication où il s'inscrit.

Nous verrons dans le chapitre suivant comment une analyse menée dans une perspective communicationnelle sous-tend la rédaction de tout écrit d'action autour de la question globale :

Qui écrit ? à qui ? pourquoi ? indissociable de : **Dans quel contexte ?,** le terme contexte étant entendu aussi bien dans la dimension de l'organisation que dans l'acception plus large d'environnement socio-économique.

2.1. Des situations d'écriture variées

Les écrits d'action traduisent les relations entre des organisations différentes ou entre organisations et particuliers. Nous avons regroupé sous le terme général d'« organisation » des systèmes extrêmement variés allant de la multinationale à la micro-entreprise du travailleur indépendant.

Il est clair que, la nature, la circulation, les modes de transmission des écrits vont être différents selon les contextes envisagés.

• **Le travailleur indépendant** qui se lance dans la création d'entreprise va devoir faire face à l'écriture de demandes de subvention auprès d'organismes officiels où il aura à informer (la nature de son projet) et à argumenter (l'appel à octroi d'aides). Une fois installé, il « est » son entreprise ; décideur du contenu à transmettre par ses écrits (lettres, propositions, publicités locales) et la plupart du temps également rédacteur, il est directement concerné par les retombées de ses écrits.

• **Les associations** ont recours à la fois à des personnels salariés et à des bénévoles, situations qui peuvent avoir une incidence sur la conception même des écrits. Leurs missions les mettent en contact avec des particuliers ou des entreprises auprès desquels elles ont souvent une intention d'information, de promotion et de recherche de ressources, mais également avec les pouvoirs publics, notamment dans leurs demandes d'aides et de subventions. Ces types de démarches ont rendu nécessaire la maîtrise d'écrits nouveaux qui mêlent information rigoureuse et argumentation : lettres, dossiers, plaquettes d'information, dépliants d'appel à adhésion.

• **Les entreprises,** selon leur activité et leur taille, de la PME /PMI à la multinationale, sont des lieux de production et de réception d'écrits d'action, ce qui n'est pas nouveau. Ce qui change, ce sont les nouvelles pratiques que facilitent ou génèrent les moyens modernes de communication. Transmettre, en interne, une même information à l'échelon national ou mondial implique de prendre en compte l'hétérogénéité des récepteurs, leurs différences culturelles, leurs réalités locales, et la nécessité de traduction lorsque c'est le cas. Prévoir la diffusion d'un document informatif et/ou publicitaire sur un site internet, c'est être capable de faire face à toutes les catégories de visiteurs.

• Quant aux **administrations,** elles font coexister les écrits propres à toute entreprise tant en interne qu'en externe mais elles ajoutent une dimension d'exigences propres au service public. D'une part, écrire au nom de l'État implique une prise de distance dans une « neutralité » que le style utilisé doit respecter. D'autre part, les récentes mesures visant à la « traduction » des formulaires administratifs les plus courants dans une formulation accessible à tous les administrés mettent en évidence cette nouvelle priorité des écrits administratifs : leur intelligibilité.

2.2. La double implication de la « personne » et du « professionnel » chez le rédacteur et chez le lecteur

Dans les trois schémas, nous représentons <u>du côté de l'émetteur</u> – celui qui assume l'écrit – deux niveaux :

- Celui de l'organisation elle-même qui s'engage dans l'écrit, y traduit sa politique, sa stratégie, cherche à atteindre des objectifs liés à son fonctionnement, ses relations avec les fournisseurs, les clients …
- Celui du rédacteur qui est un membre de l'organisation qui le « mandate » pour traduire ses objectifs ou bien le responsable de l'organisation au nom de laquelle il écrit ou bien un sous-traitant. Il a le pouvoir de décision sur le contenu ou bien il met en forme des consignes qu'il a reçues.

Or **le rédacteur,** en tant que personne, est présent dans son travail de préparation et d'écriture ; « exprimer » l'organisation demande de sa part une prise de conscience de sa propre « existence » dans cet acte.

Une longue tradition de formation aux écrits professionnels positionne le rédacteur comme un instrument « neutre » et « objectif » dont la fonction consisterait à être le simple médiateur qui transcrit les intentions d'une organisation à l'égard d'un ou de plusieurs destinataires, autres organisations ou particuliers. Il ne serait qu'un intermédiaire qui marque sa réserve personnelle en n'employant que le « nous » de globalisation ou des formes impersonnelles (« il convient de », « il serait préférable de… ») ; en toutes circonstances le « je » est banni.
Toutes ces précautions linguistiques mettent en fait l'accent sur les risques qui le guettent d'être présent, à titre personnel, dans son écrit.

Des travaux de recherche sur l'expression professionnelle et l'expérience des praticiens de la formation ont clairement mis en lumière **l'implication dans l'acte d'écrire de la personne** avec son affectivité, son intérêt personnel, ses préjugés, ses valeurs, son degré d'intégration dans l'entreprise et son niveau d'acceptation des orientations de celle-ci…

Faire la promotion d'un produit auquel le rédacteur ne croit pas, ménager la susceptibilité d'un client qu'il sait de mauvaise foi, rédiger une note menaçante quand il est enclin au dialogue, rendre compte d'une réunion qu'il estime inutile ou dont il conteste la conduite ou les décisions, véhiculer la culture d'une entreprise à laquelle il n'adhère pas, rédiger la notice technique d'un produit dont il connaît les éventuelles défaillances…Voici quelques-unes des situations courantes dans lesquelles il y a un décalage entre la position de celui qui rédige et le sens du message qu'il pour tâche de transmettre.

La clarification de sa propre implication dans le contenu qu'il doit mettre en forme écrite fait partie, nous le verrons lorsque nous traiterons des « compétences transversales », des démarches préalables à la conception et à la rédaction d'un écrit d'action.

Parallèlement nous avons dissocié dans nos schémas l'organisation « réceptrice », destinataire de l'écrit d'action et le « **lecteur** », membre de l'organisation qui, par sa fonction est amené à lire et traiter certains courriers ou documents d'information, de promotion…

Comme dans le cas du rédacteur, nous pouvons dire que le lecteur est impliqué en tant que personne dans son contact avec les écrits dont la lecture et le traitement dépendent de sa fonction.

Fera-t-il toujours la part entre un jugement ou une réaction personnels et l'intérêt de son organisation dans la suite qu'il donnera à une demande, une proposition ou une réclamation ? Evitera-t-il les mouvements d'humeur ou d'enthousiasme ?

Est-ce toujours avec sa « casquette » professionnelle qu'il fera des choix et non à sa place de citoyen, de consommateur, de client ? Les relations privilégiées et conviviales qu'il a avec des correspondants d'autres organisations n'auront-elles aucune incidence de favoritisme ou d'indulgence dans la façon de lire les documents que ceux-ci envoient ?…
À lui d'essayer de tirer au clair ce qui est en jeu pour l'organisation et ce qui se joue en lui-même.

Et, ne l'oublions pas, le lecteur va devenir rédacteur si l'écrit reçu implique une réponse. Peut-être est-ce une lapalissade que d'évoquer le fait que ce sont des femmes et des hommes et non des « organisations » qui rédigent et lisent les écrits d'action, mais il est important de veiller à ce que le caractère généralement formel de ce type d'écrits ne le fasse pas oublier.

◆ **Premier cas : L'écrit circule entre une organisation et une autre organisation**

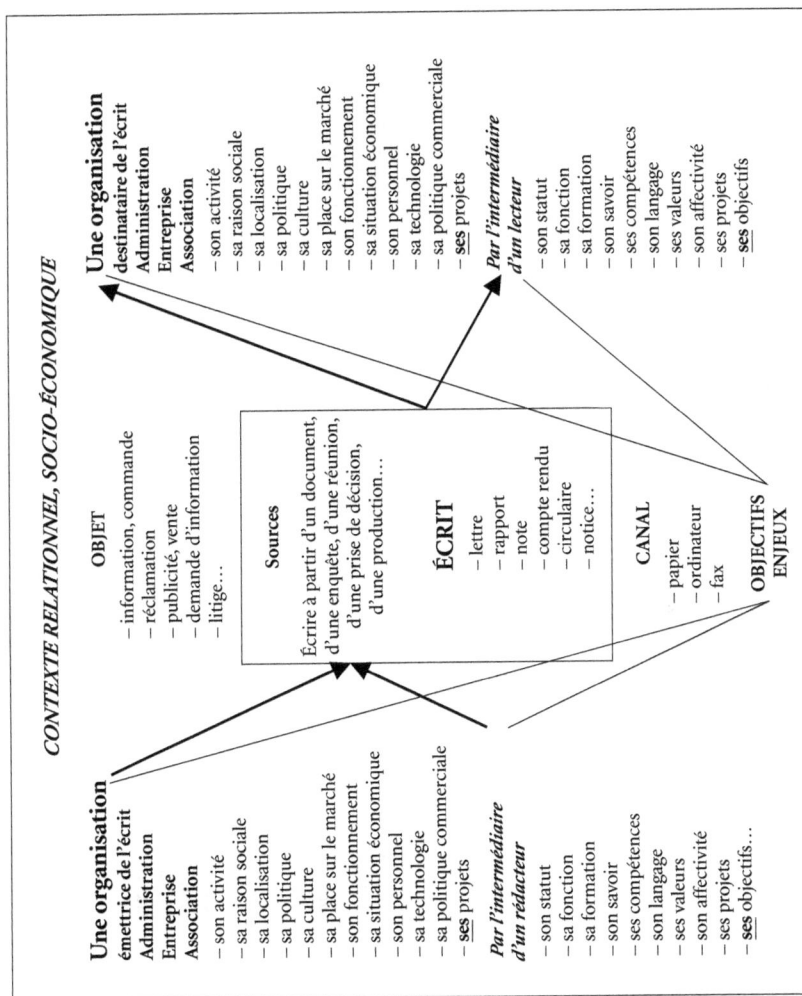

CONTEXTE RELATIONNEL, SOCIO-ÉCONOMIQUE

Une organisation émettrice de l'écrit
Administration
Entreprise
Association

– son activité
– sa raison sociale
– sa localisation
– sa politique
– sa culture
– sa place sur le marché
– son fonctionnement
– sa situation économique
– son personnel
– sa technologie
– sa politique commerciale
– <u>ses</u> projets

Par l'intermédiaire d'un rédacteur

– son statut
– sa fonction
– sa formation
– son savoir
– ses compétences
– son langage
– ses valeurs
– son affectivité
– ses projets
– <u>ses</u> objectifs…

Une organisation destinataire de l'écrit
Administration
Entreprise
Association

– son activité
– sa raison sociale
– sa localisation
– sa politique
– sa culture
– sa place sur le marché
– son fonctionnement
– sa situation économique
– son personnel
– sa technologie
– sa politique commerciale
– <u>ses</u> projets

Par l'intermédiaire d'un lecteur

– son statut
– sa fonction
– sa formation
– son savoir
– ses compétences
– son langage
– ses valeurs
– son affectivité
– ses projets
– <u>ses</u> objectifs

OBJET
– information, commande
– réclamation
– publicité, vente
– demande d'information
– litige…

Sources
Écrire à partir d'un document, d'une enquête, d'une réunion, d'une prise de décision, d'une production…

ÉCRIT
– lettre
– rapport
– note
– compte rendu
– circulaire
– notice…

CANAL
– papier
– ordinateur
– fax

OBJECTIFS ENJEUX

◆ Second cas, l'écrit circule entre une organisation et un particulier

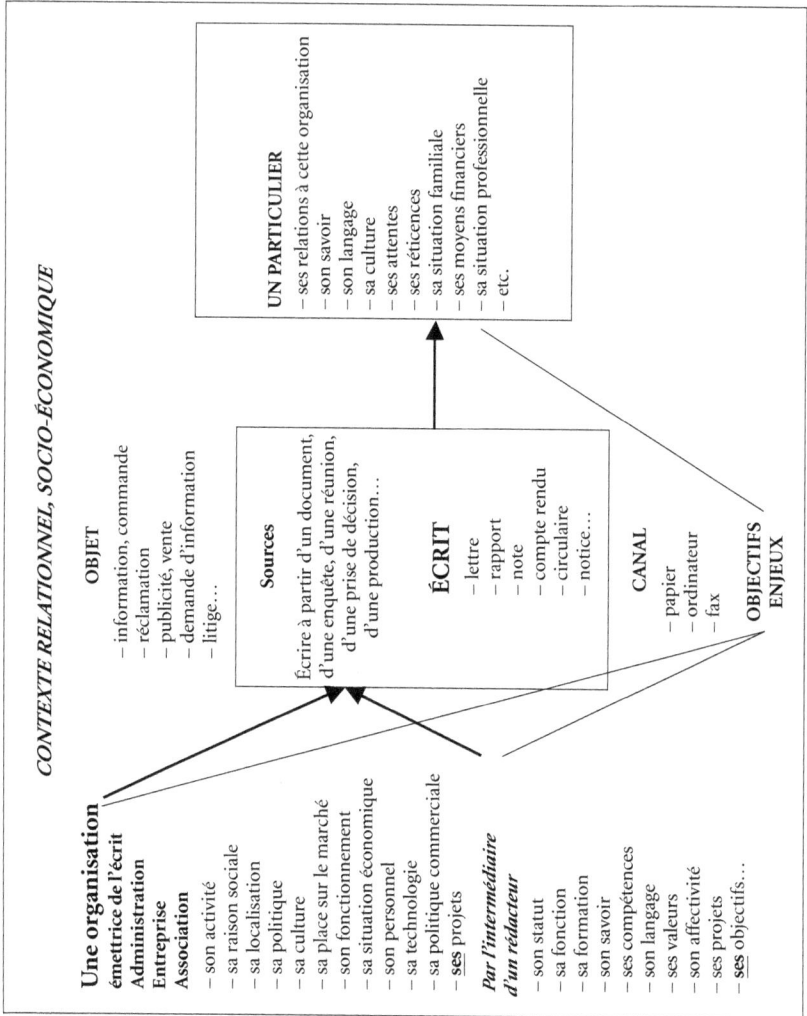

CONTEXTE RELATIONNEL, SOCIO-ÉCONOMIQUE

UN PARTICULIER
– ses relations à cette organisation
– son savoir
– son langage
– sa culture
– ses attentes
– ses réticences
– sa situation familiale
– ses moyens financiers
– sa situation professionnelle
– etc.

OBJET
– information, commande
– réclamation
– publicité, vente
– demande d'information
– litige...

Sources
Écrire à partir d'un document, d'une enquête, d'une réunion, d'une prise de décision, d'une production...

ÉCRIT
– lettre
– rapport
– note
– compte rendu
– circulaire
– notice...

CANAL
– papier
– ordinateur
– fax

OBJECTIFS ENJEUX

Une organisation
émettrice de l'écrit
Administration
Entreprise
Association
– son activité
– sa raison sociale
– sa localisation
– sa politique
– sa culture
– sa place sur le marché
– son fonctionnement
– sa situation économique
– son personnel
– sa technologie
– sa politique commerciale
– **ses** projets

Par l'intermédiaire d'un rédacteur
– son statut
– sa fonction
– sa formation
– son savoir
– ses compétences
– son langage
– ses valeurs
– son affectivité
– ses projets
– **ses** objectifs...

L'ORGANISATION DANS LE CONTEXTE SOCIO-ÉCONOMIQUE

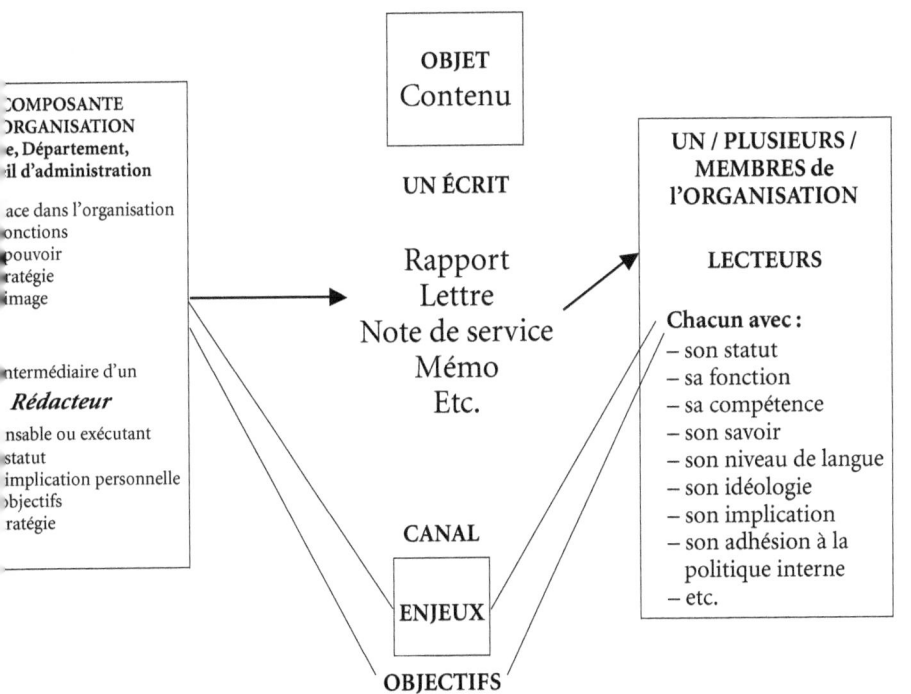

COMPOSANTE
ORGANISATION
e, Département,
il d'administration

ace dans l'organisation
onctions
pouvoir
ratégie
image

ntermédiaire d'un

Rédacteur

nsable ou exécutant
statut
implication personnelle
objectifs
ratégie

OBJET
Contenu

UN ÉCRIT

Rapport
Lettre
Note de service
Mémo
Etc.

CANAL

ENJEUX

OBJECTIFS

UN / PLUSIEURS /
MEMBRES de
l'ORGANISATION

LECTEURS

Chacun avec :
– son statut
– sa fonction
– sa compétence
– son savoir
– son niveau de langue
– son idéologie
– son implication
– son adhésion à la
  politique interne
– etc.

Il peut ici s'agir d'un document adressé à un ou plusieurs destinataires, les nouveaux moyens de communication permettant la diffusion générale au niveau mondial.

Deuxième partie

ÉCRIRE MOBILISE TOUTES SORTES DE COMPÉTENCES TRANSVERSALES

Rédiger un écrit d'action est l'aboutissement de la mise en œuvre de démarches combinées.

Ainsi,
Écrire une **lettre** demande de savoir :
– trouver le contenu,
– organiser le texte,
– résumer et/ou expliquer,
– argumenter,
– adapter le contenu et l'expression au(x) destinataire(s),
– rédiger,
– présenter l'ensemble.

Faire un **compte rendu** implique de savoir :
– observer,
– écouter,
– prendre des notes,
– résumer,
– organiser l'écrit,
– maîtriser sa subjectivité,
– rédiger avec clarté et précision.

Faire un **rapport** nécessite de savoir :
- se documenter (se questionner, lire, enquêter),
- prendre des notes,
- sélectionner le contenu,
- faire un plan,
- expliquer,
- argumenter,
- rédiger,
- faire des tableaux,
- présenter un document...

Comme on le voit, l'écrit d'action mobilise :
- des aptitudes intellectuelles (analyse, synthèse)
- des savoir-faire (résumer, argumenter, expliquer, organiser un document, le rédiger, le présenter)
- des savoirs organisationnels (comprendre l'entreprise, l'administration, l'association d'où part l'écrit et celles auxquelles il est destiné)
- des aptitudes « relationnelles » (comprendre sa place dans la situation d'écriture, et s'adapter au(x) destinataire(s))
- la capacité à s'adapter aux exigences du support par lequel l'écrit est véhiculé (papier, mail) et de sa voie de diffusion (courrier personnalisé, affichage, prospectus, Intranet, Internet...).

Il n'est pas dans l'objectif de cet ouvrage de traiter de façon exhaustive tous les points énoncés ci-dessus ; nous tenterons toutefois de traiter ceux sur lesquels l'apprentissage de méthodes de travail et la mise en application de conseils pratiques peuvent permettre une plus grande efficacité dans la rédaction des écrits d'action.

Dans cette partie, nous allons examiner les points les plus importants : comment préparer, réunir et présenter l'information.

Chapitre 3

Préparer l'information

1. ANALYSER UNE SITUATION DE COMMUNICATION

Les trois représentations sur la circulation des écrits d'action que nous avons proposées sous forme de schémas (voir p. 33-35) ont pour objectif de mettre l'accent sur tout ce qui, en amont et en aval de l'acte d'écriture oriente la stratégie de conception et de rédaction de chaque écrit. Elles renvoient à ce qui est sous-jacent dans les questions globales formulées d'une façon classique comme suit :

> **QUI ? écrit A QUI ? A QUEL TITRE ? POURQUOI ? aux deux sens de Pour quelle raison ? et Dans quel but ?**

L'objectif de ce questionnement et de l'analyse qu'il suscite est de permettre au « rédacteur » d'adapter son écrit au contexte de communication spécifique dans lequel il s'inscrit.

Des réponses découleront à la fois les choix relatifs au *QUE DIRE ?* et au *COMMENT L'ÉCRIRE ?*

Quel type d'écrit choisir ? Quel support adopter ? De quelles données a (ont) besoin le(s) destinataire(s) ? Quelles explications transmettre ? Quelles solutions proposer ? Quels arguments mettre en avant ? Quelles précautions prendre ? Quelles précisions apporter ? Quel langage adopter, celui du spécialiste ou celui du profane ? Quelle distance, proximité, connivence…traduire par l'écriture ?

Dans le cas de destinataires multiples comment leur faire parvenir le même écrit en s'adressant à chacun individuellement ?

Telles sont quelques-unes des questions pratiques qui doivent être associées à la préparation de tout écrit d'action car ce n'est qu'après y avoir apporté des réponses qu'il sera possible, à bon escient, de :

- sélectionner dans la documentation recueillie les éléments de contenu opportuns,
- organiser ces éléments en fonction du public concerné, des objectifs visés et des résultats escomptés,
- rédiger en un langage (vocabulaire, syntaxe, illustrations) qui soit adapté au(x) lecteur(s),
- choisir le moyen de communication (canal, support) le plus adéquat.

Analyser la situation de communication dans laquelle s'inscrit un écrit d'action, c'est également discerner quelle est sa propre relation au contexte traité par cet écrit et au(x) destinataires(s). C'est être capable de faire la part entre ce que l'on a envie d'écrire et ce qu'il est opportun d'écrire. C'est accepter d'être exécutant ou intermédiaire là où on serait tenté d'être acteur à part entière.

Cela implique d'avoir une distance critique par rapport à ses tentations de faire valoir ses compétences à manier un langage savant là où la situation implique retrait et sobriété.

Cela nécessite de la part du rédacteur une interrogation sur sa pratique d'écriture pour éviter ces glissements, et une lecture critique de ce qu'il produit, afin de repérer les éventuels amalgames de son expression professionnelle et de son expression personnelle.

Récapitulatif

> **En préalable à toute rédaction d'un écrit d'action il est recommandé :**
> – d'identifier la place de cet écrit dans le système de communication où il s'inscrit,
> – de clarifier sa position personnelle de « rédacteur » dans cet acte d'écriture.

2. CERNER LE CONTENU DE L'ÉCRIT : MOBILISER SES IDÉES

« Pour écrire, encore faut-il avoir quelque chose à dire. »
Si l'on n'a rien à dire, autant renoncer à écrire !

Et si l'on a quelque chose à dire ? Il suffit alors d'identifier cette chose à dire… et de l'écrire le mieux possible.

Que dire ? Si nous appelons « informations » tous les éléments d'un message que nous transmettons, nous pouvons dire que les informations se trouvent toujours dans deux sources ; c'est ce que nous nommerons :

- la documentation intérieure : celle que l'on porte en soi,
- la documentation extérieure : celle que l'on trouve en dehors de soi.

2.1. Mobiliser ses idées : à la recherche de sa « documentation intérieure »

Il arrive que beaucoup d'informations que nous utilisons dans nos écrits fassent partie de ce que nous appellerons notre « documentation intérieure », à savoir :

« ce que je sais, ce que je pense ».

En effet chacun de nous a emmagasiné dans le cadre de sa vie privée, de ses études, de ses activités professionnelles une infinité d'informations et d'expériences, dans sa mémoire, qu'il s'agit de faire resurgir au moment où elles sont utiles :

a) l'expérience visuelle : toutes les images accumulées
- toutes les choses vues (paysages, bâtiments, situations, personnes, cinéma, télévision, internet…),
- toutes les choses lues (livres, journaux, revues, données d'ordinateur, internet, écrits reçus…).

b) l'expérience auditive : tous les sons et mots etendus et accumulés
- toutes les choses entendues (radio, télévision, internet…),
- toutes les personnes entendues (parents, amis, professeurs, conférenciers, collègues, employeurs, clients, fournisseurs…).

c) l'expérience sensitive : toutes les expériences liées aux autres sens (toucher, odorat, goût).

d) l'expérience affective : l'ensemble des sentiments qui nous amènent à aimer, refuser, craindre, apprécier les événements qui nous « touchent ».

e) l'expérience des valeurs du système où on vit : toutes les références au « bien » et au « mal », à ce qui est permis ou interdit, ce qui est bon pour soi ou pour les autres, ce qui est juste ou injuste…,

f) l'expérience des échecs et des réussites personnelles (les circonstances, les faits, les relations…) et les « leçons » qu'on en a tirées.

Tout ceci forme l'expérience du savoir de chacun qui n'est pas seulement ce que l'on a appris à l'École, mais aussi ce que l'on a lu, vu, entendu, ressenti, analysé, médité… et qui laisse en chacun des traces formant sa « documentation intérieure ». Celle-ci n'est certes pas constituée de matériaux bruts. Tout ce qui se fixe dans la mémoire est sujet à une élaboration plus ou moins poussée : cette élaboration est le fruit de l'interaction de divers facteurs (intelligence, compréhension, capacité à mémoriser, histoire personnelle…). Qu'on le veuille ou non, la « documentation intérieure » guide, sans que nous en soyons conscients, la recherche d'informations que nous faisons à l'extérieur.

Ainsi, par exemple :

- un « commercial » qui devra faire un rapport sur la possibilité d'implantation d'un produit ou d'un service dans un secteur donné, sera tenté, d'abord, de réagir par rapport à la clientèle qu'il connaît déjà ; ensuite seulement il étendra son questionnement vers les utilisateurs potentiels.
- un responsable des Ressources Humaines qui a connu dans une autre entreprise des difficultés relatives à l'instauration des 35 heures, concevra ses notes d'information en ayant pour référence cette expérience antérieure.

> **Spontanément chacun s'appuie sur ce qu'il « porte » en lui pour répondre à des situations nouvelles et trouver les premières idées qui orienteront la suite de son travail dans la recherche de « documentation extérieure ».**

2.2. Explorer sa « documentation intérieure »

Voici quelques conseils méthodologiques pour essayer de résoudre la difficulté qui se traduit couramment par des énoncés tels que :

« Je n'ai pas d'idées »,
« Je ne sais pas quoi dire »,
« Je ne vois pas grand-chose à dire »,
« Je ne vois rien de plus à dire ».

Le problème, dans de telles situations, est moins de n'avoir pas ou plus d'idées que de pouvoir mobiliser celles dont on est porteur.

Pour appeler les idées qu'abrite notre mémoire, il peut être utile, dans un premier temps, d'abandonner tout souci d'écriture et de prise en compte du destinataire : le tri et la mise en forme interviendront dans un second temps.

2.2.1. Imaginer un dialogue avec soi-même

Je ne pense pas aux autres et je « parle avec moi-même ». J'accepte toutes les associations, toutes les réponses qui me viennent, sans limite, sans censure, sans recherche de la « bonne » réponse immédiatement utilisable.

L'objectif est de produire le maximum d'idées sur lesquelles j'opèrerai ensuite une sélection en fonction du contenu et du contexte de l'écrit à partir desquelles je prévoirai des recherches complémentaires.

Il s'agit alors de :

- – trouver la formulation des questions les plus simples sur le sujet,
- – se les poser à soi-même,
- – laisser venir toutes les réponses et les noter, les premières réponses étant souvent porteuses d'éléments essentiels,
- – choisir parmi celles qui ont été rassemblées les idées que l'on pourrait utiliser.

La lettre de motivation
- *– Pourquoi j'aimerais avoir ce poste ?*
- *– Qu'est-ce que je sais faire en relation avec ce poste ?*
- *– Quelles qualités est-ce qu'on me reconnaît ?*
- *– Comment est-ce que je me représente ce poste ?*
- *– Qu'est-ce qui m'intéresse dans cette entreprise, ce secteur d'activité ?*
- *– ? ? ?*

Cette phase préalable qui, de plus, permet une interrogation sur soi en relation avec le poste, est indispensable pour écrire sur **sa** motivation. Une recherche sur les caractéristiques de l'entreprise viendra compléter cette démarche centrée sur soi.

Exemple

La rédaction d'un rapport sur l'absentéisme dans un service.
(Comme nous le verrons en détail (voir p. 196) la rédaction d'un rapport est
l'aboutissement d'une mise en lien d'informations et de propositions. Le
recours à sa « documentation intérieure » constitue le démarrage du travail :
on part de ses idées, il est donc utile de les exploiter au maximum.)
Dans quels cas me suis-je absenté ?   *– maladie*
                                          – problèmes de transport
                                          – lassitude...

Quelles justifications d'absences   *– enfants malades*
ai-je entendues autour de moi ?   *– parents hospitalisés*

Quelle perception ai-je des gens   *–*
dans le service ?   *– ...*

Qu'en est-il du climat de travail ?   *–*

???   *–*

Peu à peu la matière du rapport va se préciser, les questions importantes vont émerger et orienter les recherches à mener (recherche d'informations, réunions, entretiens...).

La démarche que nous avons évoquée fait plutôt appel à l'association d'idées et à la spontanéité. Des éléments émergent de la mémoire, d'autres restent dans l'ombre ; nous sommes loin d'une exploitation exhaustive de notre « documentation intérieure » faute de pousser le questionnement aussi loin qu'il peut l'être, par manque de repères. C'est pourquoi nous proposons ci-après des méthodes facilitant une mobilisation « structurée » des idées qui vient compléter la démarche précédente.

2.2.2. La méthode des « aspects » et « critères »[1]

Il s'agit d'explorer les données que l'on porte en soi sur le sujet à traiter en prenant pour trame de questionnement un ensemble d'aspects et de critères bien définis, par exemple les aspects :

– économique	– sociologique	– technique
– psychologique	– esthétique	– historique

---

1. Se reporter à *l'Entraînement Mental*, J.F. CHAUSSON, Éd. d'Organisation.

– juridique	– commercial	– médical
– social	– politique	– écologique
– scientifique	– organisationnel	– institutionnel
– culturel...		

Tous ces angles de questionnement ne sont pas pertinents pour tous les thèmes à explorer et ils ne sont qu'indicatifs de ce qu'il est possible de faire. Certains sujets d'ailleurs, de par le domaine de spécialité dans lequel ils s'inscrivent peuvent amener à construire des listes d'aspects et critères qui leur sont spécifiques.

Pour illustrer la portée de cette méthode de mobilisation de sa « documentation intérieure » nous pouvons prendre l'exemple de la rédaction d'un rapport sur la situation de l'automobile en France à l'entrée du 21ème siècle :

– Aspect technique : les matériaux, les moteurs, les chaînes de montage...
– Aspect économique : les ventes en France et à l'étranger, les fusions...
– Aspect commercial : la concurrence, la publicité, les promotions...
– Aspect écologique : la pollution, les nouveaux carburants...
– Aspect juridique : les réglementations, le code de la route, les sanctions...
– Aspect éducatif : le permis, les auto-écoles, la prévention...
– Aspect esthétique : les formes, les coloris, les équipements intérieurs...
– Aspect scientifique : les recherches en France et à l'étranger...
– Aspect sociologique : la répartition dans la population des possesseurs de voitures selon les modèles...
– Aspect psychologique : l'homme/la femme au volant, la vitesse, la peur...
– Aspect social : les populations exclues de la possession d'une voiture...
– Aspect politique : les lois, les transports en commun, les aides...
– Aspect médical : les accidents, les handicaps, les urgences...

Exemple

Cette exploration, non exhaustive, permet l'émergence de pistes sur lesquelles un tri sera fait en fonction de l'objet même du rapport à rédiger. Elle permet au rédacteur de faire le point sur ce qu'il sait déjà et sur ce qui nécessitera recherche et documentation.

2.2.3. La méthode des « points de vue »

Toute vision personnelle est sélective et restrictive. « Se mettre dans la peau » d'autres personnes concernées à divers titres par le thème à traiter permet d'élargir son point de vue et de multiplier les pistes de questionnement, de réflexion et de recherche ultérieure d'informations.

Si nous continuons le développement de l'exemple précédent, nous pouvons nous demander quel serait le point de vue :
- *Des chercheurs*
- *Des dirigeants en place et de l'opposition*
- *Des syndicats*
- *Des ouvriers*
- *Des chefs d'entreprises automobiles*
- *Des membres de la police*
- *Des assureurs*
- *Des conducteurs*
- *Des médecins*
- *Des jeunes*
- *Des personnes âgées*
- *Des couples avec enfants*
- *Des piétons*
- *Des écologistes*
- *Des vendeurs*
- *Etc.*

Là encore il convient de faire un tri et d'adapter les points de vue envisagés au contexte.

2.2.4. *La référence à l'expérience*

Bien souvent les circonstances qui donnent lieu à la production d'un écrit renvoient le rédacteur à des cas similaires rencontrés dans le cadre de ses activités professionnelles. Il s'agit alors de dépasser l'inventaire des savoirs disponibles en soi **et d'analyser le passé pour en tirer des pistes d'interrogation sur le présent.** Il convient toutefois d'éviter l'amalgame et d'être vigilant sur la spécificité de la nouvelle situation.

Une note d' information-promotion à l'ensemble des clients d'une entreprise a suscité peu de réactions de la part de la majorité d'entre eux.
L'analyse de cet « échec » met en évidence que, telle qu'elle était rédigée, elle ne s'adaptait pas à l'hétérogénéité des lecteurs, par son langage, ses références, ses arguments.
Amené à rédiger un nouveau document du même genre, sur un autre sujet, le rédacteur tirera parti de cette analyse pour réfléchir au contenu de son document :
- *quels sont les divers clients ?*
- *en quoi chaque catégorie est-elle concernée par cet écrit ?*

– *au vu des commandes passées, quels sont les points qui n'ont pas été compris ?*
– *etc.*

2.2.5. *L'interrogation « structurée » autour d'un plan*

Nous proposerons à plusieurs moments de cet ouvrage un certains nombre de plans autour desquels peuvent être articulés les écrits d'action. Il est possible de se référer à ces plans pour mener cette exploration de sa « documentation intérieure ». Cette méthode, complémentaire de celles que nous avons évoquées dans ce chapitre, permet de n'oublier aucune des grandes lignes autour desquelles sera articulé l'écrit concerné.

Un rapport portant sur un problème à résoudre.
L'un des plans adaptés à ce type d'écrit s'organise autour des points suivants :
– la situation
– le problème
– le diagnostic : les causes apparentes et les causes latentes
– les contraintes
– les solutions possibles : avantages, inconvénients de chacune d'elles
– la solution préconisée
– la mise en œuvre
– les modalités de contrôle

Le rédacteur pourra, à chaque niveau, interroger sa « documentation inté-rieure » à partir de toutes les méthodes décrites précédemment.
Il pourra explorer le problème à partir de la méthode des points de vue, les « causes » à partir de la méthode des aspects et critères, envisager des solutions à partir de l'analyse de l'expérience passée ...

Dans une même perspective, il est possible de se référer aux « **modèles** » construits par les disciplines relevant des sciences des organisations, non pour les appliquer *a priori* mais pour y puiser les orientations d'un questionnement personnel.

> **Toutes les idées mises à jour selon les différentes méthodes pro-posées d'interrogation de sa « documentation intérieure » vont per-mettre d'orienter et de préparer la recherche de « documentation extérieure » que nous aborderons ci-après.**

3. RECHERCHER DE LA DOCUMENTATION

Plusieurs situations peuvent se présenter au rédacteur. Le sujet à traiter, la situation à exposer, la décision à diffuser, les informations à faire circuler peuvent alors, selon le cas, puiser leur substance dans des « réservoirs » d'informations très divers. Du plus intérieur au plus extérieur cela peut être :

– la mémoire dudit rédacteur qui renferme tous les éléments du dossier concerné et dont nous venons de traiter au paragraphe précédent,
– les dossiers de l'entreprise ou de l'organisation,
– les centres de documentation internes,
– les centres de documentation externes.

3.1. ... Dans les dossiers de l'entreprise

Le texte à élaborer est une réponse, une suite dans un échange portant en lui-même toutes les informations.

L'affaire X.
A l'envoi d'une publicité a répondu une demande de renseignements complémentaires qu'on a honorée par E-mail ; celui-ci a été suivi de l'envoi d'un bon de commande, qui, rempli par le destinataire devenu client, a déclenché l'expédition de l'objet ou la prestation de service accompagnée d'un courrier, d'une notice, voire d'un contrat. Ce dernier s'étant révélé litigieux pour le client il s'ensuit un nouvel échange de lettres, puis une modification du contrat. La transaction est momentanément abandonnée, puis renouée ultérieurement.
Où sont les données utiles à la reprise de l'affaire ? Dans les « dossiers » papiers ou informatiques ?

Exemple

La documentation est ici essentiellement constituée des ressources de l'entreprise. Elles se sont créées au fil de l'affaire. Ainsi s'auto-alimente le fonds documentaire ; l'affaire X a pu générer jusqu'à 20 **documents** !
Ajoutons que, tout débat engendré par le traitement d'une affaire, de la préparation en commun des propositions à l'examen des litiges, donne souvent lieu à des **réunions** dont les décisions sont enregistrées et rejoignent la masse documentaire.

De même, toute démarche de type « marketing », étude de marché ou **enquête** de pertinence en vue de la fondation d'une association passe par l'élaboration de questionnaires qui seront testés, distribués, dépouillés, et dont les résultats seront ensuite enregistrés.

Il est donc clair que l' entreprise ou l'organisation, même modeste, a intérêt à gérer ses archives, car **elle est son propre centre de ressources.**

Celui-ci s'enrichit chaque jour des traces de l'activité dont l'utilité peut se révéler à long terme. Ainsi les conclusions d'une enquête qui n'a pas abouti ne sont pas nécessairement vouées à la corbeille : elles sont riches d'informations réexploitables dans un nouveau contexte. Combien aussi d'inventions qui portaient peut-être une valeur technologique et historique ont disparu sans laisser de traces ! Bien des entreprises, et non des moindres, ont souvent négligé par le passé ce devoir d'information collectif. Combien de plans introuvables, de schémas disparus, de calculs évanouis, d'expertises et comptes rendus d'audits considérés comme inintéressants, jetés à la corbeille... et regrettés plus tard !

Pensez-donc à **archiver votre propre travail.**

L'entreprise ou l'organisation ne s'arrête peut-être pas à ses murs. Elle peut être un élément d'une structure éclatée, décentralisée, à succursales multiples, à sous-traitants. Alors s'impose la mise en commun de chacun des potentiels d'information, qu'il s'agisse d'échanger des documents-papiers ou des données informatiques. La gestion de ces centres de ressources en réseau s'avère très délicate. Y apparaît à l'évidence la nécessité d'éviter les redondances, la surinformation, de faire des choix dont la pertinence n'est pas toujours facile à établir.

Afin d'avoir une vue plus exhaustive des informations que l'entreprise produit et consomme, qui deviennent autant de ressources, nous présentons ci-après un tableau récapitulatif.

3.2. ... Dans les centres documentaires internes

L'affaire à traiter peut se révéler complexe ou complètement nouvelle.

La commercialisation d'un produit totalement nouveau sur un marché ciblé, un jouet par exemple, peut entraîner la nécessité de s'informer sur :

- le brevet d'invention,
- la législation en vigueur sur la sécurité du produit,
- les quotités autorisées à l'exportation,
- les circuits commerciaux,
- la législation étrangère et ses compatibilités avec celle de la région ciblée,
- les normes.

CONSOMMATION ET PRODUCTION D'INFORMATION CHEZ X
(fabricant de jouets)

PHASE de CRÉATION de X	PHASE ACTIVE	
INFORMATION RECHERCHÉE	INFORMATION PRODUITE et AUTOCONSOMMÉE	INFORMATION DIFFUSÉE
Enquête marketing : recueil des informations permettant d'établir la pertinence de la création de l'entreprise et de son produit **Renseignements sur les démarches de création :** – administratives – financières – juridiques **Recherche d'informations techniques sur l'objet à produire :** concept – historique sur ce type d'objet – fonctions – techniques à mettre en œuvre – méthodes – design – exigences qualitatives et de sécurité	**Données sur l'activité :** – organisation – investissements – production – commerce (dont fichier clientèle) **Informations créées, incorporées à l'objet :** – techniques – artistiques – sociologiques (objet déclencheur du « jeu ») **Information brassée, échangée, consignée par les équipes au travail :** – recherche d'informations de divers réseaux et types – échanges informels, oraux ou écrits – étude et exploitation des informations recherchées – coordinations formelles – rédaction de documents **Information évaluée :** – étude de la valeur « informative » du produit (est-il lisible, compréhensible, utilisable ?)	**Diffusion d'informations sur l'entreprise :** – données (voir colonne 2) – publicité sur l'activité – label ou logo – image-sponsoring – informations techniques sur revues, journaux, émissions télé **Échanges avec la clientèle autour d'une commande :** – fourniture d'informations – catalogues – données de commandes (devis, factures) **Informations livrées avec l'objet :** – nom – marque – étiquetage : information sur fabrication, contrôle, sécurité – notice : explications de construction, utilisation, entretien, suivi – certificat de traçabilité **Information après-vente :** – bilans, comptes rendus – enquêtes de satisfaction – correctifs et modifications (pouvant modifier l'information antérieure)

Aucun document d'accompagnement de l'affaire ne peut être rédigé sans que tous les aspects concernés aient été étudiés et qu'on en ait fait la synthèse, donc sans qu'une recherche documentaire ait été développée.

Alors au centre de ressources de premier niveau constitué par les dossiers archivés s'ajoutent les **textes officiels et de référence** souvent indispensables à la conduite de l'activité : textes de lois, journal officiel, recueil de normes, actes notariés fondateurs, règlements divers. Peut-être figurent-ils déjà en bonne place sur les rayonnages de l'entreprise elle-même. C'est désormais le cas le plus fréquent, quelle que soit sa dimension; car ils font partie des « outils » de base.

Peut-être n'y figurent-ils pas, et il faut alors vraiment songer à des **ressources plus extérieures**.

3.3. ... Dans la documentation extérieure

Où la trouver ?

- dans les centres documentaires généralistes ou spécialisés,
- dans les banques de données informatiques.

Ces deux types de sources aux supports différents, livre pour les uns, mémoire informatique pour les autres, supposent des modes d'approche différents, deux systèmes de lecture.

3.3.1. Explorer les centres documentaires

Les centres documentaires généralistes. Ce sont les grandes bibliothèques publiques nationales, universitaires, municipales. On les dit « généralistes », mais la Nationale mise à part, aucune ne peut se dire exhaustive. Elles couvrent en fait un large éventail de connaissances, déterminé en ce qui concerne les bibliothèques universitaires par le champ disciplinaire ou multidisciplinaire propre à chaque université.

Exemple : la bibliothèque de l'université PARIS IX couvre par sa documentation tout le domaine de la gestion, celle de PARIS X les matières du Droit, de la Sociologie, de l'Histoire de l'Art, des Lettres, de l'Economie, celle de PARIS XI un important champ scientifique, etc.

Label européen de normalisation (emballage)

Symbole du « recyclage »

Nom du jouet (rappel)

Marque de fabrique + ancienneté

Nom du jouet

Marque déposée

Marque

Matériau de fabrication + pays d'origine

Marque de fabrique

Code barre + références de l'article

Label européen du jouet

Slogan du fabricant

Conseils d'utilisation

Slogan descriptif (humeur du jouet en Français (côté gauche)

Description ou définition du jouet en Anglais (côté droite)

« Identité » du jouet

Nom du jouet

Marque de fabrique

Nom du jouet

Marque de dépôt de marque

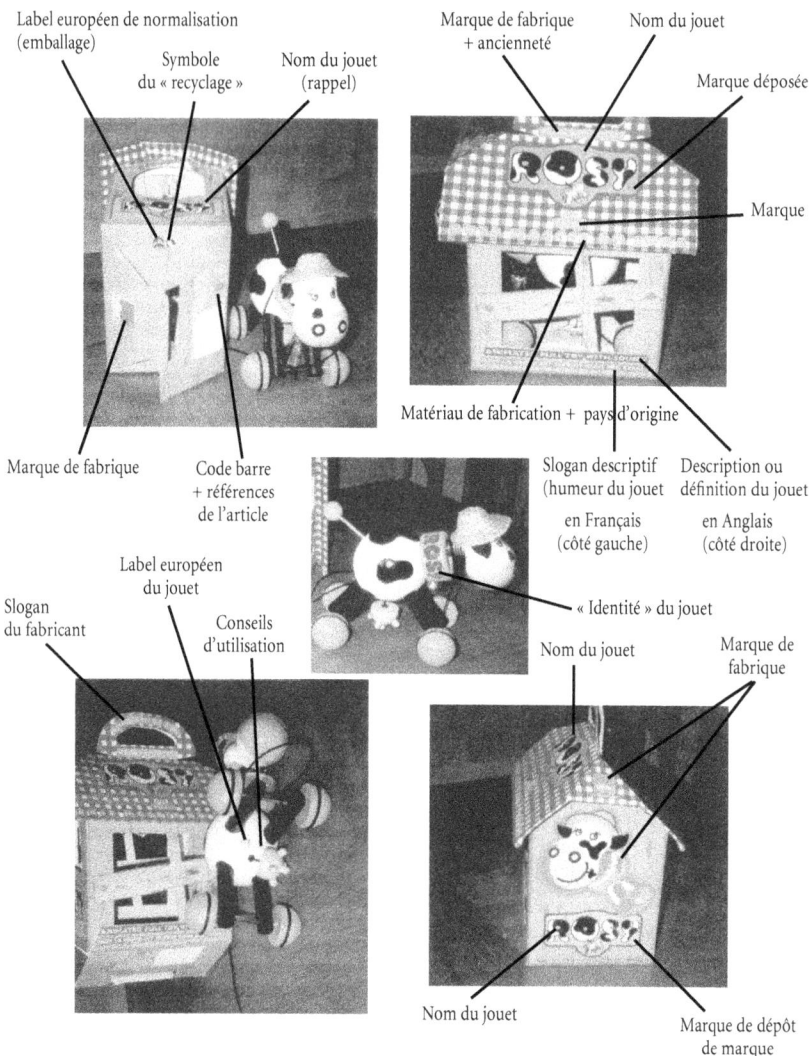

Le produit « texte » source et support d'information. Exemple : Le JOUET.

Observations : 1. La plupart des informations sont réitérées sur les différentes parties du jouet.
2. La majeure partie des informations sont orientées « qualité » avec accent publicitaire.
3. *Les étiquettes de prix ont été enlevées* (prix en euros et en francs).

Bien qu' elles ne semblent pas, à première vue, les plus appropriées à apporter un savoir « immédiatement utile » susceptible d'alimenter ce que nous nommons ici « activités », le rédacteur peut y trouver revues et livres de référence (textes de lois par exemple) annuaires du type « annuaire statistique de la France », bibliographies pour améliorer son propre fonds, données économiques générales, points de vue sur l'actualité.

Semblent plus précisément adaptés les <u>Centres documentaires spécialisés</u> comme les centres de ressources des Chambres de Commerce, ou ceux des organismes tels que l'INPI (Institut National de la Propriété Industrielle) ou l'AFNOR (Association Française de Normalisation). Ces derniers, édictent eux-mêmes des règlements et des codes, sont consultables, et distribuent leurs produits, les Brevets et les Normes. Il existe d'autres offices du même type, publics ou privés ; nous vous en signalons quelques-uns en fin d'ouvrage.

Plus orientés encore sur les activités industrielles, commerciales et associatives existent des <u>centres très spécialisés</u> souvent adjoints à un musée ou à une fondation. La plupart sont privés : Musée de la mode, de la soie, du papier peint, de la Poste, de la photographie, de la publicité, de l'automobile, de la batellerie... la liste est longue. Les documents peuvent être de tous ordres : textuels tels que les livres, revues, documents didactiques d'exposition, iconographiques tels que les affiches, images, tableaux, photos, vidéographiques, tels que les films et diaporamas, ou se présenter sous forme concrète comme les maquettes ou les objets eux-mêmes. Tous sont porteurs d'informations.

Conçus pour la vulgarisation des connaissances à un large public, ils sont aussi des mines de renseignements pour le spécialiste. Il n'est guère de métier qui ne possède son **musée-ressource**.

3.2.2. Interroger les Banques de données[1]

Le terme de « banques de données », né pour individualiser les systèmes d'interrogation à distance automatisés, s'ajuste aussi bien d'ailleurs aux encyclopédies, catalogues, dictionnaires. En effet on peut définir très largement une banque de données comme un « réservoir d'informations ».

Qu'est ce qui en justifie l'emploi ? D'une part, une vie professionnelle de plus en plus dépendante de l'information scientifique, technique, économique, sociologique.

---

1. Ensemble d'informations, souvent important, organisé pour permettre des recherches.

D'autre part, l'économie de temps et d'énergie que représente leur consultation ordinaire par rapport à la consultation bibliographique.

Rapides, interactifs, les systèmes de stockage que sont les **Banques de données informatisées** sont capables en effet, d'investigations approfondies et complexes. Elles contiennent des millions d'informations factuelles et autres. Leur capacité s'avère donc sans commune mesure avec celle des systèmes traditionnels. Leur nombre s'accroît à un rythme accéléré.

Gérées par des **Serveurs**[1] nationaux, autonomes ou rattachés à des organismes divers, leur accès est rarement gratuit. Certains ne sont accessibles qu'aux professionnels de la documentation, mais peuvent être consultés par leur intermédiaire.

Ainsi, par exemple, sur le Minitel[2], il est possible de consulter les lois et décrets de moins de 9 mois, d'effectuer des recherches par thèmes depuis 1986 et d'avoir accès aux bulletins officiels des différents ministères, au journal des associations (depuis un an) et aux textes de conventions collectives.

Le site « journal-officiel.gouv.fr » sur Internet permet également d'accéder à des informations du même ordre.

D'autres sont consultables par abonnement. Telles sont celles qui se rattachent aux organismes comme l'AFNOR (Association Française de Normalisation), l'INPI (Institut National de la Propriété Industrielle), l'INIST(Institut National de l'Information Scientifique et Technique), L'INSEE (Institut National des Statistiques et des Études Économiques).

Si l'on veut par exemple déposer une marque, on ira s'assurer sur le serveur de l'INPI que celle-ci n'est pas déjà utilisée par une autre société.

On peut aussi désormais acheter sa banque de données sous forme de CD-ROM[3] dont le développement rapide a déjà inondé le marché et porté la culture documentée à

---

1. Serveur : Ordinateur central qui héberge une ou plusieurs banques de données consultables à distance.
2. 3615-3616 Journal Officiel.
3. CD-ROM : (Compact Disc Read Only Memory) : Disque compact utilisant une technologie de lecture par rayon laser analogue à celle des disques audio. Il peut stocker des images, du son, des textes, des données numériques.

© Éditions d'Organisation

domicile. Ils peuvent porter du texte, des photos, des images, du son. Ils peuvent être interrogés sans langage d'interrogation.

Un troisième type de Banque de données est constitué par les banques **VIDEOTEX**[1] de type TELETEL en France, accessibles par notre MINITEL.

Ces trois types de banques proposent :
- des références bibliographiques avec résumé et mots clés,
- des informations codées en fonction du domaine considéré, comme chiffres, coordonnées, données scientifiques brutes, définitions, abstracts,
- l'intégralité des textes de revues, quotidiens, lettres, études de marché.

Il faut ajouter à ces trois types de banques, la famille des services d'informations vocales, l'**AUDIOTEX**[2], accessibles sur simple coup de téléphone. Nombre de renseignements peuvent ainsi être fournis sans le moindre déplacement : informations bancaires, cours de marchandises, état des routes, horaires de transports, etc.

La communauté européenne s'est dotée d'un réseau très conséquent de banques de données factuelles, bibliographiques, statistiques, en mettant en commun les ressources des différents pays et celles qui concernaient les informations propres à l'institution économique commune (voir liste limitative en fin d'ouvrage).

3.3.3. **Visiter les Salons**

Tout au long de l'année, de façon ponctuelle ou régulière, se déroulent des Salons thématiques. Quelle que soit l'activité professionnelle exercée, chacun est toujours concerné par l'un ou l'autre de ces salons.

La presse, le Minitel, Internet, les affiches urbaines sont autant de moyens d'être informé sur les dates et orientations de ces manifestations.

---

1. VIDEOTEX : Procédé de télécommunication permettant de présenter des messages vidéo ou graphiques sur un écran. C'est le réseau téléphonique qui les achemine. Ils sont puisés dans les banques de données vidéo.
   Ex. : les messages MINITEL.
2. AUDIOTEX : Technologie qui permet de proposer des services de télématique vocale interactive ou d'informations téléphonées interrogeables à partir d'un poste téléphonique.

Il s'agit, sur place, de « regarder », de questionner, de réunir de la documentation, de noter les idées qui émergent en cours de visite (arguments de vente pour des commerciaux par exemple). C'est aussi l'occasion de se sensibiliser aux dernières « trouvailles » dans le domaine de la communication, notamment dans les modes rédactionnels, graphiques, iconographiques…

Pour garder des traces utilisables ultérieurement de ces visites chacun, en fonction de ses besoins, ou l'entreprise d'une façon plus uniformisée, pourra préparer des fiches pour recueillir les informations jugées importantes.

On peut proposer, à titre d'illustration, la fiche suivante destinée à rendre compte d'une actualité technique :

- Titre du Salon
- Lieu
- Date
- Envergure : régionale, nationale, internationale
- Caractéristique de l'exposition : riche, innovante, obsolète…
- Commentaires sur certains produits avec documentation jointe et compte rendu concis d'entretiens avec les exposants
- Remarques personnelles

3.4. Consulter, interroger : la démarche documentaire

Il ne s'agit pas ici de nous substituer aux formateurs en documentation seuls habilités à accompagner l'apprentissage de la recherche documentaire. Nous nous contenterons de donner ici quelques conseils aux rédacteurs qui, placés dans un contexte d'action où tout doit être traité rapidement alors qu'ils n'ont pas toujours reçu pendant leurs études la formation nécessaire aux techniques documentaires, pourraient s'enliser dans des démarches tâtonnantes ou trop précipitamment conduites.

Quel que soit le mode documentaire choisi, informatique ou livresque, les conditions préalables à toute recherche sont celles qui régissent l'action elle-même dans son intégralité :

- avoir une vue claire de l'**objectif,**
- avoir cerné les **besoins,**
- **se créer une stratégie de recherche.**

Exemple

Une association d'aide familiale doit monter un dossier
L'objectif en est l'octroi d'une aide ménagère à une personne temporaire-
ment handicapée. Le cas est nouveau pour cette association de création
récente. Il lui faut trouver :
– Les dernières modalités nécessaires au montage du dossier,
– Les derniers textes officiels concernant les droits de la personne concernée.
Elle devra consulter pour cela le numéro du bulletin social traitant ce type
de problème, chercher de l'information dans le J.O. (Journal Officiel).

Son parcours en centre documentaire consistera donc à :
1°) explorer le fichier Matières et la liste récapitulative des revues dans le pré-
sentoir,
2°) consulter les manuels et ouvrages de Droit, puis les numéros de revues
sélectionnés et prendre des notes,
3°) faire opérer éventuellement une recherche thématique par la documenta-
liste sur les textes pertinents des J.O.

S'il apparaît nécessaire d'interroger la Banque de données informatique ser-
vant le centre, la démarche sera la suivante :
1°) choix du serveur,
2°) demande d'accès (code),
3°) interrogation proprement dite à partir des mots clés,
4°) enregistrement écrit des informations ou délivrance de celles-ci par impri-
mante.

Un tel exemple met en évidence la nécessité d'une **préparation,** donc de prendre en
compte le temps à y investir et celle de connaître le potentiel et l'organisation du centre
de ressources pour pouvoir en tirer parti. Une formation complète supposerait en fait la
connaissance des systèmes de classification, des langages documentaires, des missions
spécifiques à chaque centre, de la typologie des ouvrages et recueils de données, de
l'organisation des fichiers, réserves, rayonnages. Pour la consultation des banques de
données informatiques, le bagage minimum devrait comporter la connaissance des spécificités des différents serveurs, leur mode d'accès, le processus d'interrogation dit « en
ligne » (à distance et en temps réel).

3.5. Consulter ou ne pas consulter les sources documentaires ?

Les « nécessités » de la production, l'urgence des services à rendre, la pression vécue par
tous les acteurs de la vie active comme légitime et vitale, les entraînent parfois à repousser

une recherche documentaire qui leur semble déborder le strict cadre de l'activité dans laquelle l'expérience seule servirait de référence. Et pourtant en savoir plus dans sa spécialité peut être une simple assurance contre la concurrence. Et pourquoi pas une éthique ! L'idée de « veille technologique » tend justement à amalgamer ces deux perspectives : d'une part être toujours à la pointe, d'autre part avoir l'œil sur le concurrent.

Car il est irréfutable que toute activité se trouve, du fait des évolutions technologiques et sociologiques, confrontée de façon permanente à un besoin de savoir, voire de formation complémentaire. Partout, et pas seulement à un niveau scientifique de l'activité, se révèle un besoin de mise à jour des connaissances.

Ce foisonnement de l'Information s'étend à tous les domaines de l'activité. Alors qu'on parlait il y a peu de l'IST (Information Scientifique et Technique), ce concept s'est élargi à l'Économie et on peut désormais parler d'ISTES (Information Scientifique Technique Économique et Sociologique). C'est dire que le champ de la recherche documentaire est ouvert à toutes les disciplines.

Mais les impératifs de productivité, la survie de l'entreprise elle-même exigent, dans un mouvement contradictoire, à peine masqué dans le terme de veille technologique évoqué ci-dessus, un certain « secret », « secret de fabrication » pour les uns, « secret-défense » pour les autres. Comment concilier des exigences aussi opposées en apparence que la nécessaire circulation de l'information et le besoin de confidentialité ? La tendance à la diffusion, l'interactivité, l'ouverture quasi universelle des échanges avec des réseaux du type Internet tendent à imposer la transparence. Peut-on s'informer et ne rien divulguer de ses propres compétences ? Doit-on tout absorber ? Ou tout donner ? Car l'objet créé, le service rendu, le montage associatif portent eux-mêmes de l'information ! Si l'objet n'apparaît à un niveau théorique que le prétexte autour duquel se noue la communication, (voir schéma de la page 22) dès qu'il est concrètement né, il est lui-même « texte » porteur d'information ! (voir schéma et illustration p. 51 et 53). Si secret il y a, ce ne peut être que dans le temps de plus en plus court de la fabrication très difficile à protéger. Ce dilemme est bien connu de tous ceux qui, comme les rédacteurs, en charge ou non d'une responsabilité dans l'activité, jouent un rôle évident dans la création, la délivrance, la consommation d'information.

4. ÉCOUTER – QUESTIONNER

4.1. Tirer partie des ressources des autres

Avant toute démarche d'écriture supposant un choix ou une décision, même si nous nous pensons suffisamment riches d'informations diverses, il est bon de résister un peu à la tentation de se lancer tout de suite dans la conception définitive du document. « *Ma récolte est-elle bien complète ? Monsieur X, Madame Y ont peut-être des avis ou des renseignements complémentaires à me proposer. Je vais aller en discuter avec eux.* » Il peut ne s'agir que d'une simple discussion, d'un questionnement oral plus spontané, d'une brève conversation sans méthode particulière, juste une capacité d'attention à ce que l'autre a à me dire. Toutefois, même dans ce type d'échanges « informels », savoir poser des questions et savoir écouter ne vont pas de soi.

En outre, il arrive que la recherche d'informations précises implique le recours systématique au questionnaire ou à l'entretien. Dans le premier cas c'est toute une « population » qui est visée, dans le second cas il s'agit d'interviewer une ou plusieurs personnes choisies en fonction de leur lien avec le thème en question.

Nous nous trouvons donc ici confrontés à des techniques et méthodes relevant traditionnellement de l'expression orale mais qui interfèrent tout naturellement avec l'écrit puisqu'elles s'insèrent dans la démarche préparatoire à la conception et à la rédaction du document. Sans entrer dans une approche exhaustive du bon maniement des techniques d'enquête évoquées ci-dessus, nous proposons quelques pistes méthodologiques qui devront être adaptées au contexte concerné ; qu'il s'agisse d'échanges informels ou de procédures de recherche de l'information, les principes de base restent les mêmes.

4.1.1. Collecter des informations par entretien

Rencontrer une ou plusieurs personnes pour recueillir auprès d'elle(s) des informations est une démarche qui ne s'improvise pas ; il faut s'y préparer.

En effet, en fonction de ce que l'on attend de cet entretien, la méthode selon laquelle il va être conduit peut osciller entre l'écoute stricte et la proposition de questions précises. De ce qu'il est convenu d'appeler entretien « directif » à l'entretien « non directif » plusieurs nuances peuvent être déclinées selon les exigences du contexte.

◆ *De l'entretien « exploratoire » à l'entretien « directif »*

Lors d'un entretien, plusieurs conduites sont possibles de la part de l'« interviewer », selon ce qu'il cherche à apprendre de son interlocuteur.

Si son objectif est de découvrir un domaine, une question dont il ignore tout, ou de recueillir l'avis le plus « authentique » de personnes concernées par son sujet, il est préférable qu'il ait **une démarche « exploratoire »**. Il adoptera donc **une attitude d'écoute** tout au long de l'entretien. Cela implique de sa part qu'il laisse la personne parler selon son propre cheminement de pensée, sa propre logique, sans lui poser de question qui orienterait son discours, sans l'interrompre, sans donner son avis ou entrer en débat. Ce qui importe, c'est d'être réceptif à ce qu'elle a à dire et de l'encourager à continuer là où elle veut aller, même si, sur le moment, on a le sentiment qu'elle s'éloigne du sujet. On peut relancer ses propos sur tel ou tel point qu'elle vient d'aborder pour développement ou approfondissement mais en évitant d'imposer des questions précises, sous peine de l'écarter de sa propre logique et de l'empêcher d'exprimer les contenus qu'il allait aborder spontanément et de perdre des données importantes.

> *« Moi, je déjeune au restaurant d'entreprise quand je suis pressé parce que je n'ai pas à attendre pour être servi ; c'est plus rapide que les troquets du coin et moins cher. Bien sûr c'est plutôt fonctionnel, il faut bien manger, quoi. Parce que pour ce qui est de la nourriture...*
> *Relance : ...la nourriture... ou bien vous parliez de la nourriture... »*

Pratiquement il est conseillé de commencer l'entretien à proprement parler en proposant le thème concerné plutôt que de poser une question précise qui trace immanquablement la voie d'une réponse attendue.

> *« Vous prenez vos repas le midi au restaurant d'entreprise, j'aimerais que vous m'en parliez... »*
> *Cette amorce d'entretien préparatoire à un rapport sur le restaurant d'entreprise, permet à la personne interviewée de dire ce qu'elle veut : la nourriture, l'ambiance, le prix le cadre, l'hygiène... Et même si elle demande des précisions : « De quoi voulez-vous que je vous parle ? » La réponse préconisée est : « De ce que vous voulez... tout ce que vous avez à me dire m'intéresse ».*
> *Si une piste lui est proposée comme « la nourriture », « le cadre », ... cela risque de l'amener, pour répondre à la demande, à parler de thèmes qui ne sont pas prédominants pour elle et à taire ce qui lui importe.*

Ce type d'entretien exploratoire trouve surtout sa place dans le démarrage d'une étude. Il permet d'obtenir des données qui serviront de base à un travail ultérieur d'approfondissement et au choix de pistes de recherches complémentaires.

Il permet, en outre, de préparer un questionnaire en s'appuyant, pour choisir les questions les plus pertinentes par rapport à la cible, sur des données issues de la « population » concernée et pas seulement de ses propres *a priori* et représentations.

Reprenons le même exemple : *si les entretiens n'avaient pas évoqué les demandes de certains membres du personnel de disposer d'une salle à part avec réfrigérateur, congélateur et fours à micro-ondes pour ceux qui veulent apporter leur nourriture,* cet aspect n'aurait pas pu être « deviné » et exploré par le rédacteur du questionnaire.

Si ce type d'entretien correspond à une démarche ouverte sur des thèmes pas toujours supposés ou attendus, **l'entretien « directif »** donne à celui qui le mène à la possibilité d'explorer ce qui <u>lui</u> paraît intéressant en posant les questions qui lui semblent opportunes, quand cela se présente. Ce dernier impose sa logique dans l'enchaînement des thèmes : il impose des « sujets » par ses questions, oriente les réponses vers des modalités précises *(comment ? pourquoi ? où ? quand ? depuis quand ? dans quel but ?)* ou vers des prises de position *(que pensez-vous de ? quelle est votre position ?...).*
L'utilisation, les objectifs et les résultats de ce type d'entretien ne sont pas les mêmes que dans le cas précédent. Il s'agit ici de recueillir des informations précises, qu'elles concernent des contenus attendus ou non. L'interviewer se laisse guider par ses centres d'intérêt, ses présupposés, sa curiosité, ses hypothèses ; chaque question est liée à ce qu'il recherche.

Cette démarche trouve sa place dans la quête des informations à un moment où les champs couverts par le document à rédiger sont bien définis, et où il s'agit d'avoir des précisions, des positions personnelles, des illustrations de situations données, mais elle ne se substitue pas à l'entretien exploratoire qui vise à l'exhaustivité ; ajoutons que les deux pratiques sont conciliables. Un premier temps d'écoute permet de déceler les points qui devront être abordés d'une façon plus précise et donner lieu à une démarche plus directive.

Les avantages et inconvénients des deux démarches que nous venons de présenter peuvent être dépassés dans la pratique de **l'entretien « semi-directif »**. La pratique de l'écoute est fondamentale comme dans le cas de l'entretien exploratoire et la personne interviewée pourra dérouler son propre discours le plus « librement » possible. Cependant ici, celui qui conduit l'entretien souhaite que certains thèmes pertinents par rapport à son questionnement ou sa recherche d'informations, soient abordés. Mais cela ne signifie pas que tout l'entretien doive y être consacré.

Par rapport à l'exemple précédent, tous les entretiens à mener peuvent avoir en commun l'objectif de recueillir des avis sur les relations au restaurant d'entreprise, la constitution des tables au repas, la qualité de la nourriture.

Pour aborder ces thèmes, il est préférable de saisir les opportunités de l'entretien pour les introduire en relançant à l'interviewé ses propres évocations.

Par exemple, si une des personnes interviewées dit, à un moment, « à table on retrouve toujours les mêmes » ou bien « c'est l'occasion de parler avec des gens qu'on n'aurait jamais rencontrés dans la société… », il est alors possible de saisir cette opportunité pour lui demander de parler des relations à table soit sur le champ, s'il y a un temps de pause, soit plus tard en précisant « Vous avez évoqué tout à l'heure les relations à table, j'aimerais que vous m'en parliez ».

Pour le cas où les thèmes à explorer n'auraient pas été abordés spontanément par la personne interviewée, il faut les introduire vers la fin du temps imparti, mais avec la précaution de ne pas laisser croire que tout ce qui a été dit auparavant était sans intérêt. Pour cela il est utile de rappeler quelques-uns des thèmes développés pour annoncer celui qu'on suggère.

« Vous m'avez parlé de la nourriture, du cadre du restaurant et des problèmes de bruit ; pour compléter ces informations, j'aurais souhaité que vous me parliez de la façon dont les gens se placent à table et des relations dans le restaurant.… »

Ce dernier type d'entretien permet à la fois d'approfondir les thèmes déjà cernés, peut-être par le biais d'entretiens exploratoires, et de laisser ouvertes d'autres pistes de contenu.

Le choix à opérer entre ces différentes méthodes d'entretien dépendront donc du document à rédiger, des informations déjà détenues et du type d'informations souhaitables ou nécessaires, du moment dans lequel les entretiens se situent par rapport à la collecte des données …

♦ *Analyser le contenu des entretiens*

Une fois les entretiens effectués, se pose le problème d'en retirer les données qu'ils étaient censés permettre de recueillir.

Leur exploitation dépendra de la nature du document à rédiger, de ses objectifs et des autres sources d'information sollicitées parallèlement.

Elle sera tributaire de la façon dont les propos tenus auront été mémorisés, par prise de notes ou enregistrement. S'ils ont pu être enregistrés, une retranscription intégrale ou partielle en fonction des thèmes « utiles » en facilitera l'exploitation. Sinon, seules les notes prises pendant l'entretien et les éléments consignés ensuite de mémoire constitueront le support du travail. La partie intitulée Prendre des notes (voir p. 66) aborde les méthodes de prise de notes pendant un entretien.

Dans le cadre des entretiens « exploratoires » qui permettent de cerner une question de façon exhaustive, il est conseillé :

– de relever tous les thèmes abordés par l'ensemble des interviewés,
– de mettre en regard les propos de tous les interviewés concernant chacun des thèmes,
– de faire une synthèse de chaque thème en mettant en évidence les points de convergence et les points de divergence,
– d'établir des liens entre des thèmes perçus comme interdépendants pour tenter de rendre compte de la diversité des positions énoncées.

L'utilisation ultérieure de ces données dépendra du document prévu.

Dans le cas des entretiens centrés sur des thèmes prédéfinis, le recueil des informations contenues dans les entretiens se fera d'une façon plus sélective mais la méthode comparative reste la même. Toutefois, il est important d'accepter d'élargir ses champs d'intérêt et de prendre en compte des aspects non prévus qui peuvent enrichir la démarche de départ et orienter le questionnement et la réflexion vers d'autres pistes ; cela est fréquent dans le cadre d'entretiens « semi-directifs » où l'interviewé a une certaine latitude d'expression libre.

Ces démarches, esquissées très sommairement, demandent un long travail d'analyse et de réflexion complexe pour lequel nous renverrons à des ouvrages spécialisés en bibliographie.

4.2. Concevoir et rédiger un questionnaire

Parmi les moyens courants de collecte des données nécessaires à la conception d'un écrit d'action, le questionnaire par l'exploitation informatique dont il bénéficie permet de toucher une « population » importante. Mais cet avantage implique, en contrepartie l'adaptation du contenu et de la formulation du questionnaire à l'ensemble des personnes questionnées.

Nous l'avons évoqué précédemment, le recours à des entretiens exploratoires, individuels ou de groupe, permet de dépasser ses propres hypothèses, *a priori*, représentations, idées préconçues pour inclure, dans les questions des pistes nouvelles suggérées par des personnes appartenant à la cible visée. Faire un questionnaire sans recourir à cette ouverture du champ à explorer c'est risquer de tourner en rond en étant enfermé dans les données de sa seule expérience ou de celles des membres de son équipe de travail.

Dans les cas où le questionnaire aurait pour finalité de faire préciser certains points définis à la suite d'une étude préalable, il faut veiller à ce que la formulation des questions ne tende pas à faire confirmer ses hypothèses.

La rédaction d'un questionnaire requiert une démarche méthodologique rigoureuse, par étapes. Nous y consacrerons un chapitre dans la partie concernant les différents écrits d'action (voir p. 268).

Recueillir de l'information à partir de questionnaires implique, en corollaire, une exploitation des réponses les plus significatives possible de ce qu'elles contiennent. Mal conçues, les statistiques peuvent conduire à des données erronées. On en arrive alors à des généralisations abusives et à des conclusions fallacieuses. Il convient donc d'être vigilant sur les caractéristiques des personnes interrogées et de nuancer les résultats en les répartissant par catégories significatives.

> *Dans notre exemple sur le restaurant d'entreprise, il est peut-être pertinent de mettre l'appréciation de la qualité de la nourriture en lien avec le sexe, l'âge, le statut…, l'évaluation de la convivialité avec d'autres critères… etc.*
> *Un pourcentage sur l'ensemble ne permettrait pas de peaufiner les préconisations du rapport.*

Il peut être également opportun de mettre en lien les réponses à certaines questions.

> *Par exemple, l'heure de fréquentation du restaurant, le choix des voisins de table avec le statut et/ou le service d'appartenance, etc.*

Là encore, nous nous limitons à des remarques rapides par lesquelles il s'agit d'attirer l'attention sur la complexité de l'exploitation d'une enquête.

5. PRENDRE DES NOTES

La rédaction d'écrits d'action repose souvent sur des notes prises à partir de supports écrits, d'images audiovisuelles, de rencontres, de réunions. A cela s'ajoutent les notes que l'on prend de façon informelle pour garder trace d'idées qui semblent susceptibles d'être utilisées ultérieurement. En effet, à partir du moment où l'on a en tête la perspective de la rédaction d'un écrit, un travail se fait spontanément en nous et produit, sans que nous le provoquions, des idées qu'il nous semble opportun de conserver. Avoir à cet effet sur soi, un petit carnet ou un mémo électronique – à chacun selon ses goûts... et ses moyens – est une précaution indispensable pour en éviter la déperdition.

Il n'y a pas une seule façon de prendre des notes ; tout dépend du contexte concerné et de l'utilisation des notes prises. Mais, toutes les notes ont en commun le fait qu'elles ont une fonction de mémorisation et qu'elles doivent pouvoir être relues et comprises lorsque du temps s'est écoulé depuis qu'elles ont été écrites.
Les premières questions à se poser sont : à quoi et quand les notes vont-elles servir ?
Les réponses permettent de **faire des choix** quant à ce qui mérite d'être noté, de **prévoir un cadre pour organiser sa prise de notes, prendre en compte leur lisibilité** selon le délai prévu de leur utilisation.

Il convient de préciser ici que la prise de notes fait appel à des compétences complémentaires : il est, en effet, indispensable de lire avec méthode un document dont on va consigner certains éléments, de bien écouter quand on doit garder des traces de ce qui a été dit, de ne pas se limiter à recopier littéralement des bouts de textes ou des paroles, mais de résumer un ensemble pour conserver un contenu qui va à l'essentiel. Ce sont ces aptitudes indispensables à une bonne prise de notes que nous développerons dans les chapitres suivants : SE DOCUMENTER, ÉCOUTER, RÉSUMER.

Au-delà de ces caractéristiques générales, nous devons distinguer :

- la prise de notes à partir d'un support écrit,
- la prise de notes à partir de situations de communication orale.

  Si dans le premier cas, un retour pour vérification ou complément d'information aux textes de base est toujours possible – même si cela constitue une perte de temps – dans le second cas, aucun retour en arrière n'est possible – sauf enregistrement – à moins de n'interroger que des personnes qui ont vécu la même situation, avec ce que cela implique comme distorsion de l'information.

5.1. Prendre des notes à partir d'un support écrit

Face à une documentation abondante et disponible se pose le problème du « dosage » de la quantité de notes à prendre, les tendances extrêmes étant soit de noter beaucoup d'informations et de procéder ensuite à un tri drastique, soit de ne retenir que ce qui renvoie strictement au sujet à traiter. Dans le premier cas, il y aura un surcroît de travail, dans le second, il faudra revenir aux textes.

C'est pourquoi il est indispensable, avant de commencer la prise de notes, d'avoir réfléchi à la question à traiter et défini des pistes d'interrogation, ou, pour reprendre les termes que nous avons employés, exploré sa « documentation intérieure ». Par ailleurs, avant toute prise de notes, il est nécessaire d'avoir une vision globale des documents afin d'en percevoir les orientations, les thématiques, les redondances et les complémentarités.

*Vous avez, par exemple, à rédiger un rapport sur l'évolution de la circulation en rollers dans une agglomération. Divers documents sont à votre disposition : comptes rendus de recherches, articles de presse, projets municipaux, textes d'entretiens… Ceux-ci abordent la circulation générale dans l'agglomération, les regroupements de motards, cyclistes, adeptes des rollers, les accidents… L'exploration méthodologique de vos savoirs et expériences autour de ce thème, une réflexion préalable à la lecture des documents, vont vous permettre de préparer le travail de prise de notes en recensant les domaines sollicités par ce sujet. Au cours de votre lecture vous serez alors sensible aux données relatives à la circulation en rollers stricto sensu **mais aussi** aux éléments connexes pertinents (l'environnement urbain, la typologie des usagers, les projets de la municipalité…).*

Lorsque, comme c'est la plupart du temps le cas, la prise de notes porte sur plusieurs documents, il est possible d'anticiper le travail d'organisation et de rédaction de l'écrit d'action concerné en **structurant ses notes.**
Il s'agit de préparer des « fiches thématiques » sur lesquelles seront regroupées le notes relatives au même thème.

Pour reprendre l'exemple précédent, il sera possible de consigner les informations retenues autour de thèmes comme la population des utilisateurs de rollers, les axes les plus fréquentés, les dangers, les projets municipaux, les associations…

Ainsi, au terme de cette prise de notes structurée, vous disposez d'un matériel de travail qui constitue un véritable gain de temps. Chaque fiche contient en effet les données relatives à chaque thème ; la complémentarité des différents documents apparaît, les points convergents et divergents entre les différentes sources sont mis en évidence. Le plan et le travail d'écriture en sont facilités.

Nous verrons ultérieurement comment cette méthode de travail facilite la rédaction d'écrits d'action comme le rapport, la note de synthèse, le compte rendu...

5.2. Prendre des notes à partir d'une situation d'expression orale

Prendre des notes à partir d'un entretien, d'une réunion, d'une conférence pour en garder traces ou en rendre compte, confronte tout un chacun à la même difficulté : on prononce en moyenne 150 mots à la minute, on en écrit 27.

Sauf à utiliser la sténo ou à enregistrer les propos pour travailler sur la bande, on ne peut pas tout noter. Des choix permanents sont à faire qu'il vaut mieux concevoir stratégiquement plutôt que d'essayer de relever le défi de tout noter.

Nous allons considérer ci-après les contextes les plus courants de prise de notes à partir de situations d'expression orale.

5.2.1. ... À partir d'un entretien

Qu'il s'agisse d'entretien de vente, d'embauche, de prise de contact, de recueil d'information... une prise de notes s'impose pour conserver la mémoire de ce qui s'est dit. La teneur de ce qui mérite d'être consigné dépend de l'objectif de l'entretien et de l'utilisation ultérieure des notes. S'il s'agit d'une recherche d'information sur des sujets bien définis, la prise de notes sera plus sélective mais aussi plus exhaustive sur les thèmes attendus.

> *Par exemple vous menez un entretien d'embauche dont vous devrez rendre compte par écrit ; vous avez en main le C.V. du candidat et disposez du profil attendu et de la description du poste. Vous avez donc besoin de recueillir des informations complémentaires sur certains points du C.V., d'explorer les compétences techniques et relationnelles... Vous pouvez donc préparer votre support de prise de notes autour des questions que vous souhaitez explorer.*

Cela ne signifie pas qu'il faille relâcher son attention quand, *a priori*, l'interlocuteur semble parler d'autre chose que ce que vous recherchez *stricto sensu* ; comme nous le verrons dans la partie « ÉCOUTER » (voir p. 59), rentrer dans la parole et la logique de l'autre amène à sortir de ses propres schémas, représentations, idées préconçues et à découvrir des aspects nouveaux et inattendus, même sur des sujets que l'on a travaillés, et donc à les consigner dans ses notes.

Par exemple vous menez un entretien avec un client sur la qualité de la livraison de ses commandes ; vous souhaitez être renseigné sur le respect des délais, l'état des colis, la conformité aux commandes passées... ; il fait des suggestions sur les produits eux-mêmes, leur emballage, évoque des produits concurrents, etc. vous laissant entrevoir d'autres aspects que vous communiquerez au service compétent et prévoir un risque de perte de sa clientèle. Vos notes doivent mentionner ces données.

Dans tous les cas se pose la question d'une prise de notes opérationnelle. La méthode généralement conseillée est de **retenir les mots clés et les phrases clés,** c'est-à-dire les éléments qui sont porteurs de sens par rapport à votre questionnement et à vos attentes et dont la relecture vous permettra de vous remémorer ce que votre interlocuteur a développé plus abondamment. En effet, bien souvent les propos tenus renvoient à des choses que vous connaissez déjà et quelques mots vous renvoient à tout un discours.

Dans l'exemple que nous avons pris précédemment sur un rapport relatif au restaurant d'entreprise, si, lors de vos entretiens des interlocuteurs parlent de « bruit insupportable aux heures de pointe » et s'éternisent sur ce sujet pour traduire un mécontentement unanimement partagé, cette seule expression suffira à consigner cette idée.

En contrepartie, si des éléments particuliers apparaissent, il convient de les prendre en considération et de les noter ; vous verrez ultérieurement s'ils sont susceptibles d'être exploités.

Dans le cas évoqué ci-dessus, si quelqu'un dit « il y a du bruit aux heures de pointe dès que les membres du service Z débarquent ; ils s'interpellent d'une table à l'autre et n'ont rien à faire des remarques », cela devra apparaître dans les notes « bruit heure de pointe, surtout qd service Z ». Il s'agira ensuite de vérifier cette information.

Pour une plus grande efficacité il est utile de **prendre des notes aérées**, ce qui permet d'apporter des compléments ultérieurement. En effet la nécessité de garder le contact visuel avec l'interlocuteur lors d'un entretien limite le temps que l'on peut consacrer à l'écriture d'autant que, dans certaines situations, voir tous ses propos consignés immédiatement peut perturber celui qui parle. C'est pourquoi il est indispensable de **reprendre ses notes sitôt l'entretien terminé** et de les compléter autour des éléments clés qui ont été consignés : un mot, une phrase, notés en majuscules, entourés ou soulignés parce qu'ils sont apparus importants sur le champ seront alors développés de mémoire.

Cette reprise de notes permettra, en outre, de faire avancer le travail qui est à l'origine de l'entretien. En effet, en même temps que l'entretien se déroule, vous y entendez des réponses à certaines de vos questions, vous entrevoyez des problèmes pour lesquels des solutions vous viennent à l'esprit, vous identifiez d'autres recherches à mener... Un travail immédiat sur vos notes évitera la déperdition de ces idées que vous pourrez consigner alors.

Pour le cas où l'entretien serait enregistré, il est préférable de ne noter que les points que vous souhaitez relancer ; votre interlocuteur pourrait ne pas comprendre la redondance des deux moyens de mémorisation et être gêné dans son expression.

5.2.2. ... En réunion

La plupart des réunions donnent lieu à rédaction de comptes rendus (voir p. 181). Plusieurs variables peuvent intervenir dans la stratégie de prise de notes : le nombre d'intervenants, la participation du « rédacteur » aux échanges, la culture interne de l'organisation sur le style des comptes rendus qui peuvent aller de la relation exhaustive au relevé de décisions, l'enregistrement de la réunion qui permettra de compléter et vérifier les notes ou l'absence d'enregistrement qui fait peser sur le rédacteur toute la responsabilité de la mémorisation.

Intervient également dans la stratégie de prise de notes la qualité de l'animation de la réunion concernée.

Un animateur qui maîtrise son rôle ponctuera la réunion de repères qui serviront de cadre à la prise de notes :

- rappel de l'objectif,
- synthèses partielles,
- mise en évidence des points de convergence et de divergence,
- conclusions partielles ou définitives,
- décisions prises et réponse aux objectifs fixés...

Un animateur plus « désordonné » vous contraindra à une prise de notes plus exhaustive et à un gros travail de structuration.

Il est difficile de donner des règles communes à toutes les situations de réunion. Que noter *a minima* ?

- l'objectif de la réunion,
- les différents points à l'ordre du jour (quand ceux-ci ne figurent pas explicitement sur une convocation),
- le nom et la fonction des participants (s'il n'en existe pas une liste), les présents, les absents, les excusés,
- les questions abordées et à propos de chacune d'elles :
  - les informations nouvelles,
  - les points de vue et leurs auteurs,
  - les conclusions,
  - les points qui restent en suspens…

Lorsque le contexte le permet, il est utile que deux personnes soient chargées de prendre des notes, même s'il n'y a qu'un rédacteur ; cela atténue les effets de la sélectivité, des oublis, de la confusion.

Même si la réunion est enregistrée, le fait de consigner d'une façon rapide ces différents éléments constituera un gain de temps pour le travail ultérieur.

5.2.3. … Lors d'une intervention orale (exposé, cours, conférence)

Comme dans les cas que nous avons déjà évoqués, l'usage prévu des notes va avoir une incidence sur la sélection des éléments à retenir. Il faut, en outre, ajouter que la qualité de l'orateur rend la tâche plus ou moins difficile : s'il présente son plan, annonce les différentes étapes de son discours, parle avec un débit qui n'est pas trop rapide, articule, écrit les mots nouveaux ou étrangers, utilise des supports bien conçus, insiste par des répétitions ou des formulations redondantes sur des points fondamentaux – que vous n'écrirez qu'une fois mais en les mettant graphiquement en valeur –… vous êtes « accompagné » dans votre prise de notes qui se centre sur le « quoi sélectionner ? ». Si l'orateur ne présente pas ces talents, vous avez à reconstituer la trame de son discours et à trouver des repères qui donnent un sens à vos notes.

Selon les cas vous retiendrez tous les aspects traités ou uniquement ceux qui sont en lien avec le document à la rédaction duquel les notes vont être utilisées. Si c'est de l'ensemble de la prestation qu' il faut garder trace, il est important de noter :

- le plan,
- les articulations (changements de partie),
- les mots clés, les idées essentielles,
- les éléments de conclusion,

et de marquer par un signe (point d'interrogation par exemple) ce que vous n'avez pas compris ou pas pu noter et que vous pourrez reprendre avec d'autres auditeurs ou avec l'orateur.

5.3. « Écrire » ses notes

Quelle que soit la situation concernée, la prise de notes implique **une économie d'écriture qui ne nuise pas à la lisibilité ultérieure.**

5.3.1. Utiliser des abréviations[1]

La prise de notes nécessite le recours à un code d'abréviations, surtout lorsqu'elle concerne le domaine de l'expression orale.

Faire une économie d'« écriture » est fondamental, mais pas au détriment de l'intelligibilité. C'est pourquoi vous devrez veiller à bien maîtriser votre système d'abréviations pour éviter de vous retrouver face à un texte indéchiffrable quand du temps aura passé.

♦ *Éliminer certains mots*

Certains éléments du discours peuvent ne pas être notés sans que cela nuise à la compréhension de ce qui est consigné. Ils seront d'emblée réintégrés à la relecture.

C'est le cas essentiellement des déterminants usuels :

- articles définis : *le, la, les.*
- articles indéfinis : *un, une, des.*

---

1. Ce texte est extrait de *La Prise de notes intelligente* de Renée et Jean Simonet, Éd. d'Organisation, coll. poche.

– adjectifs démonstratifs : *ce, cet, cette, ces.*
– adjectifs possessifs : *son, sa, ses.*

Ces deux catégories ne seront toutefois éliminées que si le sens de la phrase n'en est pas affecté.

On peut également se passer de transcrire certains verbes et groupes verbaux « creux » comme *être, dire, il y a, c'est… qui…*

◆ *Supprimer certaines lettres dans les mots*

On tronquera de préférence le mot de tout ou partie de ses voyelles, conservant essentiellement les consonnes.

C'est une amputation que l'on retrouve dans un certain nombre de mots courants, facile à repérer. Il est toutefois hasardeux de transcrire ainsi tous les mots car on prend le risque de ne plus les reconnaître.

Sans prétendre à l'exhaustivité nous présenterons ci-dessous un certain nombre d'abréviations courantes.

Des mots invariables

ar. : arrière	dvt : devant
avt : avant	ds : dans
bcp : beaucoup	id. : idem= de même
cpdt : cependant	ltps : longtemps
ṁ : même	ss : sous/ sans
ms : mais	sf : sauf
pdt : pendant	svt : souvent
pr : pour	tjrs : toujours
qd : quand	qqf : quelquefois

Quelques adjectifs et pronoms usuels

cial : commercial	nat : naturel
crt : courant	nbrx : nombreux
ext : extérieur	ns : nous
gal : général	plur : pluriel
grd : grand	qq : quelque

frs : français
int : intérieur
math : mathématique
max : maximum
min : minimum

scient : scientifique
sg : singulier
tt : tout
ts : tous
tte(s) : toute(s)

Quelques noms courants

appt : appartement
entr : entreprise
bd : boulevard
bt : bâtiment
chgt : changement
ch : chose
cf : confer (se reporter à)
dvt : développement
drt : droit
fme : femme
géo : géographie
gvt : gouvernement
hme : homme

Xisme : christianisme
hist : histoire
jr : jour
M. : Monsieur
Mme : Mademoiselle
Melle : Mademoiselle
pl : place
pt : point
prx : prix
rech : recherche
sté : société
sc : science
tps : temps

S'en tenir aux initiales

j.h : jeune homme
j.f : jeune fille
SdB : salle de bains
m : mètre
OS : ouvrier spécialisé

h : heure
l : litre
RC : rez-de-chaussée
mn : minute
BD : base de données/Bande dessinée

A ces quelques exemples nous pouvons ajouter tous les termes relevant de domaines spécialisés qui possèdent leurs propres codes. On peut citer :

PNB : Produit National Brut
PIB : Produit Intérieur Brut
ARTT : Aménagement et Réduction du Temps de Travail

Zn : zinc
O : oxygène

Ind : indicatif
Subj. : subjonctif
Cond. : conditionnel

Supprimer les finales
Selon le contexte il est possible de supprimer les finales de certains mots, par exemple les finales de verbes, les suffixes (en *–al*, en *–ique*…).

Princip. : principal   techn. : technique

Les adverbes terminés en *–ment, amment, emment*, seront écrits partiellement, « *ment* » devient « *mt* ».

polimt : poliment   seulmt/ seult : seulement
patiemt : patiemment   notamt : notamment

◆ *Utiliser des signes et des symboles*
Un certain nombre de signes exprimant des relations entre des termes (causalité, hiérarchie, inclusion…) sont couramment utilisés. Nous avons retenu ici ceux qui nous semblent les plus facilement mémorisables.

= : égal   # : peu différent de
> : plus grand que   ⇨ : entraîne
< : plus petit que   ⬈ : accroissement
ᵃ : à peu près égal à   ⬊ : diminution
+ : plus   – : moins
? : marque du doute   ? ? : marque de l'incompréhension
⌇ : variation   ⇌ : interaction
ψ : psychologie   φ : philosophie

A tous ces signes, chacun peut ajouter ses propres « créations » ; l'essentiel est qu'il s'y retrouve !

En effet, en fonction des thèmes traités dans des documents ou à l'oral, certains termes vont revenir très fréquemment ; il est alors opportun de trouver un moyen de les écrire rapidement et de créer des symboles (signes, lettres) pour les noter. Mais il vaut mieux, la première fois, écrire le mot et son symbole pour que, le temps passant, une non-reconnaissance du symbole ne rende pas les notes illisibles.

◆ *Retenir les éléments porteurs de sens*

La prise en compte des notes ordinaires et des données de la grammaire permet **de sélectionner les unités grammaticales « utiles ».** Ce sont :

- les verbes significatifs, c'est-à-dire porteurs d'un sens précis,
- les substantifs (noms propres ou noms communs),
- certains adjectifs quand ils donnent un sens important au contenu,
- certains adverbes dans le même cas que précédemment.

Dans le même esprit, **il est inutile de noter :**

- les articles,
- les verbes « creux » comme « être », « dire », « faire »,
- un bon nombre d'adjectifs et d'adverbes.

Quelques signes codés peuvent remplacer des notions et des petits mots (voir abréviations). Un relevé « en substance » d'un discours remplaçant toute une phrase par quelques mots dont un substantif clé peut suffire.

> *Exemple : « L'accroissement du PIB des pays sous-développés dans la période considérée nous conduit à conclure que :… » deviendra en notes :*
> *« Accroist PIB (ou ↗ PIB) ds pays ss-dvpés ➜ :…. »,(« la période considérée » ayant été définie préalablement, il est inutile de le noter).*

Exemple

5.3.2. Organiser sa prise de notes matériellement

L'utilisation des notes prises sera d'autant plus efficace que celles-ci seront reprises et exploitées le plus tôt possible. Une organisation pratique et matérielle de la prise de notes favorise cette exploitation.

◆ *Des conditions matérielles favorables :*

- dotez-vous de fiches solides et manipulables,
- écrivez sur une seule face ; le *recto verso* ne vous permet pas de mettre des notes en regard,
- utilisez des marqueurs, surligneurs de couleurs diverses,
- prévoyez du matériel de classement (chemises, fichiers).

◆ *Une organisation exploitable de la fiche*

Vous pouvez concevoir une utilisation de l'espace de votre fiche (ou feuille) de telle sorte qu'elle facilite le travail ultérieur de mise en lien des notes avec l'objectif pour lequel elles ont été prises.

Voici un exemple d'utilisation maximale de l'espace d'une fiche ; la disposition à l'horizontale permet une meilleure disposition.

Titre et référence du document, de la conférence… date		
Prise de notes	*Compléments*	*Utilisation*
1)...................	*Ajouts décalés du conférencier ou dans le document*	*pour partie A, §*
2)...................	*Croquis Remarques personnelles immédiates etc.*	*pour conclusion*
3)...................		*hors sujet*

Ainsi la fiche devient préparation d'un rapport, d'un compte rendu, d'un exposé.

5.4. Une pratique à perfectionner

Le perfectionnement à la prise de notes demande d'autant plus d'effort qu'il se heurte à des habitudes très ancrées chez chacun d'entre nous. Établir son propre diagnostic sur les failles de sa propre expérience, est un premier pas vers une amélioration de sa pratique. Les quelques conseils énoncés ci-dessus doivent être adaptés à chacun et à chaque situation. Le recours à des ouvrages consacrés strictement à la prise de notes et indiqués dans la bibliographie permettra un travail plus méthodique.

Chapitre 4

Organiser et présenter l'information

1. ORGANISER LE CONTENU

Tout document rédigé, destiné à remplir une fonction précise – questionner, informer, convaincre – ne pourra être lu par chaque destinataire-lecteur que si celui-ci peut en percevoir la logique et en suivre le raisonnement.

Quel que soit l'écrit d'action concerné, **il est donc indispensable de faire un PLAN** avant de se consacrer à la rédaction. Toute écriture au fil de la plume ou du clavier présente le risque d'aboutir à un écrit qui traduit son propre cheminement, son questionnement, son errance, mais ce n'est pas cela qu'il convient de traduire au(x) destinataire(s).

Certes il n'y a pas de plan type, même lorsqu'il s'agit d'un même écrit, mais une exigence de structuration, d'enchaînement, en phase avec l'objectif du texte à écrire.

Cependant, par delà la diversité des situations de communication écrite et orale, un certain nombre de constantes sont présentes dans le travail d'élaboration d'un texte : la lettre d'entreprise comme la thèse, le cours magistral comme la présentation d'un nouveau produit s'articulent autour d'un plan.

1.1. Un plan, pourquoi ?

Le fait d'élaborer un plan, schéma à partir duquel sera rédigé le texte, quel qu'il soit, présente un certain nombre d'avantages POUR SOI et POUR LE DESTINATAIRE.

1.1.1. **Un plan pour soi**

Le plan aide à :

- choisir les informations : il faut savoir renoncer à tout dire et trier parmi tous les éléments qui viennent à l'esprit ou que l'on a notés à partir de documents, ceux qui sont pertinents par rapport au contexte (situation, destinataire(s)) ;
- préparer les informations qui manquent et éventuellement compléter sa documentation ;
- concevoir une progression des informations : il s'agit de les classer de façon à ce que chaque élément de l'écrit prenne sens par rapport à ce qui précède et ce qui suit ;
- prendre une distance par rapport aux détails, sans s'y perdre : pour faire un plan, il faut s'imposer de dégager les grandes lignes, les informations pertinentes ;
- maîtriser la totalité du document du début à la fin : avant de passer à la rédaction à proprement parler, il importe de savoir d'où l'on part, où l'on va et par quelles étapes l'on passe. Cela permet de choisir une organisation du texte qui élimine les redites, les éléments inutiles ;
- adapter son cheminement à ses objectifs. Selon ce que l'on veut faire passer on adoptera tel ou tel plan. En effet, l'écrit peut être sous-tendu d'une démonstration, d'une argumentation, d'une thèse. Le plan, alors, ne peut plus être neutre ; il sera articulé de telle façon que le lecteur puisse intégrer progressivement les divers éléments de l'argumentation ;
- moduler différentes versions du même document : un écrit destiné à différentes catégories de lecteurs peut présenter des parties communes et des parties diversifiées en fonction des destinataires. Le plan permet de gérer de façon rapide et opérationnelle cette diversité. Les nouveaux moyens de communication permettent, à partir d'un même document, d'introduire des variantes et de parvenir à des versions « aménagées » en fonction des lecteurs.

Exemple

Si l'on reprend le cas du rapport sur le restaurant d'entreprise que nous avons évoqué plus avant, on peut repérer les phases suivantes dans le travail :
– Dans les documents provenant de divers services (Ressources Humaines, Comptabilité, Hygiène et Sécurité…), les textes émanant de syndicats, les résultats du questionnaire, les comptes rendus d'analyse des entretiens… le rédacteur va sélectionner les informations strictement centrées sur le rapport qu'il doit produire.

– *Il va se rendre compte qu'il n'a recueilli aucune donnée de la part des collaborateurs rattachés à un autre site qui fréquentent régulièrement ce restaurant lors de réunions hebdomadaires et disposent, en outre, d'éléments de comparaison.*

– *Une fois les informations utiles retenues, il va organiser progressivement son document à venir en « mettant de l'ordre » dans sa documentation de base et en concevant un enchaînement adapté à la découverte, par le lecteur, de son rapport. (Le rappel de la disposition des lieux avec schéma et, éventuellement photos, précède logiquement les critiques sur l'occupation de l'espace... le résultat du dépouillement du questionnaire sur le prix des repas prend place après le rappel des conditions de financement par l'entreprise et par les différents salariés.).*

– *Un plan global va se dessiner qui intégrera les classements effectués auparavant : le plan du rapport dit plan de « Résolution de problèmes » qui part de la présentation de l'existant pour aboutir à une proposition d'action (voir p. 89) sert de trame.*

Le rapport complet sera soumis au service qui l'a commandé mais il peut donner lieu à des documents différents diffusés en interne autour de thèmes tels que « Un restaurant d'entreprise jugé trop bruyant ! » ou « Qui déjeune avec qui au restaurant ? »...

Tout le travail préalable que représente l'élaboration d'un plan détaillé constitue un gain de temps dans la mesure où la phase de rédaction est planifiée et se fait sans qu'il soit besoin de reprendre parallèlement la réflexion sur le contenu, sauf si des doutes ou des besoins d'approfondissement apparaissent.

1.1.2. Un plan pour les destinataires

Un plan permet de :

– comprendre « immédiatement » la démarche. Dans le cas d'un document long, l'annonce du plan permettra au lecteur se s'y retrouver et de se situer dans les différentes étapes du texte. Une visualisation des titres et des sous-tires, quand la nature du document le permet concrétisera ce repérage.

– comprendre la logique du rédacteur sans avoir à « deviner » le lien entre les différentes composantes du texte et à y substituer sa propre logique.

– adapter sa lecture à ses centres d'intérêt, besoins, motivations… : s'appesantir sur certains aspects et balayer les autres mais sans perdre le fil de l'écrit.

Dans l'exemple étudié ci-dessus, le plan du rapport conduira logiquement le lecteur à travers les différentes étapes que sont : L'existant, les problèmes (organisés autour de différents thèmes tels que les horaires, l'espace, le bruit, la nourriture, les tarifs, les relations interpersonnelles…), les solutions possibles(leurs avantages, leurs inconvénients) avec la prise en compte des contraintes, la solution proposée et les modalités de mise en œuvre.

1.2. Un plan, comment ?

Compte tenu de la diversité des écrits d'action que nous envisageons dans le présent ouvrage, il est impossible, voire absurde, de proposer un type de plan qui conviendrait dans tous les cas.

A l'intérieur de chacun des chapitres consacrés spécifiquement aux différents écrits d'action, nous aborderons les possibilités de plan qui leur correspondent.

Toutefois l'élaboration d'un plan répond toujours à certaines contraintes que nous allons analyser ci-après.

1.2.1. Une introduction : pourquoi ? comment ?

Comme le terme lui-même l'indique, l'introduction « introduit » le lecteur dans l'écrit. Elle situe le contexte, le sujet, le problème… et suscite l'attention du lecteur qui est censé être concerné par le contenu de l'écrit.

Ainsi, dès le premier contact avec le document qui **lui** est adressé, le destinataire saura avec précision :

– de quoi on parle,
– pourquoi (pour quelle raison et dans quel but),
– comment on va en parler.

Ainsi, s'il s'agit d'une lettre, il est utile et opérationnel que le lecteur sache à quel courrier, quelle annonce, quelle publicité, quelles relations antérieures elle fait référence ou quelle société, quel produit… elle promeut.

– Nous avons bien reçu votre courrier en date du … référencé ci-dessus par lequel vous…

– La demande croissante de notre clientèle nous a conduits à élargir notre gamme de produits et nous avons le plaisir de vous en informer.

– Vivement intéressé par votre proposition de poste de … référencé ci-dessus je vous propose ma candidature.

S'il s'agit d'un rapport, le lecteur, par l'introduction, saura quels en sont les thèmes, les objectifs et la démarche adoptée.

L'application de la Loi sur la réduction du temps de travail devant être effective à compter du…dans l'entreprise X, le cabinet Y a été chargé par la direction de faire un audit pour trouver les solutions les plus compatibles entre l'intérêt des différentes catégories de personnel et la bonne marche de l'entreprise.

Vous trouverez ci- après :

– l'analyse de l'existant,

– les contraintes de la production et les problèmes liés à la RTT,

– les solutions préconisées et le calendrier de leur mise en œuvre.

Dans le cas d'un compte rendu de réunion, l'introduction pose le « décor ».

Les membres du conseil d'administration de l'Association se sont réunis le … pour décider de l' utilisation de la subvention de … euros attribuée le … par la municipalité.

Étaient présents…, excusés…, absents…

Au-delà de cette fonction d'introduction au sens propre du texte, un autre enjeu prend place au début de l'écrit d'action : capter l'attention du lecteur, lui donner envie de le lire. Selon la façon dont il entre en contact avec le texte, il sera ou non motivé pour continuer sa lecture : est-il concerné par le sujet qui y est abordé ? A-t-il un intérêt à prendre connaissance de son contenu ? Est-il le bon destinataire ? etc. Que d'écrits finissent à la poubelle sans même avoir été lus parce que les destinataires ne sont pas motivés à les lire !

Exemple

– *Une note de service sur le respect de règles de sécurité impliquera le lecteur si elle est justifiée par des accidents susceptibles de se reproduire :*
« *Compte tenu des accidents récents survenus sur le chantier par non-respect des consignes de sécurité, il est rappelé que.*

– *Un dépliant publicitaire doit, dès l'abord, inclure le lecteur dans la « cible » :*
« *Votre enfant apprend à lire et vous souhaitez qu'il prenne dès maintenant le goût de la lecture qui lui donnera des atouts pendant toute sa scolarité. Notre maison d'édition…. »*

1.2.2. Des transitions d'une partie à l'autre : pourquoi ? comment ?

La « transition » est la formulation qui permet d'identifier le passage d'une partie de l'écrit à une autre, d'une étape de la pensée à une autre étape.

Cela peut consister en un espace blanc dans le cadre d'une lettre où l'aération et le découpage en paragraphes distincts permettent de repérer les phases successives du texte.

Dans le cas d'écrits de plus grande importance (compte rendu, rapport, note de synthèse, travaux académiques), la transition est rédigée de telle sorte qu'elle permette, à chaque étape, de faire le point :

– elle fait apparaître, par une synthèse, l'essentiel à retenir de la partie que l'on vient de terminer ;
– elle annonce l'étape dans laquelle on s'engage. En effet, le lecteur qui n'est pas, à l'instar du rédacteur, « plein du sujet », a besoin de repères dans la progression ;
– elle peut, à chaque étape, constituer une conclusion partielle qui ponctue la logique du déroulement.

L'écriture de transitions peut être considérée comme un moyen d'accompagner le lecteur dans la découverte de l'écrit. En effet, si le rédacteur, à la condition qu'il ait bien préparé son travail, sait d'où il part, où il va et par où il passe, le lecteur, lui, avance dans l'inconnu. L'identification des étapes imprime celles-ci dans la mémoire de ce dernier et l'aide à suivre.

Afin de s'assurer que l'on a bien posé les repères nécessaires, on peut s'appuyer sur la méthode de l'Entraînement Mental (voir p. 44) qui concrétise cette démarche par la formule suivante :

« Je dis que je vais le dire.
Je le dis.
Je dis que je l'ai dit. »

Afin d'illustrer cette notion de « transition » nous prendrons quelques exemples.

Dans un rapport, après avoir fait un diagnostic des problèmes, on aborde l'étude des solutions possibles ; la transition peut alors être celle-ci :
« Les différents problèmes mettant en cause le recrutement des membres du personnel du service Y et l'organisation des tâches dans ce même service, nous proposerons ci-après des modalités d'intervention à l'un et l'autre niveaux. »

Dans un compte rendu, les transitions peuvent ponctuer les différentes étapes de la réunion :
« Les projets de réfection du bureau d'accueil de l'association, à hauteur de X euros, ont été adoptés à la majorité des membres du Conseil d'Administration.
Le point suivant concerne le choix des entreprises auxquelles seront demandés des devis. »

1.2.3. **Une conclusion générale : pourquoi ? comment ?**

On peut se demander ce qui reste dans la mémoire d'un lecteur lorsqu'il a fini de prendre connaissance des informations, questions, arguments qui lui étaient destinés.
Dans le cas des écrits d'action, conçus en fonction d'objectifs bien définis, la conclusion est la plupart du temps le rappel de ces objectifs et, éventuellement, de ce qu'on attend du destinataire comme réponse, retour, réaction.
Dans une lettre, elle précise ce que l'on attend du destinataire.

« Nous espérons que vous continuerez à nous accorder votre confiance » pourra conclure une lettre relative à un malentendu avec un client.

Dans un rapport dont l'introduction posera le problème à régler, la conclusion présentera la (les) solution(s) retenue(s) en réponse à celui-ci et les modalités de leur mise en œuvre.

« Ainsi, compte tenu de l'augmentation des accidents du travail dans l'atelier L. au cours des trois dernières années, il conviendrait de prendre les mesures suivantes :

1. ralentir la cadence sur les machines A. et B.

2. développer une politique de formation systématique du personnel à la prévention et à l'entretien

3. instaurer des pauses périodiques...

Un budget de X euros devra être investi pour la mise en œuvre du point 2.

Un appel d'offres auprès de cabinets de formation spécialisés dans le domaine qui nous concerne sera lancé.

Une réunion sera organisée avec le personnel de l'atelier L. pour présentation de ce rapport et des mesures qui s'ensuivront. »

Bien entendu, le lecteur devra avoir trouvé dans le texte, avant la conclusion, tous les éléments permettant de justifier et de comprendre cette conclusion.

En résumé, la conclusion permet de fixer l'essentiel du « message » que le rédacteur voulait transmettre et qui déterminera les actions à venir.

1.3. Conseils pratiques

1.3.1. Une élaboration progressive du plan

Faire un plan consiste à savoir noter l'essentiel de ce que l'on veut écrire dans un ordre pertinent ; c'est préparer matériellement un **canevas** à partir duquel sera rédigé le texte dans son intégralité.

S'il est relativement facile de faire un plan pour des documents courts comme la lettre, la note de service par exemple pour lesquelles il existe, sinon des modèles, du moins des orientations générales, il en est autrement pour des documents longs comme le rapport, le compte rendu exhaustif, la note de synthèse... qui demandent un grand travail d'organisation du contenu. Dans ces cas-là, il est nécessaire de concevoir plusieurs plans successifs qui sont autant d'étapes de mises au net avant la mise au point du plan définitif autour des axes forts de l'information, de l'analyse ou de l'argumentation.

En effet, au fur et à mesure que vous recensez et collectez les éléments du contenu, des plans possibles s'esquisseront successivement. Dans le cas où vous procédez à une prise de notes structurée comme nous l'avons préconisé précédemment (voir p. 76), il est possible que, à chaque rubrique corresponde une « partie » ou une « sous-partie » du

---

84

plan. Mais il est tout aussi concevable que d'autres axes plus pertinents émergent qui vous amènent à d'autres restructurations du document.

Si nous reprenons l'exemple évoqué sur le rapport relatif au restaurant d'entreprise (voir p. 78 et 86), les informations regroupées autour des rubriques « le cadre », « la qualité des repas », « le bruit », « les relations à table »… pourront être incluses telles quelles dans le canevas du texte.

Mais cette première catégorisation pourra être mise en question et les informations seront plus pertinentes autour de thèmes comme « les sources de satisfaction », « les sources de mécontentement », « les suggestions » à l'intérieur desquels « le bruit », « les relations », « le cadre », « les repas » seront intégrés autrement. La structuration des notes permettra de retrouver aisément les données.

Tout ce travail de plan facilite la rédaction du document et prépare les repères pour le lecteur. En effet, ce plan abouti sera transformé à terme, pour certains écrits, en **sommaire** ou **table des matières**.

1.3.2. **Une matérialisation graphique du plan**

Plus le plan sera clair et net, plus la rédaction de l'écrit en sera facilitée. Cette clarté sera obtenue grâce à une disposition graphique bien étudiée.

La possibilité qu'offre le traitement de texte de jouer sur les polices de caractères, sur leur variété (majuscules, petites capitales…), sur les fonctions « gras », « souligné », « italique », sur les signes tels que tirets, astérisques, sur l'ombrage… permet une visualisation du plan et la hiérarchisation des parties et sous-parties.

Les marges et les espaces blancs créent autour et dans le plan écrit un dessin qui rend compte de son déroulement.

La mise en évidence des titres et des sous-titres va ainsi confronter le rédacteur à la logique du document envisagé, à l'équilibre des parties prévues… A cet effet, une graphie bien choisie et homogène pour les « parties » et « sous-parties » de même rang permettra au rédacteur de visualiser tout de suite son plan et d'avoir une vue *a priori* du document à venir. Une numérotation adaptée concrétisera le découpage.

Par exemple dans le rapport sur le restaurant d'entreprise, une partie peut être consacrée au cadre :

Exemple

I. LE CADRE DU RESTAURANT
11. La disposition dans l'espace 111. Le self 112. Le mobilier 113. La cafétéria 12. La décoration 121. Les murs 122. Les plantes 13. La luminosité 131. Les fenêtres 132. L'éclairage…

Les ressources techniques pour « dessiner » un plan sont multiples ; à chacun de faire ses choix de façon à mettre le mieux en évidence la trame du texte qu'il doit rédiger. Selon la nature du document définitif, il pourra utiliser la même graphie pour rendre les étapes du contenu évidentes pour le(s) destinataire(s). C'est le cas de certains écrits d'action qui impliquent ou acceptent la mention des titres et sous-titres (rapports, notices, procès-verbaux, notes d'information…).

Dans l'élaboration du plan on ne rédige pas de texte ; on écrit de façon abrégée les idées clés, les références, le renvoi aux notes. **En tant que trame, le plan précède la rédaction et l'accompagne.**

Un plan détaillé bien préparé permet d'éviter un « brouillon » et de rédiger au fil de la plume ou du clavier, d'autant que, dans ce dernier cas les possibilités de modifier son texte à tout moment annule les désagréments du tâtonnement.

1.4. Quelques types de plans

Comme nous l'avons déjà précisé, à chaque écrit d'action correspondent des possibilités de plans opérationnels. Toutefois, à titre indicatif, nous proposerons quelques plans types qui peuvent être utilisés tels quels pour certains documents ou permettre de construire à l'intérieur d'un plan différentes sous-parties spécifiques. Car il ne faut pas oublier que chaque étape du document à rédiger doit être elle-même structurée.

© Éditions d'Organisation

1.4.1. Les démarches descriptives

Certains plans répondent plutôt à une démarche descriptive.

LE PLAN ASPECTS ET CRITÈRES

Exemples : Aspect ou critère financier
esthétique
technique
commercial
sociologique
médical
etc.

LE PLAN DESCRIPTIF

C'est le découpage d'un « tout » en plusieurs parties dont on décrit chacune.

Exemple : la partie « Présentation de l'entreprise » dans un rapport de stage.
    I.   Les activités
    II. Le secteur
    III. L'histoire
    IV. Le personnel
    V. L'organisation
    ...

Ce plan apparemment « extérieur » sera d'autant plus significatif, si on le reproduit sur son document, qu'on laisse apparaître dans le titre de chaque partie des termes plus « analytiques » permettant de prendre connaissance d'emblée de la caractéristique majeure de ce que l'on décrit plutôt que la rubrique concernée (voir : Les titres pleins, p. 307) :

    I.   Des produits de haute technologie
    II. Un marché à forte concurrence
    III. De l'entreprise familiale à la multinationale
    IV. Un personnel à fort turn over
    V. Une organisation pyramidale...

LE PLAN CHRONOLOGIQUE

Il est important dans ce type de plan de choisir les bons découpages dans le temps.

Exemple : LE CAPITALISME
   I.   Avant 1900
   II. De 1900 à 1950
   III. Depuis 1950
   IV. Etc.

LE PLAN « LASWELL »

Qui,
Dit quoi ?
A qui ?
Où ?
Quand ?
Comment ?
Avec quel résultat ?

LES PLANS DE COMPARAISON

Plusieurs possibilités s'offrent. La plus simple, que nous présentons en n° 1, consiste à poser les éléments d'information sans en tirer des conséquences. Les plans n° 2 et n° 3 sont plus élaborés car ils incluent une démarche d'analyse.

Exemple : Comparaisons des produits X et Y

Plan n° 1
I. Le produit X
   1. Les caractéristiques
   2. Les consommateurs
   3. La courbe des ventes…

II. Le produit Y
   1. Les caractéristiques
   2. Les consommateurs
   3. La courbe des ventes...

Plan n° 2
I. Les ressemblances
   1. Les caractéristiques
   2. Les consommateurs
   3. La courbe des ventes...
II. Les différences
   1. Les caractéristiques
   2. Les consommateurs
   3. La courbe des ventes...

Plan n° 3
I. Les caractéristiques
   1. Les ressemblances
   2. Les différences
     – Le produit X
     – Le produit Y
II. Les consommateurs
   1. Les ressemblances
   2. Les différences
     – Le produit X
     – Le produit Y
III. La courbe des ventes...

1.4.2. Les démarches résolution de problèmes

D'autres plans conviennent mieux à des écrits dont l'objectif est d'analyser une situation pour déboucher sur des solutions. Ils correspondent aux démarches de Résolution de problèmes.

LE PLAN « RÉSOLUTION DE PROBLÈMES »

I.   Les faits/ La situation/Le problème (Le « DECOR »)
II. L'analyse du problème : le diagnostic
III. Les contraintes (financières, juridiques, humaines)
IV. Les solutions possibles : (chaque solution est analysée en fonction de ses aspects positifs et négatifs, ses avantages, ses inconvénients)
V.   La (les) solution(s) retenue(s) (justification)
VI. Les modalités de mise en œuvre

LE MODÈLE DES SCIENCES

I.   Les éléments de la situation
II. L'hypothèse d'explication
III. La vérification de l'hypothèse
IV. La solution

LE MODÈLE DU DIAGNOSTIC MÉDICAL

I.   Qu'est-ce qui ne va pas ?
II. Pourquoi cela ne va pas ?
III. Que pourrait-on faire pour que cela aille mieux ?
IV. Quelles seraient les conséquences des différentes actions possibles ?
V.   Quelle décision prendre ?

LE PLAN SOSRA

Situation : situer le contexte
Observation : donner les informations, décrire (comparer, distinguer)
Sentiments : exprimer ce que l'on pense
Réflexion : expliquer pourquoi on pense cela (analyser et argumenter)
Action : conclure en évoquant le futur (actions à envisager et modalités)

D'autres plans, enfin, concernent les écrits centrés sur la discussion, mettant en regard des points de vue différents à propos d'un même thème, projet... Ils sont, la plupart du temps, intégrés dans d'autres plans lorsqu'ils concernent l'étude de solutions dans les rapports ou la mise en évidence des positions différentes dans un compte rendu.

PLAN DE DISCUSSION
I. Pour (éléments favorables/positifs...)
1. Argument A
2. Argument B
3. Argument C
II. Contre
1. Argument D
2. Argument E
3. Argument F

Nous n'avons pas, dans ce chapitre, développé les **PLANS D'ARGUMENTATION**; il nous semble plus opportun de les présenter dans la partie « ARGUMENTER » où ils prendront sens par rapport à la démarche générale de l'argumentation.

2. RÉSUMER, FAIRE DES SYNTHÈSES

La conception de la plupart des écrits d'action implique, à un moment ou à un autre, de pratiquer un résumé ou une synthèse sur un ou des textes, des paroles, des documents sonores ou audiovisuels.

Il s'agit en fait de rendre compte, avec une économie de mots, d'éléments beaucoup plus développés et souvent dispersés sur plusieurs supports.

Nous emploierons le verbe « résumer » lorsqu'il s'agit de transmettre, d'une façon réduite, le contenu d'**un** document unique. « Faire la synthèse de... » renverra ici à la démarche qui consiste à rendre compte du contenu total ou partiel d'un ensemble de documents ou de situations d'expression orale.

Nous ne traiterons pas dans ce chapitre des genres appelés « résumé » et « note de synthèse » qui relèvent d'une méthodologie précise et répondent à des règles bien définies surtout lorsqu'ils font l'objet d'épreuves académiques ; nous y consacrerons des développements spécifiques dans la partie suivante. Nous nous attacherons ici à donner des conseils relatifs à la situation quotidienne où il faut « tirer » d'un document ou d'une intervention orale des données et les exprimer d'une façon « réduite » ou prendre connaissance de plusieurs sources d'information pour faire un point de synthèse sur un aspect précis. Dans les deux cas il s'agit de nourrir un écrit dans lequel seront aussi sollicitées les autres aptitudes transversales développées dans cet ouvrage.

N° 1 : Faire un projet de lettre pour exposer les raisons du litige concernant le service après vente d'un ordinateur.

N° 2 : Rédiger une note décrivant le fonctionnement d'un nouveau caméscope dont la commercialisation est prévue pour l'année suivante.

N° 3 : Faire le compte rendu d'une réunion qui a duré trois heures.

N° 4 : Rédiger le rapport d'activité d'une succursale.

N° 5 : Faire un curriculum vitæ ; présenter ses compétences dans une lettre de motivation.

N° 6 : Faire un rapport sur la réaction d'une population-test pour un nouveau produit.

N° 7 : Rédiger une revue de presse à l'intention du personnel de l'entreprise.

N° 8 : Rédiger un mémento sur des procédures.

Voici quelques écrits pour lesquels il faudra que le rédacteur choisisse parmi de multiples informations celles qui lui sont utiles et les mette en lien avec une « économie de mots » pour les intégrer dans un texte adapté au(x) destinataire(s).

Dans les exemples proposés ci-dessus, le travail se fera à partir des données suivantes :

N° 1 : Tous les documents et événements du litige pour rédiger la lettre.

N° 2 : Toutes les brochures techniques et analyses de prototypes relatives au nouveau caméscope pour rédiger la note.

N° 3 : Tout ce qui garde la trace (notes, enregistrement) des propos échangés pendant la réunion pour en faire le compte rendu.

N° 4 : Tous les documents rendant compte de l'activité de la succursale l'année précédente pour en faire le rapport.

N° 5 : Tous les éléments d'une vie pour en tirer les informations pertinentes par rapport au poste demandé.

N° 6 : Tous les entretiens menés auprès des consommateurs pour rédiger un rapport sur leur évaluation du nouveau produit.

N° 7 : *Toutes les informations issues de sources différentes pour en transmettre l'essentiel.*
N° 8 : *Tous les documents spécialisés sur les procédures en question.*

2.1. Dégager l'« essentiel »... pour soi ? Pour son lecteur ? Pour qui ?

A partir du moment où le document final doit rendre compte, dans une perspective de « réduction» ou de « miniaturisation » d'un ou de plusieurs documents ou propos oraux beaucoup plus développés, va se poser la question du choix, du tri des informations qui doivent être retenues. Nous avons vu dans la partie consacrée à la Prise de Notes, que l'objectif du document à rédiger et les caractéristiques de son(ses) destinataire(s) orientent la sélection sur le contenu global.

En effet, il n'y a pas de « bon résumé » ou de « bonne synthèse » dans l'absolu, mais, à partir des mêmes données, plusieurs façons de procéder selon le contexte :

- Qui écrit ?
- A qui est destiné l'écrit ?
- A quoi doit-il servir ?

Ce questionnement remet en cause la formulation usuelle (et scolaire) selon laquelle résumer ou faire une synthèse, c'est retranscrire de façon réduite l'« essentiel ». Or il convient de relativiser cette conception, quand il s'agit d'écrits d'action, et de mettre cet « essentiel » en lien avec le contexte d'utilisation.

En effet, certaines informations pourront être résumées en vue d'utilisations telles que :

- l'archivage,
- le support d'une conférence,
- la réponse à un courrier,
- la diffusion à un public restreint ou large,
- la rédaction de consigne de travail,
- la traduction de schémas, courbes, tableaux,
- la confection de transparents...

Le destinataire final pouvant être soi–même, des collaborateurs ou des personnes extérieures à l'organisation.

Se pose, ici, la question de l'objectif du « résumé » lorsqu'il s'agit de l'épreuve scolaire, universitaire, professionnelle, qui ne mentionne ni contexte, ni destinataire – autres que les correcteurs –.

« Résumer en tant de mots le texte suivant », « réduire le texte suivant à 10% de sa longueur » …Sans autre précision, toutes les idées ou informations du texte initial doivent être présentes dans le texte « réduit » à la proportion de leur « importance ». Ici, la question est « à quoi » doit servir le résumé et non « à qui ». Il s'agit, en fait, d'une épreuve destinée à tester la capacité de lire et de comprendre un texte et de le restituer clairement, fidèlement, en français correct et avec ses propres mots ; il s'agit de mettre son écriture au service d'une pensée extérieure à soi-même et de la livrer d'une façon « réduite » à un lecteur de telle sorte qu'il la comprenne.

Quant à la « note de synthèse », elle permet de tester en outre la capacité de mettre en lien des informations venues de sources diverses, d'en dégager les nuances, de structurer les données. Selon la façon dont est formulé le sujet, elle jugera éventuellement la capacité à s'adapter à un contexte professionnel précis.

2.2. Avoir une vue d'ensemble des éléments à « réduire »

Résumer un écrit, des échanges, un événement, faire une synthèse à partir de documents variés, c'est **faire des choix** sur un contenu à retenir et une formulation en fonction de l'objectif de cette démarche. La liberté de choix est toutefois limitée dans les épreuves académiques évoquées ci-dessus dont les règles sont incontournables.

Pour pratiquer un résumé ou une synthèse, il est important d'avoir, au préalable, une vue d'ensemble du(des) document(s), des propos originaux, des documents sonores ou audiovisuels… ; ce n'est qu'après avoir appréhendé la totalité des éléments dont on dispose que l'on peut faire des tris et des choix. D'un paragraphe à l'autre, d'un document à l'autre, d'un entretien à l'autre, d'une intervention à l'autre, des données se répondent, se complètent, se contredisent.

Une logique, des mises en lien apparaissent qui, prises en compte, éviteront les répétitions, les incohérences, les confusions ; des logiques se dégagent.
Cette prise de connaissance préalable du ou des texte(s) qui peut être approfondie ou se limiter à un « balayage » quand la masse des documents est importante ne doit pas être considérée comme une perte mais comme un gain de temps. La tendance usuelle à sou-

ligner, entourer, surligner, en même temps que l'on découvre un texte donne souvent l'illusion d'un travail efficace ; l'expérience montre en général que l'on sélectionne trop d'éléments, par peur de laisser passer quelque chose. Fréquemment, on retient, dès qu'elle apparaît, une information, une idée et, quelques lignes plus loin s'il s'agit d'un seul texte ou dans un autre document, s'il s'agit d'une synthèse, la même donnée est exprimée de façon plus claire, plus complète et mérite, là, d'être retenue.

La lecture complète est, en outre, la seule façon de percevoir la logique d'un texte, de savoir où celui qui l'a écrit « veut en venir ».

Enfin, dans un écrit de synthèse c'est la seule façon de préparer sa prise de notes en repérant les différents thèmes susceptibles d'être retenus.

2.3. Résumer, Comment ?

Pour formuler cet « essentiel » qui varie en fonction du contexte, plusieurs possibilités existent lorsque l'on travaille sur un texte, un document audiovisuel ou à partir d'une situation d'expression orale.

2.3.1. Reprendre intégralement des éléments des textes ou des propos tenus

Très souvent, dans des textes, un extrait, bien écrit, synthétique est à lui seul significatif d'une information, d'une idée, d'une thèse ; certaines conclusions, partielles ou définitives, contiennent l'essentiel de ce à quoi tendait la totalité du texte.

Il arrive que dans une réunion, un « bon » animateur ait le souci de dégager au fur et à mesure les points clés des échanges et de ponctuer le déroulement de la réunion de reformulations claires, de synthèses partielles, de conclusion.

Un conférencier, désireux de faire passer certaines idées va exprimer clairement, souvent de façon redondante, les idées qui traduisent les messages qu'il veut faire passer ; il va présenter son plan, annoncer les articulations de son discours, donner des repères, s'appuyer sur des transparents analytiques ou récapitulatifs.

Un interviewé peut, d'une formule lapidaire, illustrée, traduire l'idée-force qu'il développe.

Dans toutes ces situations et dans d'autre similaires, emprunter à l'auteur d'un écrit ou à un orateur des termes ou des propos porteurs d'une expression « résumée », lui emprunter sa propre formulation peut être une façon de retenir l'essentiel de ce qu'il veut transmettre. Reprendre la source d'information là où elle est utilisable par sa concision et sa clarté est une démarche opérationnelle.

Si le type d'écrit où cette forme de résumé est insérée le permet, il est possible de traduire par la graphie (guillemets, italiques, notes de bas de page X ...) qu'il s'agit d'une citation ou d'un emprunt.

Il est important de se dégager de l'interdit de « recopier » certains éléments de textes qui est associé aux épreuves académiques et de raisonner en termes d'efficacité quand il s'agit décrits d'action.

> **Résumer, cela peut être conserver :**
> – **les mots clés**
> – **les phrases clés**
> – **les formulations déjà résumées**
> – **les passages significatifs de...**

2.3.2. Mettre en évidence une logique

Résumer, c'est aussi mettre en évidence les étapes d'un raisonnement, la logique d'une argumentation, les éléments communs à une énumération..., c'est-à-dire de mettre au clair des données que le texte ou les propos n'expriment pas explicitement.

Dans ces cas, il ne s'agit plus de recopier des termes, des textes ou discours originaux, mais de procéder à une démarche d'analyse puis de synthèse.

Dans le cas d'un raisonnement ou d'une argumentation, la première étape consiste à repérer la thèse, l'opinion, le thème... autour desquels s'articulent les textes ou les propos tenus.

Ainsi, pour résumer un développement argumentatif, on peut procéder à la démarche suivante :

– Énoncer la thèse, le projet, la proposition de solution...
– Énoncer les arguments, sans entrer dans le détail de la justification de chacun mais en conservant la logique de leur enchaînement.

Texte original à résumer

« *Plusieurs raisons peuvent étayer l'opposition à la peine de mort, indépendamment du refus d'ôter de sang-froid la vie à un être humain.*

L'expérience de nombreux pays où la législation sur la peine de mort a changé tend à prouver que l'existence de la peine de mort n'a statistiquement aucune incidence sur le taux de grande criminalité. Que le mouvement se soit fait de l'existence de la peine de mort à son abolition ou dans le sens inverse, il a été constaté que la grande criminalité n'augmentait pas dans le premier cas pas plus qu'elle ne diminuait dans le second.

Par ailleurs, au niveau individuel, la peine de mort n'a pas d'effet dissuasif ; lorsqu'ils s'engagent dans leurs actes criminels, les coupables ne pensent pas à l'échec et aux suites pénales de leurs actes. Des études psychologiques ont démontré que la perspective de la sanction n'entrait pas en jeu dans la mise en œuvre d'actes de haute criminalité. »

Résumé possible :

« *Indépendamment du refus de donner la mort de sang-froid, les opposants à la peine de mort démontrent que l'existence de celle-ci dans un pays ne change rien au taux de la grande criminalité et qu'elle n'a aucun effet dissuasif sur des criminels qui n'envisagent ni l'échec ni la sanction au moment de leurs actes.* »

Lorsqu'il s'agit de <u>résumer une énumération</u>, il est important de dégager ce que les différents termes ont en commun pour les organiser autour d'idées-forces.

Texte original

« *La perspective d'un regroupement de toutes les données informatisées relatives à chaque individu met en danger les libertés individuelles. Actuellement, tout citoyen est mis sur fichier à la Sécurité Sociale, aux impôts, à la Caisse d'Allocations Familiales, sur le registre électoral de sa municipalité…mais aussi à la Banque, à la Poste… Chaque fois qu'il prend une carte de paiement, d'abonnement, de crédit, il est enregistré… Quand il paie par chèque, passe une commande, répond à un questionnaire…il est mis sur fichier…La séparation des fichiers reste une mesure de protection….* »

Résumé possible :

« *La perspective de mettre en commun sur un seul fichier informatique toutes les données mémorisées, sur chaque individu,* **dans les services publics, les organismes financiers et les entreprises,** *présente un risque pour les libertés individuelles.* »

Quand un ou des exemples sont développés, le résumé consiste à mettre en évidence ce que ceux-ci tendent à signifier ou à démontrer.

Texte original

« Actuellement il est souvent difficile de repérer dans la presse écrite des textes à vocation publicitaire dont la présentation invite à croire qu'il s'agit d'informations. Dans le quotidien A. un quatre pages était consacré à une région de France : sa situation économique, ses trésors culturels, ses paysages, sa population, ses traditions, la diversité de l'hébergement touristique. A l'appui, des textes, des chiffres, des interviews... accentuaient la dimension « objective » de cette présentation. Écrits en petits caractères, en bas et à droite de la dernière page, les termes «communiqué de l'Office du Tourisme de (la région concernée) », à peine repérables, donnaient la source de ces articles et leur objectif sous-jacent. Dans un hebdomadaire, des pages consacrées à un reportage sur l'Ile B., avec des vues du paysage, des photos de personnalités qui y séjournent, des témoignages sur le bien vivre là, seule la mention discrète de « publicité », à peine accessible à l'œil curieux, précise la nature de ces « informations » ... »

Résumé possible :

« La presse écrite consacre souvent des pages de présentation et de reportages sur des régions de France ou sur des pays étrangers avec force illustrations et témoignages ; seules de discrètes mentions comme « publicité » ou « communiqué » permettent au lecteur de savoir qu'il s'agit non pas d'informations à proprement parler mais de textes publicitaires. »

ou encore :

« La presse écrite présente souvent au lecteur, sous couvert d'informations, des documents publicitaires dont la nature n'est que discrètement mentionnée. »

Récapitulatif :

Résumer, cela peut être :
– Reprendre intégralement des éléments des textes ou des propos tenus ;
– Consigner les points clés, les idées-forces ;
– Mettre en évidence la logique d'un raisonnement, d'une argumentation ;
– Dégager les facteurs communs aux éléments d'une énumération ;
– Mettre en évidence le sens d'un exemple.

2.4. Faire une synthèse. Comment ?

La démarche de synthèse qui implique les conseils que nous avons développés ci-dessus, comporte une difficulté particulière qui réside dans la mise en lien d'éléments issus de sources différentes et souvent variées.

> *Exemple*
>
> – *Faire le point sur un produit ou un service à partir de documents comptables, de revues de consommateurs, de rapports d'enquêtes et d'entretiens, d'études de prospective...*
> – *Rédiger un document sur l'état des négociations sur l'Aménagement et la Réduction du Temps de Travail à partir de communiqués de la Direction, des différents syndicats...*
> – *Produire une note administrative sur un point précis à partir de textes de loi et de circulaires d'application...*

La prise de connaissance des diverses sources d'information est l'étape préparatoire à une prise de notes structurée. Elle permet, en effet, de dégager des thèmes qui concernent le contenu du document que l'on doit produire.

Il convient alors de préparer des « fiches », chacune centrée sur un aspect particulier, sur lesquelles les notes seront consignées d'une façon déjà sélective et organisée. Au fur et à mesure que les documents sont explorés, d'autres thèmes peuvent apparaître qu'il convient d'intégrer aux premiers.

Au terme de cette prise de notes, il s'agit de produire, pour chaque fiche, un texte qui rende compte des éléments retenus, leurs points de complémentarité, de convergence ou de divergence.

Selon l'écrit d'action traité, les éléments de synthèse produits prendront place dans un plan adéquat.

> *Exemple*
>
> *Pour préparer un rapport sur le choix d'un matériel, le « rédacteur » a eu à sa disposition les documents écrits et audiovisuels des différents fournisseurs ainsi que des revues professionnelles ; il a interviewé un échantillon des utilisateurs futurs sur leurs attentes et leur appréciation du matériel existant.*
>
> *Il va faire le point (c-à-d : une synthèse) des propositions autour de thèmes comme : les usages, les performances, la résistance, le prix, les compétences requises...après avoir organisé sa prise de notes autour de ces thèmes.*
>
> *Cette synthèse trouvera sa place dans le document final lorsque le rédacteur évoquera l'offre de matériel, sachant qu'il traitera par ailleurs de l'existant, des besoins, des contraintes budgétaires...*

Dans le cas de la « note de synthèse », que nous étudierons ultérieurement (voir p. 236), la construction du plan est une des difficultés majeures.

Récapitulatif

> **Pour faire une synthèse :**
> Prendre connaissance de toutes les sources d'information,
> Sélectionner les éléments à retenir en fonction de ses objectifs de rédaction,
> Prendre des notes autour de thèmes pertinents,
> Mettre en lien les éléments relatifs au même sujet.

3. EXPLIQUER

Le mot français « expliquer » est issu d'un mot latin qui signifie « déplier ». L'image de la pièce de tissu que l'on déroule ou du vêtement dont on étale les différentes parties, l'une après l'autre, peut traduire les exigences de l'explication : elle porte sur un tout, un ensemble, dont on envisage chacune des composantes tour à tour, dans un ordre tributaire de l'ensemble. C'est une démarche proche de l'analyse.

3.1. Expliquer c'est faire comprendre

3.1.1. Introduire à la nouveauté

Les objectifs de l'explication sont de faire comprendre des données que l'on possède à quelqu'un qui ne les connaît pas, soit pour l'informer, voire le former, ce qui est le fondement de toute démarche pédagogique, soit pour le convaincre en le faisant adhérer à la conclusion « logique » du développement.

Nous n'aborderons pas ici la dimension argumentaire *stricto sensu* dans la mesure où les exigences qui lui sont propres se trouvent développées dans le chapitre « Argumenter » (voir p. 106) ; mais les méthodes de travail que nous préconisons ici sont valables pour l'argumentation.

Nous ne traiterons pas non plus spécifiquement la dimension de la formation proprement dite eu égard à sa complexité ; mais les conseils et consignes que nous proposerons ci-après trouvent leur raison d'être dans toute pratique pédagogique.

Si nous nous recentrons sur les écrits d'action, nous pouvons dire que dans sa fonction d'information l'explication est le vecteur de transmission d'un savoir dont l'objectif est souvent de préparer et d'accompagner une action chez le destinataire ; l'écrit sera alors efficace si, tel qu'il est conçu, il permet au lecteur d'agir.

- Les notices d'utilisation d'un appareil, d'un logiciel, doivent, par leurs explications, permettre aux utilisateurs même « profanes » de s'en servir.
- Le montage d'un meuble en Kit est dépendant de la qualité des consignes données et de l'ordre adopté.
- Une recette de cuisine implique des informations sur les ingrédients, les ustensiles et être écrite de telle sorte que la mise en œuvre accompagne la lecture.
- La promotion d'un nouveau produit passera par un descriptif précis, un énoncé des usages, des performances, des spécificités ; elle mentionnera les caractéristiques positives d'un produit antérieur qui ont été maintenues…Elle indiquera le conditionnement, les modalités de livraison…L'acheteur potentiel est censé apprendre tout ce qu'il faut savoir pour décider. La qualité de l'explication sera la base même de l'argumentation.
- La présentation de l'organisation d'un service à une personne extérieure procèdera par l'énoncé de la place de ce service dans l'entreprise et les fonctions qu'elle y occupe, l'énumération des différents postes et la description des responsabilités et des tâches qui leur sont affectées et ce, dans un ordre qui permet de comprendre leurs interactions.
- Ajoutons à ces quelques exemples, les nombreux documents administratifs dont la mission est de permettre aux administrés de connaître leurs droits et le moyen d'en obtenir l'application mais aussi leurs devoirs et les limites pour ne pas être en infraction.

3.1.2. « Accompagner la découverte »

Pour permettre au lecteur d'accéder à un nouveau « savoir » pris au sens large du terme et éventuellement à un « savoir-faire » qui en découle, il est important de l'**accompagner** dans un cheminement qui procède par étape. Pour cela il est nécessaire de structurer rigoureusement son texte de telle sorte que chaque élément, relié au précédent prépare l'acquisition du suivant.

Pour expliquer, il convient donc de décomposer une réalité, un projet, une thèse en éléments simples, liés les uns aux autres et dont l'enchaînement et la complémentarité permettent d'accéder à la compréhension de l'ensemble.

Nous renvoyons ici le lecteur au chapitre **Organiser** (voir p. 77) qui développe cette question en détail.

L'explication implique également de se mettre à la portée de son lecteur/interlocuteur en adaptant son discours à ce qu'il sait et au langage qu'il est à même de comprendre.

Il s'agit alors de faire référence à des notions, événements, pratiques...connues de lui et d'utiliser un registre de langue accessible. Cela est d'autant plus important lorsque le rédacteur familiarisé avec un langage spécialisé (juridique, technique, économique...) s'adresse à des lecteurs qui ne les manient pas. Nous proposons ci-après, dans le chapitre **Comment dire ?** (voir p. 119), des méthodes de travail qui répondent à cette difficulté. **L'analyse de la situation de communication** (voir p. 29)dans laquelle s'inscrit l'écrit à rédiger s'impose donc à tous les niveaux de l'explication.

Les exigences de rigueur dans l'organisation de l'écrit et d'intelligibilité pour le destinataire du langage employé étant posées, nous pouvons proposer des démarches qui interviennent dans l'acte d'expliquer.

3.2. Expliquer, Comment ?

Les quelques exemples développés ci-dessus mettent l'accent sur l'ensemble des aptitudes qui se trouvent sollicitées et combinées dans l'acte d'expliquer.

L'explication met en effet en jeu plusieurs aptitudes que nous allons décliner ci-après en nous inspirant des pratiques de l'Entraînement Mental[1].

3.2.1. Définir

La définition a pour objectif de faire passer d'un non-savoir à un savoir sur une notion concrète ou abstraite. C'est la forme la plus réduite de l'explication.

Elle doit répondre à un certain nombre de critères, c'est-à-dire :

- couvrir la notion à définir sans restriction ni extrapolation,

---

1. Jean-François CHAUSSON, « *L'Entraînement Mental* », Le Seuil, 1975.

© Éditions d'Organisation

- indiquer ce que la chose est et non pas ce qu'elle n'est pas,
- donner un certain nombre de caractéristiques qui permettent de mieux se représenter l'objet ou mieux cerner la notion en question,
- être claire, compréhensible par ceux auxquels elle est destinée, ce qui pose la question de l'adaptation de son langage aux capacités de compréhension de son (ses) lecteur(s), surtout lorsqu'il s'agit de langage spécialisé. (voir p. 119).

Quiconque s'est « promené » dans un dictionnaire a été confronté à l'inconvénient d'une définition qui utilise des synonymes – dont il faut chercher le sens – ou des mots de même racine que le mot à définir – qui sont en relation circulaire –. La définition, même si elle consiste en une phrase, est un texte rédigé, dans laquelle chaque mot porte.

Enfin, la formulation doit être neutre, ni engagée, ni émotive.

Une note concernant l'épargne salariale ne la définira pas comme « un moyen exceptionnel de... », mais comme « une mesure qui consiste à... »

Une définition peut souvent être complétée par une illustration qui la rendra plus accessible au lecteur, surtout si la notion définie appartient à un univers qui ne lui est pas familier.

Par exemple, dans un écrit destiné à un non-spécialiste, il est nécessaire de définir le terme comptable de « amortissement ».
Le Dictionnaire encyclopédique Grand Larousse Universel donne comme définition : « constatation comptable de la dépréciation de certains éléments d'actif ». Sauf à être « initié », le lecteur aura du mal à se représenter cette notion.
Le Micro Robert propose : « Imputation en comptabilité des sommes nécessaires au maintien en état du capital (capital-espèces, ou capital outil, capital mobilier, etc.) dont on constate qu'il est déprécié, usé, périmé », à quoi est ajouté en italiques : « L'amortissement d'une voiture, d'un frigidaire,... ».
Si l'une et l'autre définitions sont conformes à la pratique comptable, la seconde sera plus parlante au profane pour lequel on pourrait même ajouter, au risque d'être approximatif sur le plan technique : « de même que le particulier va mettre de l'argent de côté pour remplacer ses appareils électroménagers ou sa voiture lorsqu'ils seront hors d'usage ou insuffisamment performants de la même façon, par ses écritures comptables l'entreprise prévoit le remplacement de machines, de mobilier, du parc automobile... ».

3.2.1. **Décrire, raconter**

L'explication doit permettre au lecteur de se représenter, voire de « visualiser » ce dont il est question. Plutôt que de viser à la concision… et sans tomber dans le délayage, il est utile de décrire ou de raconter, c'est-à-dire de donner des éléments de détails par lesquels le lecteur pénétrera dans la réalité ou les notions que l'on désire partager avec lui.

> *Par exemple, l'indication d'un itinéraire dont l'efficacité se mesure aisément par le destinataire à chaque branchement ou virage, sera facilité si des repères visuels lui sont donnés.*
>
> *Même si le souci de l'exactitude fait écrire : « vous prenez la départementale X et arrivé au village de Y. vous tournez à gauche dans la rue des Prés en direction de la départementale A. », vous aiderez votre lecteur en donnant des repères sur les lieux : « Arrivé au village de Y., vous vous trouvez dans la rue principale ; au bout de 300 m., vous voyez sur votre gauche une rue qui présente à l'un de ses angles une boulangerie et à l'autre un café-tabac ; c'est la rue des Prés. Vous empruntez cette rue jusqu'à un carrefour au centre duquel se trouve un monument aux morts ; là, vous prenez la rue à droite où une pancarte indique la direction de Z… par le départementale A. »*

Un produit présenté par un courrier à des fins d'information et/ou de publicité gagnera à être décrit autour de critères techniques, esthétiques, fonctionnels, et ce même s'il est représenté par une image. Il va de soi que le style d'expression variera selon l'objectif de la présentation.

Quant au récit, s'il est reconnu comme un moyen « pédagogique » particulièrement efficace auprès des enfants, il a également sa place parmi les adultes.

> *Par exemple, un document rendant compte d'un voyage à l'étranger sera peu explicite s'il se contente d'inscrire : « nous avons été en immersion dans la culture locale » pour faire comprendre ce concept, à condition qu'il ne se résume pas à une formule vide de sens. Pour le lecteur, il sera nécessaire de raconter en quoi cette « immersion » a consisté. « Nous avons été hébergés chez l'habitant, en veillant à n'être pas plus de deux dans le même lieu d'hébergement. Avec le représentant légal de la ville, chacun a choisi un type d'activité professionnelle et a été admis plusieurs heures par jour dans des commerces, administrations, écoles, usines… ».*

3.2.3. Comparer, distinguer

Nous l'avons dit précédemment, expliquer c'est permettre à quelqu'un d'accéder à quelque chose qui est nouveau pour lui. Pour cela, il est possible de prendre appui sur des notions proches (**comparer**) et, à partir de cette base, de greffer d'autres précisions (**distinguer**), deux démarches complémentaires qui faciliteront la conception d'une autre chose, d'une autre idée, alors inconnues de lui.

Comparer, c'est dégager les points communs à deux ou plusieurs situations, notions, propositions, etc. Distinguer c'est mettre en évidence les différences.

Un texte qui présente le changement de régime politique d'un pays le situera, pour un Français, à partir de ce que celui-ci connaît de la monarchie passée ou de la république actuelle, de la répartition des pouvoirs en France... pour introduire cette réalité-là. En quoi ledit pays, s'il est une démocratie, ressemble au système français et en quoi il diffère...

Expliquer la spécificité d'une machine à laver avec programme de séchage, c'est la comparer aux machines à laver à une seule fonction et la comparer aux machines à sécher et l'en distinguer par la combinaison des deux fonctions.

Une note d'information qui annonce la réorganisation d'un département présentera les éléments qui perdurent (comparaison avec l'existant) et ceux qui sont modifiés (distinction).

3.2.4. Énumérer, classer

L'énumération, dans un texte, facilite la compréhension par l'exhaustivité qu'elle permet et l'illustration qu'elle ajoute. Elle offre une dimension concrète que l'expression concise et synthétique requise dans d'autres contextes ne permet pas de rendre.

– Une note d'information d'une entreprise sur les modifications de traitement informatique des données relatives aux clients d'un même secteur aura intérêt à nommer les clients en question plutôt que de s'en tenir audit secteur.

– Une demande de subvention émanant d'une association ne se limitera pas à écrire « nous répondons aux besoins urgents d'assistance des gens du quartier on non » mais ajoutera la liste des actions (aide médicale, alimentaire, écoute, accueil...) et une typologie des demandeurs.

– Une notice technique énumèrera toutes les caractéristiques d'un appareil, les conditions d'utilisation, les précautions à prendre, les risques.

– Une notice d'information d'un médicament énoncera tous les effets secondaires recensés au jour du conditionnement et ceux qui relèvent d'un acte d'urgence.

L'énumération demande un travail supplémentaire de classement autour de rubriques qui permettent d'inclure tous les éléments prévus, sans en laisser de côté.

Il peut s'agir de regroupement autour de critères chronologiques.

L'introduction de modifications échelonnées à quelque niveau que ce soit (l'évolution d'une grossesse au niveau individuel, la réorganisation d'un service pour une entreprise, le passage à l'euro pour un pays ou l'Europe…) passe par l'explicitation des différentes phases dans le temps, à l'intérieur desquelles sont énumérés les éléments significatifs.

L'utilisation d'un appareil procède par phases : installation, mise en marche… A l'intérieur de chaque phase les consignes sont énumérées, elles aussi dans un ordre fonctionnel.

Le classement peut être également fait autour de critères géographiques.

L'énoncé des incidences du climat sur l'agriculture se fera à partir d'un découpage géographique pertinent et à l'intérieur de chaque zone seront énumérées les caractéristiques qui peuvent si besoin est être regroupées autour de sous-rubriques.

*Ces quelques exemples ne représentent pas la grande variété des regroupements possibles. Dans une perspective exhaustive, il convient de recourir aux méthodes des **Aspects et Critères** d'une part et des **Points de vue** d'autre part que nous avons développées précédemment(voir p. 44 et p. 45).*

4. ARGUMENTER

Justifier une demande, une réclamation, un refus dans une lettre, le bien-fondé d'une proposition dans un projet, l'opportunité d'une décision dans un rapport, convaincre les clients potentiels d'acheter un produit ou un service, intéresser un recruteur à une candidature, ce sont là quelques situations dans lesquelles les écrits d'action vont mettre en jeu une stratégie d'argumentation.

4.1. Qu'est-ce qu'argumenter ?

4.1.1. Argumenter, c'est justifier

Argumenter ce n'est pas seulement affirmer mais justifier ce que l'on affirme ; quelque convaincu que l'on soit, il s'agit d'apporter des arguments à ceux auxquels on s'adresse.

© Éditions d'Organisation

Argumenter, ce n'est pas « démontrer ». En effet, la démonstration, *stricto sensu*, appartient à la démarche scientifique et relève de preuves inattaquables, parfaitement rigoureuses, situées dans le registre du « vrai ». A l'issue d'une démonstration scientifique bien menée, il ne devrait y avoir qu'un résultat satisfaisant pour tous les interlocuteurs. **L'argumentation, elle, porte sur une opinion, une conviction, relève du registre du « vraisemblable » et présente toujours une composante de subjectivité et d'incertitude.** Toute argumentation peut se voir opposer une contre-argumentation dans la mesure où les idées, les opinions, les projets sont différents selon les personnes ou les organisations qui les portent.

C'est pourquoi toute argumentation, comme nous le verrons ultérieurement, doit, pour être opérationnelle, prévoir la contradiction.

4.1.2. Argumenter, c'est « motiver »

Si l'on s'arrête aux deux sens de ce terme, on peut dire que motiver c'est :

- – donner des raisons, des motifs de…
- – convaincre des personnes à…

Rappelons que, étymologiquement, motiver, du latin *movere*, signifie « bouger », « mettre en mouvement» (comme « moteur », « locomotion », « locomotive »…). Les arguments employés doivent donc à la fois justifier votre requête et donner à vos destinataires l'envie, le désir d'aller dans le sens que vous souhaitez.

Ainsi la lettre de motivation doit s'entendre à la fois comme l'exposé des raisons pour lesquelles un candidat est intéressé par un poste mais aussi comme un moyen de donner au recruteur l'envie de lui faire bon accueil. C'est dans cette double orientation que se conçoit cet écrit : pourquoi suis-je intéressé ? Qu'est-ce qui, dans mon parcours, peut être intéressant pour l'entreprise ?

Quant à la stratégie publicitaire elle cherche à mettre en mouvement ce qu'il est convenu d'appeler les « pulsions d'achat ».

4.1.3. Argumenter, c'est *toujours* communiquer

Argumenter, c'est inscrire ses propos dans une situation de communication particulière. **Il n'y a pas de bonne ou de mauvaise argumentation en soi, mais par rapport à des destinataires, compte tenu des objectifs, des enjeux inscrits dans un contexte donné avec ses règles, son langage, sa culture…**

Les schémas que nous avons proposés pour illustrer les systèmes de communication dans lesquels les écrits d'action prennent place (voir p. 29) mettent l'accent sur les différents facteurs qui interviennent dans une stratégie d'argumentation.

Qui argumente vers qui ? Avec quel objectif ? Dans quel contexte ?

S'il convient d'être au clair sur sa propre implication dans l'argumentation (ses attentes, ses objectifs, les enjeux pour l'entreprise…et pour soi, son adéquation ou non à l'argumentation à développer au nom de son organisation…), il est indispensable également de s'interroger sur le destinataire.

Pour trouver les arguments susceptibles de le convaincre il convient de prendre en compte ce qu'il est, ses implications dans la question qui suscite l'argumentation, ses éventuelles réactions.

Préparer une argumentation inclut donc l'anticipation des oppositions que l'on peut rencontrer et ce, à deux niveaux :

– celui de la « contre-argumentation ». Quelle position différente, voire opposée pourrait-on développer et comment ?

– celui de la « réfutation ». Comment pourraient-être annulés ou fragilisés les arguments sur lesquels on construit son argumentation ?

Dans certains cas, cette réflexion préalable sur les éventuelles contradictions aboutira à ce que l'on appelle des « précautions oratoires » ou « prolepses », c'est-à-dire à l'énoncé et à la « destruction » anticipés des arguments opposables (« Vous pourriez me dire que… » « Vous allez objecter que… » « A quoi je répondrai que… »). Dans d'autres cas, elle permettra d'être préparé aux objections. Nous verrons ci-après, à propos des plans argumentaires selon quelles modalités cette démarche défensive peut être mise en œuvre.

4.2. Produire des arguments « valides »

Les méthodes de travail que nous avons proposées dans le chapitre consacré à la recherche du contenu (voir p. 77) peuvent être appliquées quand il s'agit de produire des arguments.

La Méthode des Aspects et Critères (voir p. 87) amène à se poser la question suivante : « *Ai-je des arguments qui relèvent de l'aspect économique, juridique, social, économique… ? »*.

La Méthode des Points de Vue (voir p. 45) permet de sortir de sa propre logique, de son opinion, de ses convictions pour imaginer celles des autres ; elle est particulièrement pertinente lorsqu'il s'agit de se représenter les arguments qui sont contraires à ceux auxquels on adhère.

Complémentairement à ces méthodes, nous proposerons ci-après des « outils » de travail qui facilitent la recherche d'arguments et en garantissent la validité.

4.2.1. Arguments rationnels et/ou arguments émotionnels ?

Dans une argumentation, on peut choisir entre deux types d'arguments ou les combiner. Les arguments rationnels font appel à la raison du destinataire ; s'apparentant à des preuves, ils exigent de la rigueur dans leur formulation et la validité des références (illustrations, statistiques, informations…) qu'ils mettent en jeu.

Les arguments émotionnels font appel à la dimension affective, à l'image de soi, à l'intérêt personnel, à l'émotion, indépendamment de toute justification.

C'est le contexte (objectifs, destinataires) dans lequel s'inscrit l'argumentation qui permettra d'opter pour la stratégie à développer.

La publicité est un bon exemple de l'utilisation de ces deux procédés, combinés ou dissociés. Quelquefois elle ne joue que sur la dimension émotionnelle, les caractéristiques du produit ou service promus disparaissant derrière les avantages qu'ils confèrent : séduction, confort, évasion, enfants heureux, beauté… D'autres fois les vertus du produit ou du service (arguments rationnels) aboutissent à l'expression des avantages qu'ils offrent aux consommateurs.

> *Par exemple, les performances techniques d'une voiture (arguments rationnels) prennent sens dans la sécurité qu'elles assurent à toute la famille (argument émotionnel).*

Indépendamment du domaine publicitaire, on rencontre des combinaisons stratégiques de ces deux types d'arguments dans des écrits relatifs à la présentation de projets, de propositions, à des demandes de financement, de subventions.

Par exemple, une association d'aide sociale, en recherche de ressources, pourra faire une double démarche.

– <u>Auprès des pouvoirs publics</u>, elle justifiera une demande de subvention par un dossier nourri de preuves de son efficacité, de sa réponse à des besoins réels, des effets indiscutables d'une augmentation à venir de la demande (arguments rationnels), ces éléments étant éventuellement complétés par l'appel à la mise en œuvre de promesses électorales, par la mise en évidence du fait que l'association pallie les carences de l'État… (arguments émotionnels).

– <u>Auprès des particuliers</u>, la demande de cotisations ou de dons, même si elle se fonde sur le descriptif des actions accomplies par l'association (arguments rationnels), fera appel à la générosité, au sentiment de culpabilité, à la solidarité, au sens du devoir, à la satisfaction d'être hors du besoin… (arguments émotionnels).

4.2.2. Les différentes « figures » d'argumentation

Sans entrer dans le détail des figures d'argumentation développées avec exhaustivité dans des ouvrages consacrés à cette question[1], nous présenterons ici celles qui sont le plus fréquemment utilisées. Héritées de la rhétorique grecque et consignées par Aristote au 4ème siècle avant notre ère, elles permettent un enrichissement dans la recherche d'arguments par rapport à ceux que l'on produirait spontanément et posent les conditions de validité de chaque type d'argument.

◆ *Les arguments rationnels*

L'induction

C'est l'argument qui consiste à passer du particulier au général : à partir d'exemples, d'illustrations, de statistiques, de cas ou d'évènements répétés, on induit une loi, une règle, une généralité. Cela correspond à des raisonnements tels que :

– dans telles situations A,B,C,D… il s'est produit tel type d'événement, donc toute situation semblable à A,B,C,D… produira le même type d'événement.

– les statistiques montrent, dans un pourcentage élevé, que… on en induit que c'est une généralité.

---

1. SAVOIR ARGUMENTER, Renée et Jean Simonet, Éditions d'Organisation, coll. Poche.

Reprenons l'exemple que nous avons évoqué à propos du résumé :
– *Dans différents pays dont la législation a fait alterner instauration et aboli-*
tion de la peine de mort (citer les pays et les dates de changement de législa-
tion), on a constaté que le taux de grande criminalité n'avait pas changé.
Argument : Donc la peine de mort n'a aucun effet dissuasif par rapport à la
grande criminalité.

– *Différentes études (à citer) ont démontré que les auteurs de délits relevant de*
la grande criminalité ne se projetaient pas dans l'échec et n'envisageaient
pas la sanction
Argument : Donc la nature de la sanction encourue n'est pas un élément dis-
suasif dans l'exécution de délits qui seraient passibles de la peine de mort.

– *Un pourcentage (à citer) de personnes condamnées à mort ou à perpétuité,*
lorsque la peine de mort n'existe pas ont été reconnues innocentes plusieurs
années après.
Argument : La peine de mort peut être appliquée sur des innocents.

Dans cette figure argumentaire de l'induction, pour que l'argument soit valide, il est indispensable que les éléments sur lesquels il repose et leur mise en lien soient incontestables. Si le « socle » est mis en défaut, tout l'édifice s'écroule. C'est souvent le cas de statistiques auxquelles on veut, valablement, opposer d'autres statistiques qui prouvent le contraire. Il en est de même d'exemples qui ne sont pas représentatifs d'une généralité et en regard desquels d'autres exemples peuvent être opposés.

La déduction

Procédant en sens inverse de l'argument précédent, l'argument relevant de la déduction part du général (la loi, la règle…) pour arriver au particulier. Cette démarche est surtout mise en œuvre dans le syllogisme dont l'exemple bien connu est :

Tous les hommes sont mortels (Majeure)
Socrate est un homme (Mineure)
Donc Socrate est mortel (Conclusion)

Il s'agit d'associer une caractéristique (qualité, défaut, valeur, comporte-ment…) à un ensemble et de conférer cette caractéristique à un élément de cet ensemble.

Bien souvent la mineure n'est pas exprimée dans la mesure où, pour l'inter-locuteur, l'appartenance à l'ensemble va de soi.

> « *Tous les hommes sont mortels donc les riches et les pauvres sont mortels.* »

La publicité utilise souvent cette figure argumentaire et dans certains cas à des fins de flatterie :

> « *Les entreprises les plus performantes ont recours à nos services.*
> *Votre place est parmi nos clients* ».

La validité de cet argument repose sur le caractère incontestable de la « vérité générale » (majeure) sur laquelle elle s'appuie ou sur son acceptabi-lité par le destinataire ; si elle est niée, l'argument ne tient plus.
Il est également indispensable que l'élément singulier (la mineure) fasse bien partie de l'ensemble.

Le raisonnement causal

C'est une figure argumentaire qui consiste à établir des liens de cause à effet entre différents éléments, phénomènes, actes, événements, situations... Le lien causal peut être pris dans les deux sens :

1. cause → effet(s), conséquences : descente vers les conséquences
2. effet → cause(s) : remontée vers les causes

Cet argument, très usité, peut facilement être invalidé si :

– une seule cause est évoquée alors qu'il y en a plusieurs.

« Il a échoué parce qu'il n'avait pas confiance en lui », mais peut-être aussi parce qu'il n'avait pas assez travaillé ou qu'il n'avait pas été bien préparé au type d'épreuves qu'il a passées...

– une seule conséquence est envisagée.

« La réduction du temps de travail offre à chaque salarié la possibilité de vivre autrement sa vie familiale et ses loisirs » ; mais qu'en est-il des retombées néga-tives...

– plutôt que d'énoncer une constatation d'une relation cause ⇔ effet, on émet des hypothèses qu'on essaie ainsi de rendre crédibles.

« Mon élection permettra une disparition des problèmes d'insécurité dans notre municipalité... »

– On recherche des « coupables » plutôt que des causes.

« Le service fonctionne mal parce que le responsable est... » Mais qu'en est-il *des problèmes liés à l'organisation du travail, à l'absence de motivation du personnel... ?*

Il convient donc de veiller à la cohérence et à la rigueur de l'argument causal pour qu'il soit efficace.

L'analogie

Cette figure argumentaire consiste à attribuer à un élément des caractéristiques appartenant à un autre élément qui lui est comparable.

L'Espagne, la Belgique, pays européens, ont dépénalisé les drogues douces, pourquoi pas la France ?
Les pasteurs, les rabbins, les imams se marient, pourquoi pas les prêtres ?

Pour que cet élément soit valide, il faut que les éléments mis en parallèle soient vraiment comparables.

L'alternative

C'est une figure d'argumentation qui consiste à proposer le choix entre deux options d'une façon telle que seul l'une d'entre elles soit possible.

« La bourse ou la vie » est l'exemple typique de ce type de formulation dans laquelle le choix est fléché.
« Les consommateurs attendent ce produit : ce sera notre entreprise ou la concurrence qui prendra le marché »

Cet argument peut être facilement détruit si, outre les deux éléments de l'alternative, d'autres choix sont possibles.

« Ce sera la voiture ou une pollution néfaste à la santé de tous »… mais il peut y avoir une réglementation sur les carburants ou la circulation qui concilie les deux.

L'hypothèse

Dans ce type d'argument, il s'agit de se projeter dans l'avenir autour de « qu'est-ce qui pourrait se passer si… », et de s'exprimer de telle sorte que l'interlocuteur prenne pour acquis ce qui n'est qu'hypothèse.

En posant pour acquis au départ ce dont on souhaite convaincre son destinataire, on applique sur le futur le raisonnement causal. « Si… → … ».

Cet argument est stratégiquement employé chaque fois qu'il s'agit de faire accepter une proposition, un projet ; il trouve surtout sa place dans les démarches de prospective.

La méthode des « scénarios » en est une des applications : on envisage différents scénarios avec les avantages et les inconvénients qu'on leur impute. C'est à partir de cette prévision créative que l'on fondera le choix d'une solution.

Le langage électoral qui projette les lecteurs et auditeurs dans un avenir post-élection est fondé, en grande partie, sur des arguments d'hypothèse. Le caractère plausible et crédible de son développement est l'atout majeur de ce type d'argument.

L'argument dialectique

La complexité de cet argument rend réductrice toute tentative de présentation rapide. Nous pouvons toutefois en dégager les caractéristiques essentielles.

Son principe consiste à intégrer dans le raisonnement les contraires et la contradiction.

Il s'agit de mettre en regard les arguments recevables autour de deux thèses ou prises de position opposées pour dégager une troisième voie qui tienne compte de cette confrontation. Cela permet alors :

– soit d'opter pour l'une des deux positions mais en l'enrichissant des apports de l'autre ;

– soit de faire émerger une <u>autre</u> position qui dépasse les contradictions développées précédemment.

C'est le sens de la démarche de la « dissertation », souvent mémorisée mécaniquement au détriment de son sens : **Thèse, Antithèse, Synthèse.** Dans la « synthèse », il ne s'agit pas de se situer dans le « peut-être bien que oui », « peut-être bien que non », mais de poser une prise de position nouvelle.

Exemple sur le thème de l'ouverture des grandes surfaces de vente le dimanche.
– Thèse : OUI
  Énoncé des avantages économiques pour l'entreprise et l'emploi, de l'intérêt du consommateur qui peut faire ses courses le dimanche, en famille...
  Évocation des autres secteurs professionnels qui travaillent le dimanche...
  Etc.
– Antithèse : NON
  Les inconvénients pour les salariés, leur vie de famille...
  Hypothèse de la pression, à l'embauche, pour travailler le dimanche et/ou faire des heures supplémentaires...
  Droit des travailleurs acquis de longue lutte...
– Synthèse : OUI MAIS avec une législation qui protège les salariés et incite à la création d'emplois nouveaux...

Quelquefois les thèses contraires ne peuvent pas être résolues en une seule thèse (synthèse) ; il convient alors de ne pas opérer de jonction artificielle et de laisser la contradiction s'exprimer.

Il est important que chacune des thèses soit développée selon une argumentation rigoureuse : il ne s'agit pas d'affirmer quelque chose d'un côté et de nier la même chose ensuite mais de prendre appui sur des arguments de contenu différent.

Nous n'avons pas développé ici un des arguments rationnels les plus usités, <u>l'explication</u>, dans la mesure où nous traitons de façon plus générale de cette question dans le chapitre précédent, Expliquer (*cf.* p. 100). Une explication bien menée, adaptée à son lecteur ou interlocuteur permet de le faire adhérer à la logique que l'on souhaite justifier.

◆ *Les arguments émotionnels*

L'appel aux sentiments

Amour, hostilité, peur, culpabilité, générosité… toutes sortes de sentiments peuvent être sollicités par l'argumentation, à condition que l'on soit sûr que les interlocuteurs y seront sensibles.

L'argument du défi

L'un des premiers usages de ce type d'argument et le « chiche » « pas cap. » que se lancent les enfants pour s'inciter à prendre des risques.

« *Osez aller de l'avant* » *annonce une publicité, sous-entendant : « sinon vous êtes lâches et serez dépassés… ».*

« *Misez sur une entreprise audacieuse* », *propose une offre d'emploi, laissant deviner* « *sinon vous êtes condamnés à la routine* ».

L'argument d'autorité

Le principe de cette figure d'argumentation repose sur la référence à une « autorité » pour justifier le bien-fondé d'une affirmation.

Cette « autorité » peut être une personne experte dans le domaine concerné, un ouvrage incontesté (un dictionnaire, le code civil, un manuel classique dans une discipline..) à condition que l'interlocuteur en reconnaisse la valeur.

Ainsi, se référer aux interdits du pape pour s'opposer à l'avortement sera une démarche cohérente vis-à-vis d'un(e) catholique pratiquant(e) mais totalement sans validité à l'intention d'un(e) athée.

Il est important de veiller à ne pas confondre « autorité » et « notoriété ». Une personne célèbre pour ses prouesses dans un domaine ne sera pas spécialement compétente pour juger d'un autre domaine ; c'est le cas de publicités qui associent des acteurs à des produits qui n'ont rien à voir avec le cinéma ou le théâtre, des campagnes électorales qui mettent en avant, soutenant certains candidats, des vedettes du spectacle, du sport… plutôt que de l'économie, du droit, de l'urbanisme…

4.3. Quelques plans d'argumentation

La stratégie argumentaire inclut à la fois le choix des arguments en fonction de son lecteur ou son interlocuteur, mais aussi la mise en forme de l'argumentation lorsqu'il s'agit non pas d'un échange non structuré mais d'un texte ou d'une intervention. Nous proposons ci-après quelques plans propres à l'argumentation.

ÉNONCÉ DES ARGUMENTS

Il est couramment conseillé de **décliner les arguments en progressant du plus faible au plus fort** : cela permet de gagner progressivement l'adhésion de l'interlocuteur et de l'amener à mémoriser les arguments les plus frappants. Cette démarche, efficace, est plus contestable à l'écrit où un retour en arrière est toujours possible pour le lecteur.

Un autre agencement consiste en l'ordre suivant :
  I. Arguments forts (qui mobilisent l'attention)
  II. Arguments faibles (qui permettent un relâchement)
  III. Arguments forts (qui terminent avec force)

RÉFUTATION DE LA THÈSE ADVERSE

I. Évocation de la thèse adverse
  Argument 1. : énoncé, réfutation
  Argument 2. : énoncé, réfutation

II. Évocation de sa propre thèse
  Argument 1. : énoncé, justification
  Argument 2. : énoncé, justification

Cela correspond au schéma :
– Vous pouvez m'opposer que...
– A cela je réponds que...
– Pour ma part je pense que... et voilà pourquoi

Il faut veiller dans l'énoncé de thèse adverse à ne pas donner d'armes aux contradicteurs éventuels et à n'évoquer que des arguments dont on sait qu'ils seront développés.

RÉFUTATION DES OBJECTIONS

I. Argument N° 1
  1. Énoncé, justification
  2. Objections possibles
  3. Réfutation des objections

II. Argument N° 2... idem

Cela correspond au schéma :

– Mon opinion est que.../ La solution que je préconise est...
– Tout d'abord pour telle raison
– A cela vous pourrez m'objecter que...
– Je vous répondrai que
– La raison suivante est...

PLAN BESOINS – RÉPONSES

I. Vous éprouvez tel besoin (produit ou service) ayant telles caractéristiques
II. Nous vous proposons la solution adaptée :
  – avantage n° 1
  – avantage n° 2
  – avantage n° 3
III. Vous adopterez donc la solution proposée

PLAN A.I.D.A

C'est la forme d'argumentation la plus classique dans le domaine de la vente depuis des décennies et transposable
  I.   Attirer l'Attention
  II. Susciter l'Intérêt
  III. Faire naître le Désir
  IV. Provoquer l'Achat

A ces Plans strictement articulés autour d'une démarche d'argumentation, nous pouvons associer les plans « Résolution de problèmes » que nous avons présentés précédemment (voir p. 89). En effet, dans ces derniers intervient toujours une phase d'argumentation lorsqu'il s'agit de justifier un choix, une solution, une décision. Cette partie pourra être structurée autour du plan argumentaire le plus adéquat.

5. COMMENT DIRE ? DU JARGON AU FRANÇAIS

> *« Je n'y comprends rien ! »*
> *« Ce n'est même pas du Français ! »*
> *« C'est mal écrit ! »*
> *« C'est truffé de fautes d'orthographe ! »*
> *« Il n'y a rien à en tirer ! »*

Voici quelques-unes des réflexions que l'on peut entendre couramment à la réception d'un courrier administratif ou d'affaires.

5.1. Mal reçu... mal lu... ou mal écrit ?

La question que l'on peut se poser lorsque le lecteur se plaint de la qualité d'un texte est de savoir à qui en incombe la responsabilité.

Qu'est-ce qui peut avoir ainsi rebuté ces lecteurs ? Ce type de réaction a-t-il quelque légitimité ? Comment le rédacteur peut-il, s'il est en cause, devancer le rejet ?

5.1.1. Un lecteur réticent ?

Reprenons la réflexion « *Je n'y comprends rien !* ».

Est-ce à dire que le texte est réellement incompréhensible ? mal dit ?

Avant d'en arriver à cette conclusion il convient de regarder **du côté du lecteur.**

Sans se lancer dans une analyse des causes psychologiques ayant pu déterminer une telle attitude, reconnaissons que certaines réactions quotidiennes « épidermiques » face à certains écrits peuvent traduire tout simplement :

– soit le refus de tout ce qui, dans le document concerné, paraît, *a priori*, comme synonyme de **contrainte :**

Exemple

– *un courrier porteur d'un message d'obligation comme de payer ses impôts, de se mettre en règle avec une administration*
– *un rappel à l'ordre comme une note de service sur le respect du règlement intérieur ou une lettre de relance*
– *la mention d'un contrôle : faire réviser son véhicule ou faire vacciner son chat …qui, l'un et l'autre semblent aller bien…*
– *un appel à une participation à une action ou une réunion dont on connaît le bien-fondé mais qui compromet des projets faits antérieurement*
– *etc.*

• soit le refus de l'effort de lecture car :
– une certaine passivité est entretenue par la pratique des lectures de consommation,
– toute entrée en relation avec autrui, ne serait-ce qu'au travers d'un message, suppose un effort.

Au-delà, dans ces réactions immédiates, intervient, bien entendu, la difficulté à entrer dans le langage de l'autre.

5.1.2. **Des langages pour spécialistes et initiés ?**

La langue se pratique sur plusieurs modes et **les langages de spécialités** existent ; ils sont incontournables.
C'est cette variété que repousse, entre autres, la seconde réflexion : « *Ce n'est même pas du Français !* ».
Reconnaissons-lui cependant une part de bien-fondé si l'on considère les extraits suivants de textes juridiques, techniques, économiques.

> « *Dans ces conditions, la légitimité du pouvoir de décision sera transférée de l'instance organisationnelle à l'instance exécutive…* »
> « *…Veuillez considérer ce nouveau modèle de lectographe qui permet un « extra time to listen » et une approche cybernétique du G.B.V.…* »
> « *Ainsi vous comprendrez sans difficulté que le cash-flow n'a pu être aussi élevé en 2001 qu'en 2000, compte tenu de l'amortissement des frais d'établissement et de là reprise d'une provision pour risques. La réévaluation de l'Actif permettra cependant de résorber ce qui n'avait pas été épongé jusque-là, y compris les moins-values résultant de la cession d'éléments atteints par l'obsolescence.* »

« La SICAV s'autorise à détenir des parts ou des actions d'OPCVM étrangers dans la limite de 5 % de son actif. »

Précisons que ces textes sont adressés à un large public d'administrés, de consommateurs et d'actionnaires !

Il faut avouer que le non-spécialiste peut ne pas comprendre et douter qu'il s'agisse de textes écrits dans sa langue. Nous nous trouvons là face à **l'effet-jargon** si souvent dénoncé, d'autant plus épais et hermétique que le rédacteur de la spécialité concernée, désirant, en fait être très précis dans ses explications, accumule les expressions techniques...et aboutit ainsi à l'effet contraire.

En dehors même des spécialités liées à une pratique professionnelle de la part du rédacteur et/ou du lecteur, nombreux sont les cas où le texte est compréhensible dans la mesure où la langue y est correcte, mais le sens peu pénétrable au profane parce qu'il se réfère à un domaine peu ou pas connu de lui. Il semble **réservé aux seuls initiés.**

C'est ainsi que le lecteur adepte du « foot » du dimanche, parfaitement à l'aise dans la lecture du compte rendu détaillé et fleuri d'expressions techniques à l'usage des « supporters » (coup franc, penalty, corner...), trouvera « i-nad-mis-sible » que l'Administration ose lui adresser quelques jours plus tard, un formulaire à remplir sur la fréquentation des stades auquel « il ne comprend rien » !

Chaque domaine d'activité, en se créant un vocabulaire, tend, en effet, à s'approprier la langue et chaque acteur à ne reconnaître que celle-ci comme outil de communication.

Le même verrouillage du sens s'opère lorsque les idéologues s'enferrent dans **la langue de bois**[1], dans un discours codé à l'extrême dont chaque terme renvoie à un concept de base du système idéologique. Cette pratique est souvent relevée dans l'univers de la politique ou du syndicalisme ; mais elle se retrouve de plus en plus dans le monde de l'emploi où derrière une pratique professionnelle se dessine un mode de comportement conforme à une idéologie dominante.

---

1. Manière rigide de s'exprimer qui use de stéréotypes et de formules figées et qui reflète une position dogmatique (Grand Larousse universel, Éd. 1988).

Parmi une des annonces transmises par l'APEC[1] on peut lire sur le thème
« Soyez leader, montrez ce que vous valez » :
« *Boostez votre carrière ! Candidatez on line.* »

Une telle formulation réunit jargon, langue d'initiés et langue de bois exprimant une
promesse cachée derrière un langage hermétique mais flatteur ; et…il va de soi que hors
de la recherche du « leadership » il n'y a point d'objectif valable. Se dessine en arrière-
fond une idéologie qui ne se nomme pas.

En ce qui concerne la nature même des termes employés, les commentaires de l'APEC
cherchent à en annuler le caractère hermétique en proposant une forme de « traduction »
par les précisions qu'ils apportent : « … et faites-vous repérer par les entreprises qui
recrutent ».

5.1.3. Le rejet des termes étrangers ?

Des protestations véhémentes s'élèvent également contre la contamination par les langues étrangères. L'intrusion de mots différents par leur orthographe et leur sonorité,
déconcertent souvent le « natif » qui les repoussent par un « Parlons français »…à
moins que l'attrait de la nouveauté ne les lui fasse adopter au contraire avec gourman-
dise ou…snobisme. La même personne, en effet, sans s'émouvoir de l'incohérence de
son attitude peut très bien dénoncer l'abus d'une terminologie étrangère dans un
domaine et l'accueillir avec enthousiasme, voire la propager, dans un autre.

Rien de plus ambigu de toute façon que la formulation : « *Ce n'est même pas du
français* ». Indépendamment des attitudes négatives qu'elle peut exprimer et qui relèvent peu ou prou du « malentendu universel »[2], elle pourrait traduire néanmoins des
positions qui se justifient.

Elle peut traduire, par exemple, la « saine » réaction d'un tenant du **respect du code de
la langue,** règle valable entre toutes surtout lorsqu'il s'agit d'écrits. Le lecteur, par son
exclamation indignée dit en fait : « J'entends, quand je lis un écrit, retrouver les mots et
la grammaire de ma langue telle qu'on me l'a transmise ». Ce qu'on ne peut qu'approu-
ver si la transmission s'est faite dans le respect de la norme.

---

1. Association pour l'Emploi des Cadres.
2. « *Ce n'est que par le malentendu universel que tout le monde s'accord*e » Baudelaire.

Cela pourrait être aussi, de la part d'un amateur du « beau langage », sa façon d'exprimer l'amertume de ne pas retrouver dans le style du texte l'**élégance** naturelle qu'il prête à sa langue…dans une fierté un tant soit peu cocardière.
Ces supposées considérations formelles rejoindraient les deux autres réflexions.

5.1.4. **Une critique qualitative ?**

« C'est mal écrit ! » tout aussi ambigu dans sa formulation peut vouloir dire : « Ce n'est pas clairement exprimé ».
Ou bien les **idées, peut-être nouvelles**, semblent insaisissables. Le lecteur impute alors l'opacité du sens à l'« écriture ». C'est ce dont se plaignait André GIDE, qui ne pouvait pourtant pas passer pour mauvais écrivain : « … je suis pris à partie comme exemple de ces écrivains « abscons »[1] dont la France ne veut à aucun prix ».

Ou bien le sens est perceptible, mais le lecteur dénonce **l'inorganisation de la phrase**, qui peut être éventuellement correcte du point de vue de la norme mais ne pas servir l'idée.
Ou bien encore, **l'écriture est originale** et ce nouveau style surprend.
…A moins que ce « *C'est mal écrit !* » ne s'en prenne tout simplement à la graphie ! Et cela signifie alors : « Je ne reconnais pas les lettres du texte » : mauvaise impression, manque d'encre à la photocopie, fax déficient.

5.1.5. **Une orthographe déficiente ?**

Plus explicite paraît la réflexion suivante : « C'est truffé de fautes d'orthographe ! ». Ici c'est nettement le **manquement au code** qui est dénoncé.
Le lecteur ulcéré a raison…Encore faut-il que cette critique péremptoire ne cache pas chez lui l'incapacité à entrer plus avant dans la lecture éclairée du texte, d' y repérer d'autres travers faute d'avoir compétence réelle en la matière.

On relève souvent les fautes d'orthographe parce que l'on est incapable d'apprécier les faiblesses du style ou parce que l'on n'ose pas avouer que l'on ne comprend rien au texte !

---

1. Obscurs.

5.1.6. Un contenu « sans intérêt » ?

« *Il n'y a rien à tirer… c'est inutilisable !* » si cette condamnation émane d'un lecteur qui attend du texte qu'il lui apporte de l'information, alors elle signifie que celui-ci **ne remplit pas sa fonction** et qu'il ne lui permet donc pas de jouer son rôle dans l'action en cours (voir « les fonctions de l'écriture d'action » p. 21).
Mais peut-être là encore la bonne et objective lecture est-elle en cause…

5.1.7. Une communication manquée ?

Cette courte analyse des quelques réflexions couramment entendues de la part de lecteurs mécontents tente de rendre compte de la complexité du problème de l'incompréhension du texte. Elles sont, dans leur style lapidaire, à la fois très symptomatiques des difficultés de la communication lecteur-rédacteur et, par leur contenu, très révélatrices des défauts effectivement les plus constants du message écrit :

– le rédacteur ne répond pas aux besoins d'intelligibilité du lecteur,
– la langue employée, sous le prétexte qu'elle s'inscrit dans un contexte professionnel, échappe aux exigences de la grammaire, de l'orthographe et de la syntaxe.

Notre approche ne s'est centrée que sur les éléments constitutifs du « message », à savoir le mot et la phrase. Si l'on se reporte aux différentes mises en forme du schéma de la communication que nous avons présentées (voir p. 21 et suivantes), on ne peut qu'insister sur la nécessité pour le rédacteur d'adapter son écrit au(x) lecteur(s).
Si les mots ne sont pas compris, si la phrase n'a pas de sens, si la langue perd de sa capacité à exprimer les choses, la base même de la communication disparaît. Le « **malentendu** » n'est-il pas au sens étymologique le « mal compris » ?[1]

5.2. Bien Lu. Mal dit ?

Nous venons d'accorder quelque attention aux difficultés individuelles du lecteur quant à la « réception » des messages écrits dont il était destinataire. Parce qu'elles sont primordiales, mettant l'accent sur l'échec de la communication, nous les avons traitées d'abord.

---

1. Le verbe « entendre » est issu d'un verbe latin « intendere » (tendre vers) qui a eu le double sens de « ouïr » et « comprendre » jusqu'à la fin du XVIIᵉ siècle.

Nous serons amenés, un peu plus loin, à prendre en compte d'autres aspects contingents qui touchent à l'environnement professionnel du message et interviennent aussi fortement dans le « conditionnement » du rédacteur.

Touché lui aussi au quotidien par le malentendu et tous les niveaux de difficultés de la communication comme le lecteur, le rédacteur doit, coûte que coûte œuvrer pour les surmonter.

Face à la tâche qui lui incombe de « transmettre » par son écrit un message susceptible de remplir les fonctions qui lui sont assignées, quels conseils pratiques pouvons-nous donner au rédacteur pour remédier au mal dit et faire reculer un peu ainsi les causes de malentendu ?

5.2.1. Choisir les mots en privilégiant la langue nationale

Respecter le répertoire de la langue équivaut à repousser les mots d'une autre langue. C'est en effet ce qu'il convient de faire à chaque fois que c'est possible. Le fait que certains dictionnaires incluent un grand nombre de mots d'origine étrangère ne signifie pas qu'ils les préconisent mais qu'ils en reconnaissent l'usage commun.

Leur rejet peut sembler toutefois paradoxal quand on sait qu'une langue s'enrichit beaucoup par emprunts et assimilation de termes venus d'ailleurs !

Le débat est permanent. Au plus haut niveau institutionnel on continue à veiller sur l'intégrité du patrimoine culturel et on observe les effets de contamination avec un double souci :

– **maintenir coûte que coûte l'usage de notre langue** pour éviter toute concurrence de termes étrangers. Déjà en 1981 une série de mesures avaient été adoptées dans cette perspective dont celles-ci :
   « *Veiller à la qualité du langage administratif* »
   « *Maintenir l'unité de la langue française à travers la diversité de ses expressions culturelles* »
   « *Établir un bilan prospectif de la langue* »
   « *Garantir la langue française dans les congrès en développant la traduction simultanée* »…position des plus délicates dans un contexte d'européanisation, mais suivie en fait par la plupart des pays dans leur recours à leur langue nationale.
– **franciser chaque fois que c'est possible les termes importés** afin de maintenir la cohérence de l'ensemble linguistique. Très souvent, en effet, le terme américain, anglais ou autre est traduisible à partir d'une étymologie fréquemment commune

d'ailleurs. Ceci vaut non seulement pour les institutions et administrations d'État mais aussi pour les entreprises et organisations. Toute structure qui s'exprime en s'adressant à un locuteur[1] ou lecteur de sa langue, doit faire effort de francisation.

Le législateur, dès 1975, promulguait la loi suivante :

« Dans la désignation, l'offre, la présentation, la publicité écrite ou parlée, le mode d'emploi ou d'utilisation, l'étendue d'un bien ou d'un service, ainsi que dans les factures et quittances, l'emploi de la langue française est obligatoire. Le recours à tout terme étranger ou à toute expression étrangère est prohibé lorsqu'il existe une expression ou un terme approuvé dans les conditions prévues par le décret n° 72.19 du 7 janvier 1972 relatif à l'enrichissement de la langue française. »[2]

Toutes ces décisions officielles ont été régulièrement réitérées depuis.

5.2.2. Ne pas confondre « langage de l'entreprise » et langage commun

L'implantation de nombreuses entreprises d'origine étrangère peu désireuses de renoncer à leur culture d'origine devenue « culture maison », a largement compromis les directives du législateur. La pratique des échanges oraux et la communication par courrier électronique utilisant la « langue maison » ont compromis leur application. Tout au plus s'efforce-t-on de les respecter dans les écrits adressés vers l'extérieur. En « interne » aucune règle de ce type n'est appliquée. Et l'erreur s'installe de croire que les termes en usage dans l'entreprise concernée sont parlants pour ceux qui n'y appartiennent pas. Ce comportement est souvent le signe d'une intégration totale – et sans prise de distance – chez des étudiants au retour de leurs stages lorsque dans la rédaction et la soutenance de leurs rapports ils considèrent que lecteurs et auditeurs sont à même de comprendre des termes et expressions dont ils ont dû demander – ou chercher à comprendre – le sens, à moins que les séminaires d'accueil ne les leur aient inculqués d'emblée.

En fait, deux politiques opposées s'affrontent :

– incitation à conserver l'unité linguistique dans tout le champ de l'activité du pays,
– pratique délibérée d'une certaine mixité linguistique.

---

1. Celui qui s'exprime oralement.
2. Loi n° 75 1349 du 31 décembre 1975 relative à l'emploi de la langue française.

S'est imposé, en outre, un **multilinguisme** obligatoire dans les documents contractuels accompagnant les marchandises et services à l'exportation. Toutefois il s'agit dans cette dernière pratique de faire coexister dans un même document plusieurs textes en langues différentes dont chacun respecte totalement les règles.

Seule la mixité linguistique incontrôlée fait courir des risques à la communication ! Ce qui peut rendre le sens opaque c'est le mélange au petit bonheur de plusieurs codes linguistiques, le franglais par exemple…À éviter !

5.2.3. Combattre l'imprécision des mots « vagues »

Pour être compris, il est recommandé d'utiliser des mots que tout le monde peut comprendre. Ce n'est pas pour autant que l'on doive se rabattre systématiquement sur les termes les plus abstraits ou simplement généraux. Pour éviter le mot « savant » on peut être conduit à n'exprimer rien de précis. Si l'effort de vulgarisation de la pensée aboutit à l'imprécision de l'information et à la platitude de l'expression, alors il est vain. On sait que la bonne vulgarisation, on pense par exemple à la vulgarisation scientifique, est celle qui ne trahit pas l'information mais la porte en l'éclaircissant. C'est aussi l'objectif global de la communication.

Il est donc recommandé d'éviter les mots « vagues ». Sans faire un recensement exhaustif nous pouvons indiquer dans cette catégorie quelques emplois récurrents :

– les adjectifs et adverbes du type : *certain, quelques, un, beaucoup* qui ont pleinement leur place dans la langue littéraire ou l'écriture privée mais qui, dans le cadre des écrits d'action se révèlent inaptes à porter l'information opératoire. Il doivent être remplacés par l'expression directe, voire chiffrée, de la quantité, du rapport de grandeur, de temps, de qualité.

> *Répondre à une question brute sur l'état des réserves de matériels de grande consommation en disant qu'il y en a « assez » expose infailliblement à la rupture de « stocks » dans un très bref délai. Répondre au client que « les réserves en date du./.]. doivent lui permettre de faire face à un mois de consommation courante » est déjà plus précis et rassurant. Et, si la quantité des matériels concernés peut être précisée, c'est encore mieux !*

– les verbes non descriptifs tels que *faire, mettre, se trouver*…, alors que notre langue est riche de verbes, non savants par ailleurs, qui restituent mieux l'action décrite.

Comparons : « Il suffit de mettre un peu de silice dans une éprouvette... » à :
« Il suffit d'introduire 1 gramme de silice dans une éprouvette... »
ou : « La bille fait un tour autour du cadran et se retrouve immobile au point de
départ... » à : « La bille contourne le cadran pour s'immobiliser au point 0. »
ou encore : « Nous vous ferons un papier là-dessus » et « nous vous rédigerons
un texte sur ce sujet. »

– les termes génériques trop larges qui ne traduisent pas vraiment le concept que l'on veut faire passer. Notons à ce propos l'abus des termes en « -ismes » et en « -tion » qui donnent l'illusion d'un maniement de grandes idées et correspondent très souvent à un discours creux. C'est ce que l'on a pu nommer une « langue de coton ».

« Notre pays apportera sa contribution à la résolution des problèmes en cours
qui, vu la conjoncture actuelle, demandera la mobilisation des énergies de tou-
tes les parties concernées. »
Plus le rédacteur se montrera précis, plus il réduira les risques d'interprétation
de son texte... ou annulera l'impression qu'il cherche à « noyer le poisson ».

5.2.3. Contrôler l'attrait des mots nouveaux

La langue est vivante ; elle évolue, voit des mots disparaître de l'usage courant et s'enrichit constamment de mots nouveaux.

La plupart d'entre eux désignent des objets, matériaux, appareils fraîchement inventés, les fonctions pratiques et humaines qu'ils mettent en jeu, les concepts opératoires qui gèrent leur fonctionnement. Un mot apparaît rarement seul mais accompagné d'un vocabulaire d'environnement. C'est tout un « champ lexical » qui se crée[1].

L'informatique a ainsi diffusé jusque dans notre quotidien un vocabulaire important : « ordinateur », « logiciel », « progiciel », « courrier électronique », « internaute »...La liste est longue et constituée de termes en partie nouveaux et en partie anciens mais investis de nouveaux emplois (« mémoire », « écran », « disque »...).

Nous ne pouvons éviter les mots nouveaux ; nous avons même le devoir de nous en servir et d'en exploiter toute la richesse...mais peut-être en prenant le temps.

---

1. Ensemble des termes du lexique qui concernent un même domaine (la famille, l'informatique, le tennis...).

En effet, il faut parfois, avant de s'en emparer avoir la sagesse d'attendre que la réflexion ou l'usage en ait attesté le caractère innovant et consacré le « nouveau-né ». Il arrive que l'on s'aperçoive que celui-ci n'était qu'un doublet inutile, qu'un terme porteur du même sens existait déjà... ou que le prétendu concept était faux ! La création est elle-même un phénomène non maîtrisable qui peut donner naissance à plusieurs synonymes dans un temps historique relativement court.

A cet égard, l'histoire du mot « obsolète » est exemplaire. Lancé dans les années 1960-70, avec la mission de désigner l'état d'un matériel non-usagé mais technologiquement dépassé, il a fait fureur en un temps où cette situation devenait courante. Il a désarçonné plus d'un lecteur ou auditeur qui pouvait trouver dans les dictionnaires : caduc, suranné, démodé, périmé, désuet, etc. dont les sens respectifs étaient très voisins. « Périmé » dont la définition lexicale est « qui n'a plus cours » aurait pu convenir. Malgré les réticences le mot obsolète fut adopté comme plus apte, parce que « nouveau », à traduire l'actualité de la situation. Or il n'était guère plus significatif que « périmé » et, en outre c'était de tous ces mots l'un des plus anciens (1596) ! Il s'agissait d'une résurgence qui a entraîné avec elle l'usage généralisé de « obsolescence » dont regorgent les manuels de comptabilité.

Le choix s'avère parfois difficile. Doit-on à tout prix employer le terme « à la mode » ? Doit-on fuir la nouveauté, éviter l'innovation encombrante, contenir sagement son vocabulaire dans les limites du millier de mots[1] alors qu'il y en a 50 à 80 000 dans nos dictionnaires ?

Parmi les mots nouveaux nous retrouvons bien entendu... les mots d'origine étrangère :

- ceux qu'on n'a pas encore francisés,
- ceux dont l'usage persiste même s'ils ont un équivalent français « *stocks* » pour « *réserves* » par exemple ou « *kit* » et « *pack* », parce qu'ils sont jugés « plus économiques » (« *stocks* » comporte moins de lettres que « *réserves* », et « *pack* » que « *paquet* »), ou qu'ils font l'objet d'une préférence toute subjective, comme « *brainstorming* » d'abord trouvé euphoniquement « barbare » puis adopté au lieu de « *remue-méninges* », comme « *marketing* » au lieu de « *mercatique* », « *courriel* » pour « *e-mail* ».

---

1. Selon une édition récente du ROBERT il y a 1 063 mots dans le « Français fondamental ».

– ceux enfin qu'on ne peut traduire parce que le concept qu'ils transmettent ne serait pas reconnu par le terme français équivalent.

*« **Abstract** » ne peut être traduit par « résumé » parce que sa composition est ordonnée par des règles très strictes, et que le mot français « abrégé » dont le concept de base est le même a été réservé jusqu'ici à un autre type, plus étendu, de résumé.*

*« **Coaching** » ne peut être traduit ni par « conduite » ni par « entraînement » et aucun terme français n'a pu rendre compte du métier dont il est question ; le terme « accompagnement » actuellement en vogue y est quelquefois associé mais ne peut lui être substitué.*

Le législateur lui, si l'on se réfère aux « 14 mesures » officielles publiées en 1981, maintient sa position : « Maintenir l'unité de la langue française à travers la diversité de ses expressions culturelles », tout en reconnaissant néanmoins, la coexistence de « cultures » et donc de « langues » différentes sur le territoire... ce qui ouvre la porte logiquement aux cultures et aux langues importées ! Une autre mesure va dans le même sens qui doit faciliter les transferts d'une langue à l'autre : « Il sera créé notamment avec l'association Francterm une banque de terminologie multilingue ». Ces types d'organismes élargis désormais au cadre de l'Europe se sont multipliés depuis.

On peut imaginer alors que chaque structure administrative, judiciaire, commerciale, industrielle... soit autorisée à se prévaloir d'une « culture » spécifique et donc d'une langue ou d'un langage particulier ! Nombre d'entreprises, non contentes de pratiquer le langage réservé de leur domaine, se sont engagées dans cette voie et se réfugient donc derrière cet avatar de la culture que représentent leurs caractéristiques relationnelles, baptisées « culture d'entreprise » pour se fabriquer jargon et idiome maison.

Ce goût de l'ésotérisme[1] est, de toute façon, aussi développé dans la communication entre les hommes que le désir de se faire comprendre des autres. Non seulement, comme nous l'avons vu dans les paragraphes précédents, la matière même de la langue est sans cesse modifiée dans les usages, mais chacun se forge le sien. Au niveau des domaines d'action, on parlera de « langage administratif », de « langage d'entreprise », de « langage technique ». Nous nous y attarderons en fin de ce chapitre.

---

1. Caractère d'une œuvre, d'une philosophie, d'une terminologie, d'une pratique, d'un raisonnement... réservé à un groupe d'initiés.

5.2.4. Choisir le registre de langue adapté

L'usage quotidien de la langue nous confronte à la diversité des « registres » de langue : langue sophistiquée, soutenue, littéraire, courante, familière, triviale, argotique…A chacune son lieu d'utilisation ; l'écrit ne souffre pas les manquements à la syntaxe que permet l'oral, et la construction de la phrase parlée qui admet – si elles sont bien maîtrisées – parenthèses et digressions, ne peut être telle quelle reproduite à l'oral.

Nombreux sont les conférenciers de talent qui chargés de la tâche de reprendre la retranscription de leur intervention pour en faire un texte publiable, sont confrontés à un véritable travail de traduction.

Dans le cadre de réunions de travail limitées à une équipe, le langage pourra être familier ou, tout au moins, sans recherche ; si l'ordre du jour implique des participants extérieurs, surtout s'ils appartiennent à la hiérarchie, le langage sera plus soutenu, le ton moins « détendu ».
Se pose la question du registre de langue à adopter dans le cadre des écrits d'action.

On peut être tenté, en voulant s'exprimer clairement, de tomber dans le langage familier, voire vulgaire. Cela serait déplacé dans la mesure où une certaine distance doit être respectée dans les écrits à finalité professionnelle ; l'usage du vouvoiement qui va de soi en est d'ailleurs une des marques durables.

Au sein des Administrations et des entreprises, le registre de langue à employer se situe entre la langue soutenue (celle des écrits officiels) et la langue courante…mais respectueuses des normes de l'orthographe, de la grammaire et de la syntaxe[1]. Il convient de préciser que « courante » ne signifie ni familière, ni argotique, mais simple, dénuée de termes incompréhensibles.

Les choix d'expression traduisent en même temps un « ton » qui doit être adapté au contexte et au(x) destinataires.
Point n'est besoin d'un style ampoulé pour informer le personnel d'une modification des horaires d'ouverture du restaurant d'entreprise.

---

1. Se reporter à « la Boîte à outils ».

Exemple

« A compter du ././, le restaurant sera ouvert de 12h à 14h 30 au lieu de 14h. Cette modification a pour but de satisfaire les nombreuses demandes exprimées par le personnel dans ce sens lors de l'enquête " Vous et votre restaurant " réalisée auprès de tous les membres de l'entreprise. »

Mais sur le même panneau d'affichage on pourra peut-être lire :

« Nous avons l'honneur de vous annoncer que notre collaborateur M.A. s'est vu décerner par le Premier Ministre la Légion d'honneur. Cet insigne lui sera remis par Mme B., Secrétaire d'État chargée de..., en présence de (nom de personnalités). Vous êtes tous conviés à partager cet honneur le ./.. Salle des Réceptions... ».

5.2.5. De quelques a priori sur les écrits appliqués contemporains

Le langage juridique est souvent l'un des plus attaqués, notamment comme archaïque ; « ça a l'air d'avoir été écrit au moyen âge » étant le jugement le plus entendu.

De fait, des termes comme « *sapiteur* », « *venir aux droits de* », « *faire distraction au profit de* », « *frais non répétibles* », tous relevés dans un seul compte rendu d'audience très récent, tendent à conforter ce jugement.

Or, ce langage, comme tout autre, a une histoire et s'est constitué au fil des développements de la civilisation. Sa fonction particulière d'outil au service de la fixation du droit le vouait plus que certains à l'immobilisme ; **les termes d'un jugement sont choisis, pesés, chargés d'un sens intangible.**

C'est ainsi que certains mots liés à des concepts juridiques fondamentaux, ont subsisté depuis le droit romain, citons parmi un nombre encore important : « *ad litem* » (limité au seul procès en cause), « *a novo* » (de nouveau), « *de jure et de facto* » (de droit et de fait), « *in solidum* » (solidairement). Du moyen âge sont issus des termes aussi fréquemment employés encore que « *arguant* » (1080), « *arguer* », « *assigner* » (13ᵉ siècle). Depuis, se sont incorporés à ce vocabulaire de nouveaux mots, ceux qui naissent chaque jour, dans le Droit comme ailleurs, de l'activité des hommes. Au XVIIᵉ naît, par exemple, « *référer* », « *en référé* », au XVIIIᵉ « *expert* » etc.

Très souvent, c'est toute la tournure de la phrase qui est ainsi conservée, avec tout son archaïsme, voire sa pesanteur. En voici deux exemples : l'un d'une expression ancienne : « *Élisant domicile en notre étude...* », totalement conservée, l'autre d'une construction archaïque encore en usage, bien qu'utilisant un vocabulaire partiellement modernisé :

« *Je vous remets ci-joint copie de l'expédition revêtue de la formule exécutoire d'un juge-ment… réputé contradictoire et en premier ressort.* »

Les **contrats** de tous types, dans tous les domaines, renferment de semblables formules. Certains autres vocabulaires spécialisés comme ceux de **la médecine** et de **la pharmacie** continuent à puiser au fonds des racines grecques et latines avec le propos, non de pré-server leur langage d'initiés, mais au contraire d'être plus universellement compris… au minimum de leurs confrères… au maximum d'un certain nombre de leurs clients. La majeure partie des spécialités font allusion au travers de leur nom à la maladie qu'elles soignent et ou aux composants qui les constituent.

Plus l'activité produit, plus la réflexion fait naître de concepts nouveaux, plus il naît de mots et de combinaisons entre eux pour analyser, expliquer, argumenter. Pour que la langue soit transparente, qu'elle serve la communication, nous avons tendance à penser qu'elle doit être constamment réactualisée. Or, on ne peut faire fi d'un certain patri-moine qui a ses qualités et son efficacité ! Où ? Comment ? Dans quelles disciplines devons-nous en tolérer les traces historiques ? On sait qu'il a toujours été difficile de légiférer en cette matière. La coutume est, peut-être sagement, de n'agir au niveau col-lectif que lorsque le degré d'opacité à un moment donné, et pour un groupe d'usagers précis ou une discipline particulière atteint un niveau jugé critique.

On fait moins de reproches à la langue littéraire parce qu'elle joue sur un registre sensi-ble qui ne requiert pas forcément cette transparence et qu'elle est probablement la plus foisonnante en termes et tournures inusités anciens ou nouveaux. Elle est par principe innovatrice et fait son miel de toutes les productions du patrimoine linguistique.

5.2.6. Vers une charte du bien dire

Des défauts premiers relevés précédemment, il s'ensuit que le « bon » écrit d'action pourrait être celui qui :

1 – est capable d'assumer les fonctions qu'on lui assigne en relation avec celles de l'organisation (voir schéma p. 26) ;

2 – respecte la typologie des écrits adaptés à l'usage (voir chapitres suivants) ;

3 – respecte les normes de la langue utilisée (orthographe, syntaxe ; voir La Boîte à Outils) ;

4 – s'efforce de rester compréhensible au plus grand nombre de ses lecteurs (par le refus de ce qui risque de faire jargon pour eux, l'organisation claire du discours et l'adaptation des registres d'échange) ;

5 – est lisible et respecte la graphie en vigueur.

5.3. Les langages « institués »

S'il est dans le pouvoir de tout rédacteur de respecter les conseils de cette « charte », il faut reconnaître qu'il peut être soumis à des contraintes d'écriture inhérentes à la nature même de l'organisation au nom de laquelle il écrit.

5.3.1. « Le » langage administratif

Lequel des administrés que nous sommes n'a-t-il jamais été confronté à la difficulté de déchiffrer une notice ou une demande d'informations émanant des services publics ?

Les récentes réformes des textes, des fascicules et imprimés ont bien amélioré la situation. Mais, c'est un fait, il existe un langage administratif qui se transmet, telle une tradition, à travers les générations de fonctionnaires et qui a sa justification. Quelle est la spécificité de ce style administratif ?

Le langage administratif traduit l'action de la loi

C'est la loi, en effet, qui règle les relations entre administrations et administrés. Le vocabulaire juridique et l'organisation de la phrase propres aux textes de loi « déteignent » sur les écrits administratifs.

Cela se traduit par des phrases extrêmement longues, rythmées par des expressions adverbiales, comme :

- Attendu que
- Conformément à
- Sous réserve que
- Vu que
- Considérant que
- D'une manière générale
- Dans tous les cas…

En effet l'Administration, par ses écrits, engage sa responsabilité. Cela nécessite de sa part une totale précision allant jusqu'à l'excès de détails. Aucune part ne doit être laissée à l'ambiguïté ou au malentendu.

C'est pourquoi chaque affirmation, chaque référence, prévoit tous les cas, toutes les implications possibles, ce qui se traduit par des « phrases à tiroirs » pour employer une expression imagée.

« Sont considérés comme ayants droit tous ceux qui... et qui... exception faite de ceux qui... et qui... dans les situations particulières ou... »

Telle est la structure courante de phrases rencontrées dans les écrits émanant de l'Administration.

Cette précision s'accompagne de nuances car il importe d'envisager tous les cas de figure possibles.

Ces nuances se traduisent par des procédés d'atténuation tels le conditionnel et les « éventuellement ».

Nous trouvons donc souvent rassemblés dans le langage administratif et plus encore dans le langage juridique, tous les handicaps à la lecture que peuvent représenter une terminologie spécifique, un style pesant, accrochés à une syntaxe complexe.

Vaste chantier pour le rédacteur dont le rôle est particulièrement important ! L'Administration est censée s'adresser au public le plus large et se doit donc de pratiquer la langue la plus claire. Comment y parvenir ? Pour compléter ce que nous avons déjà préconisé plus haut, notamment sur le choix des mots, nous renvoyons le lecteur à la « Boîte à outils » située à la fin de cet ouvrage.

5.3.2. « *Les* » *langages des entreprises*

Nous avons évoqué plus haut la tendance actuelle des entreprises à se prévaloir d'une « culture » spécifique pour s'inventer un langage. Indépendamment de cette tendance, il existe une propension naturelle et justifiable à générer et développer des champs de vocabulaire importants et ceux-ci, pour chaque technique pratiquée. Or **l'entreprise est un lieu de convergence de plusieurs spécialités.** On manie donc à l'intérieur d'une même entreprise des terminologies et discours issus :

- du droit,
- de l'économie,
- des sciences et techniques,
- de l'informatique,
- de la comptabilité,
- des finances,
- de la psychologie,

- de la sociologie,
- des statistiques...

Et nous avons vu que l'importation des modes de gestion de pays étrangers, notamment des USA, entraîne l'importation des vocables correspondants (*management, cash flow, panel, computer, supervisor...*). Nous avons mis en garde contre le risque de jargon, mais aussi concédé qu'on ne pouvait pas toujours faire autrement notamment quand notre langue s'était avérée incapable de créer ou de promouvoir les termes adéquats. Ainsi, l'absence de termes français de remplacement – ou leur difficulté d'implantation – aboutit à une nouvelle forme de spécialisation du langage de l'entreprise.

5.3.3. Peut-on éviter les langages pour initiés ?

De tels langages particuliers se justifient-ils ?

La réponse à cette question, évoquée tout au long de ce chapitre, est grave car elle va conditionner :

- la facilité de communication et de compréhension entre tous les individus d'un groupe social,
- l'efficacité, la productivité dans l'entreprise et dans l'Administration, compte tenu du temps nécessaire pour déchiffrer et comprendre les messages écrits.

C'est réaffirmer que l'écrit, loin d'être une trace morte, est bien action :

- de celui qui écrit lorsqu'il cherche le mot juste et simple,
- de celui qui lit lorsqu'il cherche à comprendre rapidement et facilement,
- de celui qui réalise, à la suite des indications portées par l'écrit, les actions préconisées,
- de celui qui contrôle ces mêmes actions.

Ainsi dans l'entreprise et l'Administration, l'écrit, au sens large du terme – puisque ce qui nous est transmis par l'écran est toujours de l'écrit –, est l'un des moteurs de l'action et le langage l'instrument de celle-ci.

Doit-on alors rester prisonnier du langage d'entreprise ou d'Administration, tel qu'il semble s'être fixé, alors que l'on constate que sa simplification peut entraîner une efficacité et une productivité accrues dans l'action ?

Trois points de vue apparaissent :

♦ ***1ᵉʳ point de vue : les mots techniques sont irremplaçables,
il faut les garder tels quels***

Ils portent concepts, actions, méthodes, outils, objets techniques. La cohérence même de l'action en milieu technique dépend de leur usage, il convient donc de les conserver et même de veiller à leur normalisation.

Conclusion : c'est au destinataire de se former à ce langage.

♦ ***2ᵉᵐᵉ point de vue : les mots techniques sont simplifiables,
mais quel plaisir pour les spécialistes de rester entre initiés !***

Si des spécialistes ont élaboré un langage spécialisé d'entreprise ou d'Administration, c'est que cela était pratique pour eux, mais aussi – et on l'avoue moins facilement ! – que cela leur a permis de se forger un pouvoir, de travailler dans une certaine confidentialité.

Conclusion : il est bon que le langage reste relativement hermétique pour le profane, cela permet aux spécialistes de rester tranquillement entre eux.

♦ ***3ᵉᵐᵉ point de vue : Les mots techniques doivent toujours être simplifiés !***

Tout langage d'Administration ou d'entreprise(s) peut être traduit en termes simples accessibles à tous.

Conclusion : c'est à chaque rédacteur de faire l'effort, en rédigeant, de traduire tous les termes techniques afin d'être facilement compris !

Peut-on avoir une vue de synthèse ?

Plusieurs fois, dans le cours de ce chapitre nous nous y sommes essayés, suivant en cela une règle de bon sens qui semble aussi être celle qui dicte actuellement à l'Administration ses efforts de simplification. Elle pourrait se résumer dans les propositions suivantes :

Conserver les termes techniques et de spécialité lorsqu'ils font partie du vocabulaire opératoire du destinataire.

Les expliquer simplement pour les rendre compréhensibles au destinataire qui ne les connaît pas.

L'explication[1] pourra soit être donnée par le contexte, soit faire l'objet d'un développement complémentaire, d'une petite note ou d'un autre outil rédactionnel comme le dessin.

En février 2002, la banque BNP envoie à ses souscripteurs d'assurance-vie des informations sur la constitution des avoirs. La note d'information est rédigée avec les termes techniques relevant du langage de la finance et de la Bourse mais, en haut de la page il est recommandé de se reporter au Lexique joint. Dans ce dernier sont définis des termes comme « valeur de rachat », « OPCVM », « valeur de capitalisation ». Une telle initiative traduit la prise en compte du lecteur profane.

Du « mal lu, mal dit, mal compris » au « bien lu, bien dit, bien compris » il y a toujours place pour le « à peu près compris » et le « mal compris quand même » et ce, quelle que soit la situation de communication. Il reste souvent, en effet, une part de **malentendu imputable** à d'autres sources :

- incidents d'environnement matériel (mauvais fonctionnement de l'ordinateur, de l'imprimante, du fax),
- incertitude de la langue,
- infinie variété des relations de communication entre émetteurs et récepteurs des messages,
- subjectivité du lecteur dans sa lecture du message (les mots le renvoient à son expérience personnelle et ont une autre résonance que celle qu'y a inscrite le rédacteur).

Avoir conscience de tous ces facteurs qui font obstacle à la communication et chercher à réduire, autant que la maîtrise des outils linguistiques et rédactionnels le permet, les écarts de compréhension, telle est, en définitive, la seule règle possible.

---

1. Voir Chapitre : Expliquer, p. 100.

Au-delà du choix des mots et des formulations efficaces, il convient de rappeler que le maniement de la langue française implique le respect de l'orthographe et de règles de grammaire et de syntaxe.

La correction de la langue est, en effet, une exigence de base pour tout écrit d'action. C'est pourquoi nous y consacrons un chapitre dans la Boîte à outils, dernière partie de cet ouvrage.

Troisième partie

COMMENT RÉDIGER LES ÉCRITS D'ACTION

Le terme générique de « écrits d'action » que nous adoptons dans cet ouvrage recouvre toutes sortes d'écrits accompagnant les actes de la vie des organisations (administrations, entreprises, associations) ou de la vie quotidienne de chacun d'entre nous dans les relations que nous entretenons avec celles-ci.

Dans les secteurs professionnels, si parfois il est facile de distinguer le type d'écrits pratiqués dans la mesure où ils relèvent d'activités spécifiques (administratifs, techniques), en général sont représentés au sein d'une organisation plusieurs écrits à la fois. Un ingénieur aura par exemple à rédiger ou faire rédiger des écrits administratifs, juridiques, techniques voire scientifiques, peut-être commerciaux.

Nous allons nous centrer sur les écrits administratifs, commerciaux, de gestion et n'aborder que quelques écrits techniques qui ne nécessitent pas de compétences spécifiques. Nous intégrerons les nouvelles conditions de production de ces écrits liées aux nouvelles technologies. Nous présenterons ci-après, en les regroupant, ceux dont nous allons traiter. Nous avons privilégié les plus courants, ceux que tout membre d'une organisation peut être amené à rédiger, sans que soit requise la maîtrise d'un quelconque spécialité ; c'est pourquoi nous avons écarté les écrits dits scientifiques et techniques qui requièrent à eux seuls un ouvrage.

Dans cette catégorie nous recensons :
- certaines lettres
- la circulaire administrative
- la note de service
- la note d'information
- la note de synthèse
- le compte rendu
- le procès-verbal
- le rapport administratif
- le rapport d'activité
- le rapport- résolution de problèmes
- le questionnaire
- le mémo

Leur rôle est en général de **coordination interne et externe.**

Ils contiennent des information, des instructions, des recommandations.

LES ÉCRITS COMMERCIAUX

Dans ce registre nous traiterons de :
- certaines lettres
- la circulaire
- la notice de commercialisation

Leur rôle essentiel est **la vente ; ils contiennent des informations mais aussi une argumentation publicitaire.**

Nous aborderons *les écrits scientifiques et techniques* par le biais de :
- l'abstract
- la fiche technique
- le rapport d'étude
- le rapport juridique et/ou financier

Leur rôle est d'**accompagner l'action.**

Nous pouvons aussi classer ces écrits autour de leurs fonctions dominantes :

Les écrits pour questionner :
– lettre
– questionnaire

Les écrits pour informer :
– lettre
– circulaire administrative
– procès-verbal
– compte rendu
– note d'information
– note de synthèse
– notice technique
– abstract

Les écrits pour informer et persuader :
– lettre
– rapport
– note de service
– notice de commercialisation
– mémo
– rapport d'activité
– rapport d'activité professionelle

Chapitre 5

Les lettres

Les écrits d'action regroupés sous le terme de « lettres » pourraient être définis comme des textes d'une longueur oscillant entre une et deux pages ayant pour objectif de permettre la communication entre organisations ou entre organisations et particuliers et, dans le cadre privé, entre particuliers.

L'évolution des technologies de l'information et de la communication a profondément affecté ce « genre » et la prolifération des courriers électroniques remplaçant la lettre classique a induit des simplifications formelles mais, en contrepartie, détérioré les modes de formulation compromettant ainsi l'efficacité de la communication. En outre l'usage du document « attaché » a modifié la teneur des informations autrefois transmises par le seul canal de la lettre, le rédacteur laissant souvent à son lecteur le travail de synthèse de l'information dont il était jusqu'alors responsable (voir p. 91).

Nous nous proposons ici de traiter des caractéristiques propres à la rédaction des lettres « classiques », puis d'aborder les modifications induites par le recours au courrier électronique.

1. DES LETTRES MULTIPLES POUR DES OBJECTIFS VARIÉS

Les lettres remplissent les objectifs que nous avons présentés en détail dans le chapitre « Les fonctions des écrits d'action » (voir p. 21) et dont nous pouvons résumer les grandes lignes autour des points suivants :

- questionner,
- informer,
- expliquer,

– persuader,
– créer ou maintenir des liens.

Ces différentes fonctions, souvent combinées, sont mises en jeu selon l'organisation qui les produit (administration, entreprise, association, travailleur indépendant) et le contexte qui les fonde. Une première classification peut se faire autour des rôles respectifs de l'expéditeur et du destinataire dans la communication :

– Les lettres de première démarche, c'est-à-dire celles où l'expéditeur initie la relation :

> *Lettres d'information, de demande d'information, de commande, de promotion publicitaire, de demande de subvention, d'appel à adhésion, de candidature spontanée…*

– Les lettres de réponse à un courrier, à un appel téléphonique, à une note d'information… c'est-à-dire celles où l'expéditeur se situe dans une relation établie antérieurement, dans le cadre d'une communication écrite ou orale, par son destinataire, et dans laquelle il faudra se situer.

> *Lettres de demande d'informations, de transmission d'informations, de simple accusé de réception, de réponse à une réclamation, de suivi d'une affaire…*

– Les lettres de réaction à une situation, un événement, une action… à savoir une livraison, une rencontre, une information « grand public », le lancement d'un produit, une petite annonce, un procès…

> *Lettres de réclamation, de motivation, de demande d'informations…*

Il est usuel, dans notre terminologie française de parler de « **correspondance administrative** » pour désigner les échanges entre les administrations et les particuliers et de « **correspondance commerciale** » pour regrouper les échanges de lettres entre entreprise, clients et fournisseurs. Dans ces deux catégories les types de lettres énoncés ci-dessus sont, dans l'ensemble, représentés. Mais il convient de noter que ces écrits ont un certain poids en cas de litige où ils peuvent servir de preuves et être portés devant un tribunal.

Ce panorama sur les lettres ne vise pas à l'exhaustivité et chaque situation a sa spécificité. C'est pourquoi, plutôt que de donner des modèles de lettres liés à des situations types, nous proposerons une méthode de travail et des conseils d'organisation et de rédaction propres à répondre à l'ensemble des situations possibles.

2. LA LETTRE : UN ORDRE LOGIQUE

Pour faciliter la compréhension du(des) lecteur(s), il est bon que la rédaction de la lettre suive un ordre logique. En effet, si le rédacteur sait ce qu'il veut dire et où il veut en venir, c'est par la lecture de la lettre que le lecteur prend connaissance du message qui lui est adressé. Il faut donc l'accompagner dans cette progression. Même si nous apporterons ultérieurement quelques nuances à ces conseils, nous pouvons dire que la démarche la plus logique réside dans le plan suivant :

    I. Le passé
    II. Le présent
    III. Le futur

2.1. Le passé

Quand quelqu'un écrit une lettre il y a **toujours** quelque chose qui s'est passé auparavant qui fait qu'on l'écrit à ce moment-là.

Exemple

– *un courrier reçu*
– *une livraison non conforme*
– *l'annonce d'un nouveau produit ou service*
– *une demande de renseignements sur une démarche, une procédure, le fonctionnement d'un matériel*
– *une rencontre*
– *une visite*
– *un entretien téléphonique*
– *une proposition de poste*
– *une relation antérieure…*

Il y a cependant des situations de rédaction de lettres dans lesquelles le « passé » est plus difficile à cerner.

– l'initiative que l'on prend pour postuler pour un stage ou un emploi dans une entreprise
– une demande de renseignements dans un organisme
– une demande de chéquier ou de virement
– une demande de subvention
– un appel à clientèle...

Or, dans ce cas, il y a également **dans le passé de celui qui écrit** la justification de sa lettre.

– le besoin personnel de trouver un stage ou un emploi et des compétences personnelles
– le besoin d'être informé sur des procédures, des démarches...
– un besoin de financement
– la création d'une entreprise...

Ajoutons ici que les lettres à finalité publicitaire prennent aussi appui **sur le passé connu ou supposé** des destinataires ; en évoquant leurs attentes, leurs besoins, leurs insatisfactions, leurs échecs... on leur donne des raisons de lire un texte censé leur apporter des réponses ou des solutions.

« Vous avez une résidence secondaire dans notre région et avec l'arrivée de l'hiver vous craignez pour vos canalisations. Faites-nous confiance, nos professionnels... »
« Votre vie quotidienne vous laisse peu de temps pour faire vos courses ...
Laissez-nous vous rendre service en passant vos commandes sur notre site Internet... »
« Vos enfants sont les citoyens européens de demain ; ils ont besoin de pratiquer couramment plusieurs langues étrangères. Il n'est jamais trop tôt pour commencer ! Notre organisme... »

Enfin, on peut être amené à écrire une lettre parce qu'un **responsable de l'entreprise ou de l'Administration l'a demandé.** Il suffit alors de transmettre sa demande dans l'introduction.

« M. le Maire m'a chargé de demander à votre organisme une documentation complète sur vos modèles de piscines... ».

Dans la démarche logique la plus simple, il est donc conseillé d'apprendre ou de rappeler au destinataire, au début de la lettre, ce « passé » qui justifie son envoi. Il s'agit de situer pour lui, d'une façon concise mais précise, le pourquoi et le comment des informations (demandes, réclamations, réponses …) que l'on transmet dans le présent.

Cela demande que l'on résume cette situation passée dans le début de la lettre.

Situer les informations ce n'est pas seulement se cantonner dans l'événementiel (courrier reçu, rencontre, entretien...), cela veut dire aussi donner les références précises (dates, numéros, s'il y a lieu...) des documents passés (lettres, bordereaux, bons de commande, bons de livraison, factures...) permettant de retrouver les traces liées à la lettre présente.

Exemple

On n'écrira pas : « Je vous demande de m'échanger l'ordinateur que vous m'avez livré contre celui que je vous ai commandé. »
Mais « En date du./././. nous vous avons passé la commande n°... d'un ordinateur (marque, modèle). Or vous nous avez adressé par votre livraison reçue le..., bon n°... un ordinateur (...).
Votre livraison n'étant pas conforme à notre commande, nous vous prions de... ».

Le souci de la précision est d'autant plus important que, en cas de litige, les courriers échangés tiennent lieu de preuves.

Toutes ces nécessités aboutissent à des **formules initiales de lettres** qu'il est possible d'adapter ou de transformer selon le contexte.

- Accusé de réception d'un courrier, d'une livraison, d'une commande, d'une brochure d'information…

Exemple

« Nous accusons réception de votre lettre du ./././. (ou de votre lettre référencée ci-dessus) par laquelle vous annoncez la visite de votre représentant. »
« Nous avons bien reçu votre facture n°... correspondant à notre commande du ./././. sur bordereau n°... »
« Votre demande de renseignements du ./././. est bien parvenue à nos services. »
« Nous avons accordé toute notre attention à votre lettre de réclamation du ./././. relative au mauvais fonctionnement de... »
« Par votre courrier du ./././., vous sollicitez de notre part... »

– Suite d'un entretien téléphonique, d'une rencontre, d'une visite

*« Comme nous en sommes convenus par notre entretien téléphonique du ./././,
je vous fais parvenir jointe à la présente la documentation relative à… »*
*« Lors de notre entretien téléphonique du ./././, vous avez attiré mon attention
sur le mauvais fonctionnement de… »*
*« Lors de notre récente rencontre au Salon de…, vous avez manifesté votre
intérêt pour (Produit ou Service). Je souhaite donc… »*
*« Lors de sa visite en notre magasin, votre représentant M.B. nous avait
annoncé une réduction de X% sur les produits L, Z et G. … »*

– Réponse à une petite annonce

*« Vivement intéressé par votre annonce parue le ./././ dans le journal X, je vous
soumets ma candidature pour le poste de … que vous proposez. »*
*« Le poste de… que vous proposez par votre annonce référencée ci-dessus a
attiré mon attention. »*

– Dans le cadre d'une relation déjà établie

*« Vous nous honorez de votre confiance depuis plusieurs années et nous avons
l'honneur de vous compter parmi nos clients. C'est pourquoi nous sou-
haitons… »*
*« Vous avez sollicité notre service de dépannage dans le courant de l'année
écoulée… »*

Pour les cas où le rédacteur « initie » le contact, il est important qu'il « se » présente et introduise l'objet de son écrit :

*« Titulaire d'un DESS de…, je souhaite inscrire mon engagement profession-
nel dans le métier de… »*
*« Afin de répondre aux besoins du marché dans le domaine de…, j'ai décidé de
mettre mon expérience au service des entreprises en créant ma société XXX »*

Ces derniers exemples relevant d'une démarche argumentaire ou publicitaire, il peut aussi être habile de commencer par les besoins ou attentes du destinataire. Nous donne-rons ci-après quelques conseils relatifs aux lettres à caractère publicitaire (voir p. 145).

2.2. Le présent

A partir de cette situation passée, il y a toujours quelque chose à dire aujourd'hui qui fait que l'on écrit cette lettre **maintenant.**
Selon le contexte, il s'agira de :

- – questionner,
- – informer,
- – expliquer,
- – argumenter,

ces objectifs étant souvent combinés.

La rédaction de cette partie de la lettre est soumise à l'ensemble des exigences – et donc des problèmes – de tout texte écrit.
Il n'y a ni formule, ni recette mais la nécessité de s'adapter à la situation spécifique à laquelle est associée la lettre à rédiger, de savoir se documenter, faire un plan, expliquer, argumenter, utiliser le langage adéquat... L'ensemble des compétences transversales que nous avons développées précédemment est mis en jeu dans la conception et la rédaction d'une lettre.

Cette partie de la lettre, souvent appelée « corps » de la lettre, sera de longueur variable selon le message que le rédacteur veut transmettre.
Elle peut se résumer en une seule phrase ou nécessiter un développement nourri et organisé autour d'un plan rigoureux.

Après une évocation de la demande émanant du destinataire (« Par votre lettre du ./././. vous nous avez demandé des informations sur notre nouvelle collection »), il s'agit simplement de lui notifier en une phrase l'envoi sollicité :
« Nous vous prions de trouver ci-joint le catalogue 2002 et la liste des tarifs pour les professionnels ».
Après le rappel d'une commande (« En date du..., nous vous avions passé une commande de 20 chaises ergonomiques, référence 123, de couleur bleue, au prix de... euros l'une »), le rédacteur peut signaler par une seule phrase sa réclamation :
« or par votre livraison du..., bon n°..., vous nous avez adressé 20 chaises, référence 456 de couleur noire. »

Si dans ce cas ne se pose pas de problème d'organisation du contenu, il en est tout autrement de cas plus complexes.

– Justifier une demande d'échelonnement du paiement de ses impôts sur le revenu

Cela implique d'expliquer ses difficultés / de justifier de l'emploi de ses ressources actuelles / de proposer des modalités de remboursement.

– Demander une subvention pour une association

Cela implique de présenter les activités de l'association et l'intérêt qu'elle représente pour la collectivité/ de faire le point sur ses ressources et sur ses besoins pour justifier la demande de subvention…

– Présenter les avantages d'une nouvelle série de produits

Elle a gardé les points positifs des produits déjà existants ;

Elle innove par …énoncé des nouvelles caractéristiques autour de critères (techniques, esthétiques, économiques…) ;

Elle bénéficie de réductions pour les commandes passées avant une date précise.

Bien souvent la lettre pour n'être pas trop « indigeste » devra s'appuyer sur des **documents joints.** Il est important de veiller à ce que le destinataire de la lettre perçoive l'intérêt de ces documents et éprouve le désir de les lire.

Il peut s'agir de données chiffrées (un bilan, une prévision de dépenses, un tableau de ventes, une liste de prix…), d'une reproduction, d'une maquette…Dans ces cas, le texte de la lettre devra annoncer ce document lorsque les informations qu'il contient sont évoquées et exprimer clairement les points sur lesquels le rédacteur souhaite attirer l'attention du lecteur.

« Les charges fixes de l'Association ont augmenté de 40 % depuis l'année dernière. On pourra relever dans les documents comptables joints à la présente que cette augmentation est essentiellement due à… et à… ».

« Les chiffres des ventes de notre produit ont connu une augmentation de X % en deux ans. La courbe ci-jointe permet de noter que c'est surtout la clientèle de moins de 20 ans qui a adopté notre produit et ce, après une campagne de publicité qui a été conçue à son intention ».

« Notre nouvel emballage permet une visualisation immédiate des caractéristiques de notre produit. On pourra noter sur la reproduction ci-jointe le jeu des couleurs, le graphisme et la disposition de la marque qui ont été totalement modifiés ».

2.3. Le futur

Nous incluons dans le terme de « futur » l'énoncé de ce que l'expéditeur de la lettre attend du destinataire. En effet, le plus souvent si l'on écrit une lettre, c'est que l'on souhaite que le destinataire agisse, réagisse, dans le futur. C'est donc cette « action » attendue qu'il s'agira d'exprimer ou de rappeler le plus clairement et le plus simplement possible. Cette partie vient, en quelque sorte, en conclusion de l'information, de l'argumentation, de la demande faite précédemment. Elle doit être courte et précise.

« Nous espérons que vous procéderez à l'échange du matériel dans les délais les plus brefs. »

« En espérant que les articles de notre catalogue vous donneront satisfaction, nous sommes à votre disposition pour toute information complémentaire. »

« Nous attendons donc au plus tôt la venue de votre technicien. »

« Nous attendons votre règlement dans les délais les plus brefs sous peine de remettre votre dossier à notre service contentieux. »

« Nous espérons que vous contribuerez, par votre aide, à la poursuite des activités de notre association. »

Bien souvent l'expression de l'attente et la formule de politesse sont combinées ; nous y reviendrons au paragraphe suivant.

3. L'APPELLATION ET LA FORMULE DE POLITESSE

Nous traitons en même temps de l'appellation et de la formule de politesse dans la mesure où celles-ci ont en commun la manière dont le rédacteur va « interpeller » son lecteur.

3.1. L'appellation

L'appellation – ou plutôt l'« interpellation » – est différente de la mention du destinataire.

Mention du destinataire : « Monsieur le responsable des services techniques »
Appellation : « Monsieur ».
Mention du destinataire : « Madame le Proviseur du Lycée A. »
Appellation : « Madame le (ou la ?) Proviseur »

En général on a recours à des formules simples comme « Monsieur » ou « Madame », lesquelles peuvent être combinées et/ou mises au pluriel. Notons que « Mademoiselle » n'est plus employée et se voit remplacer par « Madame ».

Lorsque l'on ne connaît pas le destinataire et que, faute d'avoir pu recueillir cette information, on ignore s'il s'agit d'un homme ou d'une femme, il est recommandé de laisser ouvertes les deux éventualités par un « Madame ou Monsieur ».

Si le destinataire a un titre particulier, il est fréquent de le mentionner.

> *Monsieur le Maire,*
> *Madame la Maire,*
> *Monsieur le Directeur,*
> *Madame le Proviseur,*
> *Madame la Députée…*

L'évolution actuelle de la féminisation des titres laisse pressentir des changements rapides dans les temps à venir.

Enfin certaines appellations peuvent être empreintes d'une certaine familiarité ou affectivité si les relations entre l'expéditeur et le destinataire le justifient ou si la stratégie de communication de l'entreprise vise à supprimer la dimension impersonnelle de la correspondance.

> *Cher monsieur,*
> *Chère consœur,*
> *Madame et chère Cliente,*
> *Chers collègues,*
> *Cher(e) camarade…*

On peut aussi nommer les personnes.

> *Cher Monsieur Durand,*
> *Madame Bertrand…*

Ce sont les mêmes appellations qui seront utilisées pour l'entête et la fin de lettre.

3.2. La fin de la lettre et la formule de politesse

Il est possible de :

- terminer la partie sur le « futur » (les espoirs et attentes) en y ajoutant la formule de politesse, donc de recourir à une même phrase pour les deux démarches ;
  En espérant que nous continuerons à vous donner satisfaction, nous vous prions de croire, cher client, en l'expression de nos sentiments dévoués.
- séparer l'expression du futur et la formule de politesse en y consacrant deux phrases.
  Nous espérons que nous continuerons à vous donner satisfaction.
  Nous vous prions de croire, cher client, en l'expression de nos sentiments dévoués.

Voici une gamme, une série, de variantes utilisées couramment : on pourra combiner les éléments contenus dans les quatre colonnes ci-dessous :

Verbe	Appellation	Un contenu	Une qualité de contenu
Recevez	Monsieur,	l'assurance de…	respectueux(euses)
Agréez	Madame,	l'expression de…	sincères
Veuillez agréer	Cher Monsieur		distingué(e)s
Veuillez recevoir	Chère Madame	***	cordiaux(ales)
Je vous prie d'accepter	Mesdames	mes salutations	dévoué(e)s
Je vous prie d'agréer	Messieurs	mes sentiments	empressé(e)s
	Monsieur X	mes amitiés	confraternel(le)s…
	Cher Monsieur…	mes respects	
	Monsieur et cher client	mes hommages	
	Chère cliente…		
	Monsieur le Directeur…	***	
		ma considération	

A partir de ces variantes, un choix s'opère en fonction de plusieurs critères :

- ce que l'on sent personnellement,
- les rituels sociaux,
- ce que l'organisation pour laquelle on travaille souhaite,
- les relations qui existent entre l'expéditeur et le destinataire (amitié, rapports hiérarchiques,…).

Il n'existe, à proprement parler, aucun code absolu. Toutefois conventionnellement on est « respectueux » à l'égard d'un supérieur, « distingué » vis-à-vis d'un « égal » ou d'un « inférieur », « dévoué » ou « empressé » envers un client ; on n'exprime pas de « sentiments » envers un correspondant de sexe opposé. Eventuellement un homme peut présenter ses « hommages » à une femme…Ces pratiques sont le résultat d'un temps où ces termes étaient employés dans leur sens propre.

Il convient de noter que la simplification du style administratif et commercial et l'influence des pratiques anglo-saxonnes ont entraîné un allègement notable, voire dans certains cas la disparition des formules de politesse.
En effet il est courant désormais de se calquer sur l'expression « *sincerely yours* » et de recourir à la formulation « sincèrement » ou « sincèrement à vous ».

On trouve également seul le terme de « cordialement » en fin de lettre dès lors que la relation le permet dans les cas d'échanges fréquents, de correspondants qui se connaissent ou ont déjà eu l'occasion de se rencontrer ou de travailler ensemble, de personnes qui appartiennent à un même réseau professionnel.

Lorsqu'il s'agit de personnes qui sont dans une même activité dont l'usage est qu'ils se considèrent comme « confrères », les expressions « sentiments confraternels » ou « salutations confraternelles » personnalisent la relation.
Dans certains groupes mus par la philosophie du mutualisme ou du syndicalisme, les termes « salutations / sentiments mutualistes ou syndicalistes » sont employés.

4. L'ORGANISATION DE L'ESPACE DE LA LETTRE

Pour permettre à chaque lecteur de se retrouver dans l'espace de la lettre, le recours à une norme commune à la France a été généralisé. Désormais cette norme se fond dans une norme européenne.[1]

---

1. Nous présenterons en Annexe quelques exemples de normes.

4.1. Notre Référence (N.R.) Votre Référence (V.R.)

Chaque lettre comporte des indications permettant de l'identifier.
La mention « Notre Référence » (N.R.) donne des informations sur l'émetteur de la lettre ; elle comprend :

– les initiales de la personne qui a conçu la lettre et en assume le contenu,
– les initiales de la personne qui a tapé la lettre,
– éventuellement un numéro d'ordre.

N.R. : J.T./F.G. : il s'agit d'une lettre conçue par Jeanne Tardieu, tapée par François Guérin.

La mention « Votre Référence » (V.R.) permet au destinataire de repérer la lettre qu'il a émise et à laquelle répond celle qui lui est adressée en reprenant les références qu'il a indiquées.

Dans le cas ci-dessus Tristan Durand est à l'origine de la lettre réponse tapée par Annie Saval :
V.R : J.T./F.G.
N.R : T.D./A.S.

4.2. Objet

La rubrique « objet » est la formulation concise de l'objectif de la lettre. Elle permet de renseigner rapidement le lecteur et assure une fonction de tri. En effet très souvent le destinataire mentionné sur l'enveloppe ou dans l'entête n'est pas celui qui, dans l'organisation, est concerné par le contenu de la lettre ; que ce soit à titre individuel ou dans le cadre d'un service « courrier » global, l'objet exprimé permet d'orienter la lettre vers le bon interlocuteur.

Objet : livraison non conforme
Objet : stage en comptabilité
Objet : demande de tarifs

Notons que dans le cas des mails, l'objet est associé à l'annonce du message.

4.3. Aération de l'espace

Les ressources du traitement de texte facilitent désormais une mise en page des lettres qui permettent de :

- centrer la lettre,
- ménager des marges,
- ménager des blancs entre les différents paragraphes.

La disposition du texte dans l'espace de la feuille et le choix de blancs et des alinéas ont pour objectifs de traduire la logique du texte et de guider le lecteur dans les différentes étapes de la lettre.

Récapitulatif : les parties d'une lettre

Expéditeur Adresse Tel e.mail *		Date
	Destinataire Adresse	
N.R V.R Objet		
	Appellation (M.me, M /)	
Ce qui s'est PASSÉ qui appelle cette lette		
Ce que j'ai à dire maintenant DANS LE PRÉSENT		
Ce que j'attends du destinataire DANS LE FUTUR		
Formule de politesse		
	Signature	
* Les informations sur les entreprises, administrations et associations figurent en général sur le support papier lui-même.		

5. LA LETTRE : UN ACTE DE COMMUNICATION

Selon le contenu qu'elle véhicule, la lettre va solliciter les différentes compétences que nous avons développées dans la première partie de cet ouvrage : se documenter et choisir le contenu opportun, structurer son texte, résumer, expliquer, argumenter, s'exprimer dans un langage accessible au(x) destinataire(s)…Les mentions de référence et d'objet vont permettre de situer les échanges dans leur contexte, l'objet d'orienter la lettre vers le lecteur adéquat.

Cependant la spécificité même du genre « lettre » implique d'autres exigences telles que la précision, la simplicité et le maniement des nuances dans l'expression.

5.1. La précision

Comme nous l'avons déjà évoqué à propos du « passé » (voir p. 147), il est important de mentionner toutes les informations susceptibles de clarifier la situation.

Il peut s'agir des mentions suivantes :

- Nom du ou des services concernés par la situation évoquée
- Nom et fonction des personnes concernées
- Dates
- Délais
- Lieux
- Numéros de référence de :   bons de commande
  bons de livraison
  factures
  bordereaux divers
  lettres antérieures
- Prix
- Quantités
- Personnes à contacter
- Textes de loi
- Articles de presse…

Certes, toutes ces informations précises n'apparaîtront pas dans toute lettre, mais chaque fois qu'elles trouveront leur place dans votre écrit, il faudra veiller à les mentionner.

5.2. La simplicité

Même si le style de l'écrit administratif et commercial s'est départi avec l'évolution actuelle de sa lourdeur et de ses surcharges, l'idée persiste encore que ce genre d'écrit réclame la profusion d'adverbes, des phrases longues et « à tiroirs », voire des termes jargonneux. Or tous ces modes d'expression nuisent à la clarté et à la compréhension. C'est pourquoi il est préférable de :

- rédiger des phrases courtes et de respecter les consignes suivantes :
  - une idée par phrase, éventuellement deux phrases pour une idée... mais pas plusieurs idées dans une même phrase.
  - un sujet par paragraphe.
- utiliser des termes connus par le destinataire,
- ne pas hésiter à employer un style personnel.

Exemple

Ne pas écrire : « Suite à notre conversation téléphonique relative à l'organisation d'une rencontre au cours de laquelle les membres du bureau de notre association vous présenteront nos activités, nous avons l'honneur de vous informer que nous sommes prêts à vous accueillir le 20 mars à 19h dans nos locaux où nos adhérents nous rejoindront pour un pot dès 21h en espérant que cette date vous conviendra. »

Écrire plutôt : « Lors de notre entretien téléphonique nous avons envisagé une rencontre entre les membres du bureau de notre association et vous-même. Nous vous proposons de nous réunir dans nos locaux le 20 mars à 19h ; à cette occasion nous aurons le plaisir de vous présenter l'ensemble de nos activités. Dès 21 h nos adhérents nous rejoindront autour d'un buffet. Nous espérons que cette date vous conviendra et sommes prêts à la modifier si vous le souhaitez. »

Cette simplicité d'écriture implique d'éviter l'abus des formes en « ant » et des propositions relatives.

Exemple

Plutôt que d'écrire : « Nous vous faisons parvenir nos nouveaux tarifs présentant des réductions notables. »

Écrire : « Nous vous faisons parvenir nos nouveaux tarifs ; vous y constaterez des réductions notables. »

Dans le même objectif il vaut mieux privilégier la voie active à la voie passive, les tournures personnelles plutôt que les formes impersonnelles.

Éviter :
– « *Votre proposition a été examinée par notre service commercial avec attention.* »
– « *Il convient de procéder au remplacement du matériel livré.* »

Dire plutôt :
– « *Notre service commercial a examiné votre projet avec attention.* »
– « *Vous voudrez bien remplacer le matériel livré.* »

Notons que le **style administratif** nécessite une neutralité de la part du rédacteur : ce dernier écrit au nom de l'État, est dépositaire du respect de la Loi et se doit de faire abstraction de son opinion et de son affectivité. Dans ce cas les expressions impersonnelles peuvent être opportunes :

– « Il convient de »
– « Il est à remarquer que »
– « Il y a lieu de »
– « Il paraît opportun de »…

5.3. Une expression nuancée

Entre l'expéditeur et le destinataire d'une lettre il existe des relations que nous pouvons qualifier de cordiales, amicales, agressives, menaçantes, neutres, conflictuelles, séductrices…

C'est par le langage employé – le « ton » – de la lettre que l'on traduira cette connotation affective. Le destinataire devra, à la lecture, ressentir ou percevoir la manière dont l'expéditeur entre en relation avec lui.

De l'extrême courtoisie à la sécheresse, de l'expression du « dévouement » à la menace, toutes les nuances sont possibles : il importe qu'elles soient le reflet de la situation qu'elles sont censées traduire.

Une entreprise réclame un impayé à un bon client qui a l'habitude de payer sans retard. Elle va le ménager et éviter de le vexer et de risquer de le perdre.
« Nous avons constaté, sauf erreur de notre part, que notre livraison du ./.. n'avait pas encore été réglée.

Nous vous saurions gré de bien vouloir procéder à une vérification de votre côté et de nous donner les informations nécessaires à nos recherches pour le cas où vous auriez effectué le règlement.

Dans le cas contraire nous sommes assurés que vous vous acquitterez de votre dû dans les meilleurs délais.

Nous espérons que notre entreprise continuera à satisfaire vos demandes et que nous conserverons votre confiance… »

La même situation auprès d'un client « récidiviste »

« Nous avons constaté que vous n'avez pas encore réglé le montant de notre dernière livraison.

Nous attirons votre attention sur le fait que cet incident s'est déjà produit à deux reprises et que nous avons consenti, sur votre engagement à respecter les délais de paiement, à vous livrer une nouvelle fois.

Nous vous demandons de vous acquitter dans les plus brefs délais de votre dette ; dans le cas contraire nous nous verrons dans l'obligation de transmettre votre dossier à notre service contentieux. »

Dans certains cas le ton va évoluer d'une lettre à l'autre ; il s'agit notamment de **la lettre de rappel,** c'est-à-dire lettre qui rappelle le contenu d'une lettre précédente laissée sans suite ou sans réponse. Le ton se durcit d'une lettre à l'autre, les menaces et mises en demeure apparaissent.

(Suite de l'exemple précédent)

« Malgré notre relance du./.l. vous n'avez pas encore à ce jour réglé la facture de X. euros correspondant à notre livraison du ./.l.

Nous vous informons que nous transmettons votre dossier à notre service contentieux qui sera désormais votre seul interlocuteur… »

6. LES LETTRES PAR COURRIER ÉLECTRONIQUE

6.1. Le respect du genre

Tous les conseils d'organisation, de rédaction, de présentation, de formulation que nous avons énoncés à propos des lettres restent valables que celles-ci soient écrites sur un support papier ou envoyées par le courrier électronique – et imprimées ou non –.

N'oublions pas que les performances de l'outil n'annulent pas les exigences du message dans sa fonction de communication.

Comme nous l'avons indiqué dans notre premier chapitre (voir p. 16), l'emploi de plus en plus fréquent du courrier électronique dans le domaine privé ou dans la communication interne à l'entreprise a « déteint » sur l'écriture professionnelle : la généralisation de la familiarité, de la légèreté, de l'écriture facile avec pour corollaire le non-respect des règles de la langue, des normes de présentation et de prise en compte de la spécificité de la relation « professionnelle » a gagné la conception et la rédaction des écrits d'action.

Le fait de pouvoir joindre rapidement son destinataire aboutit à confondre accès facile et suppression de la distance relationnelle.

Or, même si elle est lue sur un écran, la lettre est un document important dans les échanges entre les interlocuteurs qui peuvent être des organisations ou des particuliers. Cela implique le respect des marques de courtoisie telles que l'appellation ou la formule de politesse.

L'objet formulé avec l'avis de message doit être clair, concis, aller à l'essentiel et susciter l'intérêt du destinataire. Compte tenu du nombre de messages qui s'accumulent dans les boîtes à lettres électroniques, ce sont bien souvent les thèmes annoncés qui guident l'ordre de la lecture. Mais cette mention ne dispense pas le rédacteur de présenter dans le début de son texte les raisons de son écrit (voir : Le Passé, p. 147).

Le développement, qu'il relève d'une démarche d'information, d'explication, de questionnement ou d'argumentation – ou de plusieurs à la fois – doit permettre au lecteur de suivre le déroulement du texte, de le comprendre et de s'appuyer sur une mise en page qui le guide.

Et, si pour plus de commodité le destinataire imprime le message, il faut que celui-ci « ait l'air » d'une lettre.

6.2. Les courriers de réponse

Ce sont les lettres envoyées en réponse à des lettres reçues par la messagerie électronique qui, elles, présentent des différences avec les lettres sur support papier.

En effet dans la mesure où l'usage de la fonction « réponse » (« reply » en anglais) permet d'associer les deux documents, il n'est pas utile d'accuser réception du premier courrier ni d'en rappeler le contenu.

Cela ne signifie pas qu'il faille répondre au fil « de la plume » ; le texte doit être introduit et non conçu comme une « prise de parole » dans une conversation.

– *« J'ai pris connaissance avec attention des informations contenues dans votre courrier. »*
– *« Le responsable du service Marketing m'a fait suivre votre courrier dans la mesure où vos propositions relèvent de mes attributions. »*

Le texte même de la lettre-réponse (le « corps » de la lettre, le rappel de l'objectif et la formule de politesse) répondra aux exigences développées dans ce chapitre.

Dans les cas où la réponse n'est pas associée au texte de la lettre, elle inclura toutes les parties d'une lettre « classique ».

6.3. Les fichiers attachés

La facilité à envoyer des documents en « fichiers attachés » aboutit trop souvent à un abus qui en annule l'efficacité.

Certaines questions se posent à ce sujet :

– Le fichier attaché comporte-t-il des informations nécessaires à la compréhension de la lettre ou est-il, à l'instar des annexes, un complément d'information ?
Dans le premier cas le texte de la lettre doit en indiquer le sujet de façon concise et insister sur la nécessité, pour le lecteur, d'en prendre connaissance. Dans le second cas, le texte de la lettre doit se suffire à lui-même et le fichier attaché sera mentionné comme source d'information complémentaire.

– Tout le contenu des documents joints concerne-t-il le destinataire ou ce dernier sera-t-il contraint à une démarche de tri et de synthèse pour en tirer parti ?
La facilité de joindre par une simple commande des documents longs et nombreux incite souvent à la « paresse » ; plutôt que de **choisir les informations pertinentes et de les résumer,** on s'en remet au lecteur pour faire le travail… et il n'a pas toujours le temps ou la motivation pour le faire, surtout si plusieurs messages le confrontent à cette situation !
Il en résulte que nombre de fichiers attachés ne sont pas lus et que l'expéditeur ne sait pas, en fait, ce qu'il en est de la réception de son message.

– Dans le cas d'envoi en nombre, tous les destinataires sont-ils concernés au même titre par le fichier attaché ?

Un même document peut concerner des destinataires d'une façon différenciée : telle partie intéressera les uns, telle partie, les autres. Les ressources du traitement de texte (le couper-coller) permettent de confectionner des textes différents à partir d'un même document. Il peut donc être judicieux de constituer des fichiers attachés adaptés aux différents destinataires.

Il s'agit donc, dans tous les cas, de s'interroger sur la pertinence de l'adjonction de ces documents et sur la tentation de faire supporter par le lecteur un travail qui incomberait au rédacteur. Et, quoi qu'il en soit, le rédacteur doit annoncer le fichier attaché dans le texte de la lettre, en mentionner le contenu de façon concise et préciser au destinataire pourquoi il est utile pour lui de l'ouvrir et de le lire.

Un message avec pour seule mention l'existence d'un fichier attaché ne touchera que le lecteur déjà informé et motivé.

Message d'une compagnie de danse adressé à un service culturel d'université :
« Pour tout savoir sur nos spectacles de danse, ouvrez le fichier ci-joint ».

A moins que le destinataire ne soit, à ce moment-là, en recherche de ce type de prestations, il n'ouvrira pas ce fichier, confronté à une vingtaine – au moins – de courriers électroniques accumulés dans sa boîte à lettres ce jour-là.

Un texte plus explicite peut lui donner envie d'en savoir plus ou laisser une trace en lui, même s'il n'ouvre pas le fichier attaché et l'amener à ne pas le détruire :

« Dans le cadre de l'animation culturelle de votre université, vous avez recours à des artistes extérieurs.

Notre troupe de danseurs professionnels propose des spectacles adaptés au milieu étudiant et montés éventuellement en collaboration avec des associations de danse de l'université.

Nous vous présentons dans le document attaché toutes les informations qui vous permettront de mieux connaître notre troupe et nos conditions d'intervention.

Nous espérons… »

7. LES LETTRES À CARACTÈRE PUBLICITAIRE

La rédaction des lettres à caractère publicitaire répond à l'ensemble des caractéristiques développées ci-avant. Nous pouvons toutefois les compléter en prenant en compte la spécificité de la démarche argumentaire qui leur est propre.

Le contenu peut s'articuler autour d'axes que l'on peut considérer comme incontournables :

1) la motivation supposée du client réel ou potentiel : ses attentes, ses besoins, ses manques…,

2) les caractéristiques du produit ou service liées à cette motivation (description, explication, illustration),

3) l'aptitude de l'entreprise à satisfaire le client (argumentation),

4) les modalités d'appropriation du produit ou du service par le client (information),

5) l'énoncé de l'objectif : l'espoir de l'avoir convaincu et l'offre d'accueil ou d'informations complémentaires,

6) les salutations (« empressées » ou « dévouées »).

Mis à part la dernière mention qui ne peut logiquement se trouver qu'en fin de lettre, les autres sont susceptibles d'être abordées dans des enchaînements différents.

Ordre 3, 1, 2, 4, 5, 6
Notre entreprise a toujours su se mettre à l'écoute de ses clients et concilier l'exigence de la qualité et le talent de l'innovation…
Vous avez besoin aujourd'hui de nouveauté pour…
Notre nouvelle gamme de produits…
Nous vous accueillerons avec plaisir dans nos boutiques, mais vous pouvez aussi commander par…
Nos conseillers sont à votre service pour vous guider dans vos choix.
Nous espérons…
Sentiments dévoués.

Ordre 2, 1, 3, 5, 4, 6
C'est une nouvelle gamme de produits que nous avons le plaisir de vous faire découvrir…
Vous serez assurés de la qualité qui fait la notoriété de notre marque et trouverez des produits qui s'adaptent l'évolution de votre style de vie…

166

Notre entreprise a toujours su se mettre à l'écoute des besoins de ses clients et tout mettre en œuvre pour y répondre...
Nous espérons que notre nouvelle gamme...
Nous vous accueillerons avec plaisir dans nos boutiques, mais vous pouvez aussi commander par...
Nos conseillers sont à votre service pour vous guider dans vos choix
Sentiments dévoués.

Il ne s'agit pas dans cet exemple d'une lettre rédigée mais d'une illustration de la possibilité de construire des plans différents. L'essentiel est que toutes les mentions y soient présentes.

En ce qui concerne la technique argumentaire à proprement parler, elle est développée dans le chapitre « Argumenter » (voir p. 106 à 117).

Chapitre 6

Les circulaires

Un même écrit peut être envoyé à des destinataires différents concernés par un contenu commun ; on l'appelle « circulaire ». Nous traiterons ici de deux genres usuels, la lettre circulaire d'une part et la « circulaire administrative » d'autre part.

1. LES LETTRES « CIRCULAIRES »

- *Une entreprise a décidé de cesser toute activité pendant le mois d'août ; elle informe ses clients et fournisseurs.*
- *En fin d'exercice une entreprise va informer ses actionnaires des résultats de l'année écoulée.*
- *Un distributeur d'accès à Internet informe ses abonnés de nouveaux tarifs.*
- *Une association informe ses adhérents des activités du trimestre à venir.*
- *Une banque explique à ses clients les fluctuations de la Bourse.*
- *...*

Dans de nombreuses situations semblables à celles que nous avons énoncées ci-dessus, l'information est transmise par le moyen d'une « circulaire ».

Précisons que, dans le langage administratif, la « circulaire » désigne un écrit bien précis : c'est un document officiel adressé à une Administration et émanant de son ministère de tutelle dans lequel sont inscrites les modalités d'application d'un loi. Tous les agents de l'État concernés par les dispositions contenues dans la circulaire sont donc destinataires du même texte.

1.1. Écrire à plusieurs personnes à la fois

Le texte doit être écrit de telle sorte qu'il s'adresse à la fois à **tous** les lecteurs et à **chacun** en particulier. En outre, dans le cas d'un courrier à caractère publicitaire, il est important que chaque lecteur ait l'impression que le texte a été conçu et écrit pour lui seul... même s'il sait qu'il en est autrement.

Il s'agit là d'une situation de communication dont la caractéristique est la multiplicité et, de ce fait, la variété des lecteurs. Cela implique des choix sur le contenu et les modalités d'expression : sont-ils tous concernés, au même titre, par les informations ou arguments énoncés ? De quelles informations disposent-ils déjà ? Quel est leur niveau de connaissance, de langage ? Quel est leur contexte de travail ?... Toutes les questions que nous avons abordées à propos de la prise en compte de la situation de communication dans la conception et la rédaction des écrits d'action se compliquent ici de la nécessité de s'adapter à plusieurs destinataires.

1.2. Une ou des circulaires ?

Dans certains cas une même situation nécessite des textes presque totalement différents.

Une entreprise, pour la première fois, cesse toute activité pendant le mois d'août : cela aura une incidence sur ses relations avec ses clients et avec ses fournisseurs.

1.2.1. Aux clients

Messieurs et chers clients,
Nous vous informons que notre entreprise sera fermée du 1er août au 31 août 2002.
En conséquence, nous ne pourrons assurer les livraisons pendant cette période.
C'est pourquoi nous vous prions de bien vouloir nous faire parvenir vos commandes avant le 10 juillet si vous souhaitez être livrés avant le 31 juillet.
Nous mettrons notre diligence à vous satisfaire et restons à votre entière disposition.
Veuillez agréer, Messieurs et chers clients, l'expression de nos sentiments dévoués.

© Éditions d'Organisation

1.2.2. Aux fournisseurs

> *Messieurs,*
> *Notre entreprise cessera toute activité du 1er au 31 août 2002.*
> *C'est pourquoi nous insistons sur le respect de votre part des dates de livraison prévues afin que nous ne connaissions pas de rupture de stocks.*
> *Nous sommes assurés que vous saurez continuer à mériter notre confiance et comptons sur votre diligence.*
> *Veuillez agréer l'expression de nos sentiments distingués.*

Dans d'autres cas, ce sont quelques phrases qui sont en question à l'intérieur d'une formulation générale.

Les possibilités qu'offre l'ordinateur de partir d'un même texte de base et de le modifier pour en produire plusieurs textes apportent une réponse technique au problème de la disparité des destinataires. Que la lettre soit ensuite envoyée par la poste, par fax ou par courrier électronique, ce qui importe c'est de regrouper les destinataires en « catégories » cohérentes.

> *Une agence de voyages accompagne l'envoi de son catalogue d'une lettre-circulaire ; cet envoi fait suite à une demande où l'âge et la situation de famille étaient indiquées.*
> *Une partie du texte sera commune à tous les destinataires :*
>
> *Chère Madame / Cher Monsieur,*
> *Nous avons le plaisir de vous faire parvenir le catalogue que vous nous avez demandé.*
> *Nos destinations…*
> *Nos tarifs…*
> *Nos excursions…*

Mais selon qu'il s'agit de célibataires ou de couples sans enfant, ou de familles – et en fonction de l'âge des enfants – le texte insistera plutôt sur les animations, les gardes d'enfants, les clubs d'adolescents…

2. UNE CIRCULAIRE PARTICULIÈRE : LA CIRCULAIRE ADMINISTRATIVE

La circulaire administrative est un document d'information qui « circule » entre deux administrations ou à l'intérieur d'une même administration. Elle n'est pas destinée au public.

Sa fonction est d'aider à l'application de textes de lois.

2.1. Une information et des modalités d'application

Le rédacteur va procéder selon la démarche suivante :

- Informer sur les dispositions légales (contenu de la loi, de l'arrêté...)
- Décrire toutes les modalités d'application qui permettront au texte de loi de devenir effectif.

La loi prévoit que...
En application de la loi, il convient de...

Si l'on juge nécessaire d'avoir recours à des circulaires d'application au lieu de transmettre purement et simplement le document juridique original, c'est que ce dernier ne serait pas compris dans sa totalité par les destinataires. C'est pourquoi une des missions de la circulaire est de **clarifier** le texte juridique et de mettre son contenu à la portée de ceux qui vont en assurer l'application.

2.2. Une démarche logique

Pour répondre à l'objectif qui est assigné à ce type d'écrit, il convient d'adopter la démarche suivante.

2.2.1. *Analyse du texte de loi avec mise en évidence des points d'information à retenir*

Cette étude approfondie du texte juridique doit permettre de repérer deux types d'informations :

- Quelles innovations ou modifications le texte de loi introduit-il ?
- Quelles modalités d'application préconise-t-il ?

© Éditions d'Organisation

2.2.2. Rédaction du document dans le respect de règles précises

- Indication de l'Administration responsable de la diffusion du document et du bureau qui l'émet.
- Objet de la circulaire.
- Énumération des textes de loi concernés.
- Mention des destinataires.
- Plan du document.

> **Le plan respecte la démarche logique :**
> 1) **Quelles sont les dispositions légales ?**
> 2) **Comment les faire appliquer ?**

Dans chacune de ces deux parties, il faut présenter les éléments d'information à l'intérieur de **paragraphes.**

Chaque paragraphe se centre sur **un point** de l'information, ce qui se traduit par **un titre.**

Le texte sera rédigé en un langage simple (voir p. 134) **et non dans un langage juridique de spécialistes.**

Nous proposons ci-après une présentation de la structure d'une circulaire sur l'ARTT pour les personnels IATOS de l'Éducation Nationale.

N° de la Circulaire... (références)

Destinataires

Texte adressé aux rectrices et recteurs d'académie ; aux vice-recteurs ; au chef du service de l'Éducation Nationale de Saint-Pierre-et-Miquelon ; aux présidentes et présidents et directrices et directeurs des établissements d'enseignement supérieur ; aux directrices et directeurs des établissements publics nationaux à caractère administratif.

Préambule

Le décret n° 2000-815 du 25 août 2000 relatif à l'Aménagement et à la Réduction du Temps de Travail (ARTT) dans la fonction publique de l'État prévoit l'entrée en vigueur de ce dispositif à compter du 1ᵉʳ janvier 2002...

La présente circulaire a pour but de préciser les dispositions fixées par les documents et textes précités. Elle a pour objectif de prévoir, au sein d'un même texte, un dispositif commun à l'ensemble des personnels, par-delà les spécificités propres à chaque métier. Elle prend effet au 1ᵉʳ janvier 2002.

Elle annule et remplace :

– la circulaire DPATE A1 2001-067 du 26 juillet ....

1 – CHAMP D'APPLICATION

1.1 Personnels concernés

1.2 Établissements concernés

2 – CONDITIONS GÉNÉRALES DE L'ORGANISATION DU TRAVAIL

2.1 Décompte du temps de travail

2.2 Les congés et autorisations d'absence

3 – RÉGIMES SPÉCIFIQUES D'ORGANISATION DU TRAVAIL

3.1 Dans les établissements relevant de l'enseignement supérieur et dans les grands établissements

3.2 Dans les EPLE

3.3 Personnels sociaux et de santé

3.4 Dispositions transitoires applicables aux horaires des personnels pour la période du 1ᵉʳ janvier au 31 août 2002

Je vous saurais gré de veiller à l'application des présentes dispositions.

Pour le ministre de l'Éducation Nationale et par délégation,

La directrice des personnels administratifs, techniques et d'encadrement.   Béatrice GILLES

Chapitre 7

Les procès-verbaux,
comptes rendus, rapports

Dans la pratique, ces trois types d'écrits sont souvent confondus : la relation étendue d'une réunion porte parfois le nom de « procès-verbal », alors que l'on parlerait plutôt de compte rendu, et le compte rendu d'un accident, type même du procès-verbal dans nos esprits est volontiers dénommé « rapport ». Que signifient ces confusions ? Y a-t-il une définition claire pour chacun de ces écrits ? Qu'ont- ils en commun ? Peut-on glisser de l'un à l'autre ? Les nouvelles technologies jouent-elles un rôle dans leur pratique et dans leur définition ?

Rappelons d'abord les **définitions lexicographiques de chacun**[1] :

PROCÈS-VERBAL : « 1° Acte dressé par une autorité compétente et qui constate un fait entraînant des conséquences juridiques.

2° Relation officielle écrite de ce qui a été dit ou fait dans une réunion, dans une assemblée. »

COMPTE RENDU : « 1° Exposé, rapport, récit, relation. Ex : compte rendu d'une mission. 2° Analyse critique. Ex : compte rendu d'un spectacle, d'un livre. »

RAPPORT : 1° « Action de raconter, d'exposer à quelqu'un ce qu'on a vu, entendu, ce que l'on rapporte. » voir ; Récit, relation, témoignage.

2° « Compte rendu plus ou moins officiel. »

---

1. Le ROBERT, Éd. 1972.

Précisons dès l'abord que si les définitions proposées pour le compte rendu et le procès-verbal correspondent à la réalité des écrits concernés, la pratique des organisations nous amène à élargir celle qui est associée au rapport. En effet, à cette fonction proche du compte rendu, on doit ajouter la dimension d'aide à la prise de décision comme nous le verrons dans le chapitre consacré à cet écrit.

Cette réserve étant posée, nous constatons que ces définitions ne nous permettent pas d'opérer un démarcage absolu entre les trois formes.

Toutefois une première distinction semble s'établir sur leur caractère officiel :

- le procès verbal est indéniablement un acte « officiel »,
- le rapport « peut » l'être,
- le compte rendu ne présente pas ce caractère.

On peut voir une deuxième différence découlant de la première dans l'implication plus ou moins signalée du rédacteur :

- le procès verbal est de l'ordre du constat objectif,
- le compte rendu peut comporter une dimension critique (synthèse ou analyse) mais là n'est pas son objectif premier,
- le rapport, tout en tendant à l'objectivité dans la prise en considération du problème, est plutôt une mise en ordre personnelle.

Généralement dressé au profit d'une institution et sur commande, il prend ainsi ce caractère « officiel » que nous avons relevé précédemment. Comme nous l'avons signalé plus haut, il comporte effectivement – étant extrêmement pratiqué, il est aussi mieux défini – une implication personnelle du rédacteur dans ses conclusions. Toutefois il ne peut s'agir que d'une implication d'ordre intellectuel : jugement critique, évaluation, raisonnement. Il n'est pas le lieu de résolution de conflits ou de polémiques.

Rappelons ici qu'il s'agit de trois types d'écrits d'action à fonction référentielle (voir chapitre : Fonctions des écrits d'action, p. 21).

Ce dernier point nous renvoie à leurs **traits communs.** Les trois types d'écrits :

- sont <u>utilitaires</u> ; liés à l'action et dans l'action – les trois peuvent être nécessaires en même temps et figurer au même dossier – ils la préparent, en enregistrent les faits et les modalités, l'analysent, l'évaluent (voir le schéma Écrits et information dans l'entreprise p. 25 et la liste typologique des p. 141-142).

Exemple : la décision de conversion à une technologie nouvelle peut faire l'objet :
- d'x réunions d'équipes, de commissions, d'établissements, d'organismes institutionnels, donnant lieu à comptes rendus,
- alternativement de x rapports d'opportunité, de faisabilité, d'audit,
- finalement d'un procès verbal officiel d'enregistrement de la décision si l'équipement doit être déclaré et homologué.

- leur approche est plutôt descriptive comme nous l'avons suggéré au paragraphe précédent, ce qui se concrétise ainsi dans les trois genres :
  - procès-verbal exempt de tout commentaire,
  - comptes rendus n'exprimant que les opinions des personnes présentes en réunion,
  - rapport ne prenant que les positions conduisant à la décision et découlant strictement des faits et de leur analyse.

- chacun d'entre eux peut en outre être rédigé par une personne extérieure à l'entreprise ou à l'organisation, notamment si cet écrit a pour mission de porter le constat d'un regard tiers officiel ou non.
  Exemple : procès-verbal d'accident,
  - *compte rendu de dysfonctionnement,*
  - *rapport d'expertise...*

- tous les trois ont des caractéristiques communes dans leur présentation (éléments d'authentification) et dans l'allure de leur démarche (des constats aux conclusions).

- deux d'entre eux, lorsque leur production est liée à une réunion, sont accompagnés d'écrits annexes tels que convocations, ordres du jour, documents de travail spécifiques etc.

Peut-on glisser d'un écrit à l'autre ?
La pratique atteste en effet de la fréquence de ce glissement (voir début de ce chapitre).

En résumé :

- Un procès-verbal est en général un acte court. Il donnera son nom à un rapport qui veut être « officialisé ».

- Il n'y a pas de glissement possible du procès-verbal au compte rendu, mais on peut trouver les deux « associés ». L'usage se répand en effet de dégager les décisions prises au cours d'une réunion du corps du compte rendu pour en constituer un paragraphe d'introduction. Cette partie du compte rendu ainsi présentée, n'est autre qu'un procès-verbal. (voir plus loin le chapitre consacré à ce type d'écrit).

- Sauf en ce qui concerne les relations d'accident où l'on peut admettre que selon le narrateur il peut y avoir une certaine implication (interprétation, interférences des faits et opinions, voire réorganisation des faits en fonction d'une démonstration) il ne devrait pas y avoir de glissement du compte rendu au rapport.

Les nouvelles technologies modifient-elles la pratique de ces trois genres ?
Fluidité et réactivité de la circulation de l'information permettent de rendre compte en temps quasiment réel d'un grand nombre de problèmes, voire de les traiter immédiatement. Ce qui aurait exigé l'attente d'une évocation du problème en réunion puis sa consignation par écrit et enfin la diffusion de l'information rédigée peut se réduire à la frappe abrégée et rapide d'un courrier électronique transmis en temps record aussitôt suivi d'exécution (voir p. 162 et suivantes) dès lors que l'ensemble de la procédure ne nécessite pas d'enregistrement officiel. Ce qui fut d'abord considéré comme pratique d'urgence tend à devenir, sinon la règle, du moins l'usage.

On peut alors penser que procès-verbaux, comptes rendus, rapports sont appelés à disparaître comme « paperasses » inutiles. En réalité ce n'est pas le cas ; la trace papier garde sa valeur officielle. Mieux, ils s'associent souvent dans un dossier dont chaque élément peut devenir une « pièce à conviction » ; or le document écrit prime, dans ce cas, sur tout autre. Nous verrons à travers l'étude détaillée de ces trois types d'écrits ce que peut apporter le maintien de leur pratique.

1. LE PROCÈS-VERBAL

Comme nous venons de le voir dans le texte liminaire, on appelle « procès-verbal » un écrit plutôt court, répondant à plusieurs usages dont le trait commun est de porter un **accent officiel**. Trois types de procès-verbaux sont ainsi répertoriés : deux à valeur plutôt juridique, un troisième plus administratif.

1.1. Le procès-verbal de contravention

C'est, de tous, le plus connu du grand public. Il s'agit du « P.V », acte de simple police, dressé souvent sur le champ à une personne se trouvant contrevenir à un règlement public.

Exemple : dresser un procès-verbal ou « verbaliser » pour conduite en état d'ivresse.

Il s'agit alors d'un constat assorti d'une sanction : paiement d'une amende dont les cadres et modalités sont préétablis et portés sur un formulaire d'une page au plus.

1.2. Le procès-verbal « juridique »

Rédaction sur un papier à en-tête de la Préfecture de Police.

Exemple

> *Date... heure...*
> *Nom et grade du fonctionnaire de police qui enregistre la déclaration.*
> *Audition de Madame AB, née le..., demeurant (...).*
> *« Je sortais du supermarché qui se trouve (adresse) et je poussais mon caddie vers le parking. Pour ouvrir le coffre de ma voiture j'ai accroché mon sac au crochet qu'il y a au milieu de l'arrière du caddie. Une jeune fille est arrivée en mobylette et s'est mise à dérocher mon sac ; j'ai tiré dessus pour le rattraper mais avec une espèce de matraque elle m'a donné un coup violent sur le poignet ; j'ai lâché prise et elle a pris le sac et elle est partie à toute vitesse. J'ai dû aller aux urgences pour me faire soigner le poignet. »*
> *Il lui a été demandé d'énumérer le contenu de son sac.*
> *« Ma carte d'identité, un chéquier... »*
> *Il lui a été demandé de décrire son agresseur.*
> *« Une jeune fille d'environ..... »*
> *Il lui a été demandé s'il y avait des témoins.*
> *« Un monsieur est arrivé quand elle s'enfuyait ; j'ai son adresse ».*
> *Après lecture faite personnellement, elle, Madame AB, persiste et signe le présent avec nous.*
>
> *L'intéressée   L'Inspecteur de Police*
> *De même suite, annexons au présent les pièces suivantes :*
> *   1° certificat médical des urgences de l'Hôpital Y établi le... à 17h.*
> *   2° adresse du témoin, M. L....*
> *   3° une quittance de loyer de la victime.*
> *   4° un relevé d'identité bancaire*
> *   5° un récépissé de carte bleue*
> *   L'Inspecteur de police*

Également très pratiqué, c'est un acte qui constate un fait ou une situation anormale du point de vue de la loi, et pouvant entrer dans un processus de poursuite judiciaire. Il peut s'agir d'un procès-verbal – de carence, de perquisition, de saisie, d'expulsion...

L'autorité compétente est représentée en la matière par un ou des officiers de police et/ou un huissier : « L'huissier, avec deux témoins, se présenta chez elle pour faire le procès-verbal de la saisie » Flaubert (cité dans Le petit ROBERT). Ce sont eux qui rédigent l'acte.

1.3. Le procès-verbal de séance

Souvent confondu dans nos esprits avec le compte rendu, il fait partie de la pratique régulière des entreprises, administrations et organisations de tous types. Sa définition au dictionnaire pré-cité est la suivante : « Relation officielle écrite de ce qui a été dit ou fait dans une réunion, une assemblée etc. » Ce peut être le relevé très court des principaux actes d'une réunion : ordre du jour, décisions, ou un écrit plus étendu se substituant au compte rendu, si la réunion revêt elle-même un caractère officiel.

En effet, certaines réunions, tenues dans le cadre annuel des activités d'une entreprise, d'une association ou de toute autre organisation, prennent une importance particulière. C'est le cas des réunions de création d'une entreprise, acte fondateur qui doit être officialisé et répertorié au niveau institutionnel (chambres et tribunaux de commerce, préfectures, administrations diverses). C'est aussi celui des Assemblées générales annuelles qui ont un caractère obligatoire notamment pour les associations. C'est encore celui des réunions de conseils municipaux, régionaux etc., bref, de toute réunion où sont prises des décisions susceptibles de modifier les statuts et le fonctionnement d'un établissement.

Le compte rendu de la réunion devient donc un acte officiel qui doit être authentifié. Il s'appelle alors procès-verbal. Pour cela il doit porter les signatures de tous les responsables et peut être contresigné par des représentants de l'autorité administrative. Il doit aussi comprendre un certain nombre de mentions obligatoires :

– nom de la collectivité dont les débats sont rapportés,
– lieu, date et heure de la réunion,
– objet du débat ou ordre du jour,

- nom et qualité
  - du président de séance,
  - du ou des secrétaires,
  - des membres du bureau de l'Assemblée s'il y a lieu,
- énumération
  - des participants,
  - des excusés,
  - des absents,
- si l'assemblée est très nombreuse, indication du nombre des présents pour permettre d'évaluer le quorum,
- signatures des secrétaires de séance et participants ou invités spécialement mandatés.

Le corps du procès-verbal est surtout centré sur les décisions. Il peut néanmoins être plus exhaustif si telle est l'habitude de l'organisation ou si celle-ci est liée très étroitement dans son fonctionnement aux institutions.

Pour être valide, le procès-verbal doit faire l'objet d'une approbation de la part des participants ou de leurs représentants lors de la séance suivante.

L'usage veut que les procès-verbaux de ce type soient enregistrés sur les registres de l'établissement ou dans les dossiers qui tiennent lieu de registres.

Un autre document, plus étendu peut avoir été élaboré en même temps qui, lui, rapporte l'intégralité des débats. Au cours d'une réunion on peut donc avoir à rédiger trois types d'actes :

- la « minute », prise de notes intégrale des propos tenus, qui reste à la disposition des participants pour d'éventuelles vérifications,
- le compte rendu, mise au propre de la minute et distribué à tous les participants,
- le procès-verbal, **trace concise** de la réunion dont l'objectif, comme nous venons de le voir, est d'officialiser la tenue de la réunion, ses modalités, les décisions prises (voir exemple ci-après).

Exemple

SYNDIC LATOUR
(coordonnées)   Mme Lapropriétaire

Procès-verbal de l'Assemblée générale de l'immeuble Les Flots Bleus,
22 rue de la Mer à Duneville (..)

L'Assemblée générale des copropriétaires de l'immeuble Les Flots Bleus, sis au 22 rue de la Mer à Duneville (), sur convocation par lettre recommandée du ./././, s'est tenue le ././.. à 18h à la salle de réunion de l'hôtel Les mouettes à Duneville.

Étaient présents :
Étaient représentés :
Étaient absents :

Ordre du jour :
Point 1 : Aménagement de l'horaire des gardiens suite à l'ARTT
– Augmentation d'une heure par jour de la coupure du déjeuner, soit de 12h30 à 15h30 sauf en juillet et août
– Récupération des heures de juillet et août par des jours de congés pris sur les autres mois
– Remplacement du gardien à la loge et pour le ménage pendant les jours de récupération ; évaluation du coût annuel : ... euros
Décision votée à l'unanimité

Point 2 : Peinture du hall d'entrée
– Étude comparée des devis envoyés avec la convocation
– Choix de la Société Lartiste : 20 voix pour
                                2 contre
                                6 abstentions
– Début des travaux au début du mois de septembre
– Premier appel de fonds en juillet

Point 3...............
Il n'a pas été exprimé de réserve sur la régularité des délibérations
L'ordre du jour étant épuisé, la séance est levée à 21h.
La feuille de présence est jointe au présent procès-verbal
Signatures   Le Président   Le Secrétaire   Les scrutateurs

NB : Les décisions qui ont pour but de contester les décisions des Assemblées générales doivent, à peine de déchéance, être introduites par les copropriétaires opposants ou défaillants dans un délai de deux mois à compter de la notification desdites décisions qui leur est faite à la diligence du Syndic (D.17.03.67. art. 42, alinéa 2).

2. LE COMPTE RENDU
2.1. Un écrit porteur de mémoire

Chantier- Propriété de M. Château

Compte rendu de réunion du 15 septembre 2002

Étaient présents :   – *M. CAILLE, CABINET LA PIERRE ARCHITECTE*
– *M. TRAN, ENTREPRISE TRAN*
– *MME LEGRAND, ENTREPRISE PRAXIS*

AVANCEMENT DES TRAVAUX
Élévation :   *100 %*
Charpente :   *en cours*

OBSERVATIONS :
ENTREPRISE TRAN
Les appuis de fenêtres seront exécutés en fonction des menuiseries fabriquées qui tiennent compte du doublage prévu du DD.
La couverture pourra être posée à compter du 21/09/02.

ENTREPRISE PRAXIS
Aviser le peintre pour l'impression des menuiseries avant pose.

ENTREPRISE MATHELIE
Prévoir les impression en bondex ou similaire teinte naturelle sur les menuiseries extérieures.

ENTREPRISE FABRE
Prévoir la pose de la partie zingage avant couverture dans la semaine du 21 au 25 septembre.

PROCHAINE RÉUNION DE CHANTIER – MARDI 22 SEPTEMBRE 2002 – 9 HEURES

SONT CONVOQUÉS – TRAN PRAXIS FABRE

Exemple

> *COMPTE RENDU DE L'ASSEMBLÉE GÉNÉRALE DES COPROPRIÉTAIRES
> DE LA RÉSIDENCE « LE VENT DU LARGE » À BLONVILLE*
>
> *Les copropriétaires se sont réunis le 13/03/2002 à 19 h à la Salle des Discours, rue des Pies à Caen.*
> *Étaient présents :   MM. et MMES..........................*
> *Étaient représentés : MM. et MMES..........................*
> *Étaient absents :   MM. et MMES..........................*
>
> **Ordre du jour :**
> – *Plantation d'arbustes sur le périmètre de la Résidence.*
> – *Température de la piscine.*
> – *Rapport financier sur l'exercice de 2001.*
> – *Élection d'un membre du Conseil Syndical en remplacement de M. Jacques, démissionnaire.*
>
> **1) Plantation des arbustes sur le périmètre de la Résidence :**
> – *Estimation des frais*
> – *Avis favorables*
> – *Avis opposés*
> – *Décision consécutive au vote*
>
> **2) Température de la piscine :**
> – *Rappel de la réglementation en vigueur*
> – *La situation pendant l'été 2001*
> – *Avis des utilisateurs*
> – *Décision consécutive au vote.*
>
> **3) Rapport financier sur l'exercice 2001 présenté par le Syndic :**
> – *Les recettes*
> – *Les charges*
> – *Vote du quitus à l'unanimité*
> – *Prévision des dépenses de l'année en cours*
>
> **4) Élection d'un membre du conseil syndical :**
> – *Présentation de sa démission par M. Jacques*
> – *Enregistrement des candidatures*
> – *Vote : élection de Mme Antoine*
> – *Fin de la réunion à 21 h 20*

Exemple

> *COLLANTS LA FINESSE*   *M. ROULLEZ Représentant*
> Compte rendu de la tournée de représentation dans le Calvados
> *LE 13/03/02*
> **I. « Bouticmode » tenue par M. Lapointe,** *rue de la Mer à Blonville.*
> *C'est un nouveau client, recommandé par M. Piètre, de Trouville*
> > *1. La nature de sa clientèle…*
> > *2. Les produits qui l'intéressent…*
> > *3. Commandes : …*
> >
> > > *…*
>
> **II. Mercerie tenue par Mme Lejeune,** *3 rue de la Laiterie à Pont-L'évêque*
> *C'est une cliente depuis 1995*
> > *1. Réactions par rapport aux produits livrés en octobre :*
> > *• points négatifs : – emballage*
> > *   – résistance*
> > *• points positifs : – coloris*
> > *   – prix*
> >
> > *2. Commandes dans la collection de printemps :*
> > *30 boîtes…*
> > *20 boîtes*

Voici des exemples, présentés sous forme de plans détaillés, du document appelé « Compte rendu ». Un écrit porteur d'une mémoire

C'est un document qui restitue TOUT ou PARTIE du contenu d'une réunion ou d'une activité. Plus long que le procès-verbal, il ne s'en tient pas aux décisions prises mais retrace une ou des parties des débats les plus significatives. On pourra parler de compte rendu :

- – de réunion
- – d'audit
- – d'accident
- – de chantier
- – de visite
- – d'entretien…

2.1.1. Savoir ce qui s'est passé dans une situation où on était absent

Il n'est possible à personne d'être présent partout, que s'est-il passé « LÀ » alors qu'on n'y était pas. Dans les exemples que nous avons présentés :

C'est le compte rendu de la réunion de copropriétaires du 13 mars 2002 qui permettra aux absents de prendre connaissance de ce qui s'est dit ou décidé.

C'est le compte rendu de la tournée du représentant, M. Roullez, dans le Calvados qui permettra aux services commerciaux de l'entreprise de prendre connaissance des contacts qu'il a établis et des avis des revendeurs.

2.1.2. Se souvenir de ce qui s'est passé dans une situation où on était présent

Même si l'on est, soi-même, présent à une réunion, il est difficile de se souvenir de tout ce qui a pu se décider ce jour-là.

M. Roullez, lors de sa prochaine tournée dans le Calvados, pourra consulter utilement tel ou tel compte rendu pour se souvenir de ce qui a été dit et demandé par les personnes qu'il doit visiter.

Le compte rendu, c'est **la mémoire individuelle**.

2.1.3. Se mettre d'accord sur ce qui s'est dit ou fait, en cas de litige sur le passé

Le compte rendu c'est **la mémoire du groupe**.

En cas de litige avec un autre membre du groupe, l'un ou l'autre pourra se référer au compte rendu pour vérifier ce qui s'est passé effectivement.

Le compte rendu est donc utile en deux points. Il :

> 1) Informe les personnes extérieures
> 2) Garde la trace d'une réunion ou d'une activité

2.2. Du recueil des informations à un texte construit

Un compte rendu se prépare ; il est en effet nécessaire de réorganiser des idées. L'élaboration du document pose trois questions :

1. Quelles informations retenir ?

2. Comment les classer ?
3. Comment les présenter ?

2.2.1. Choisir les informations adaptées au contexte

La préparation d'un compte rendu repose sur des notes « bien » prises.
Nous avons traité de la prise de notes en réunion dans la deuxième partie de cet ouvrage (voir p. 66 et suivantes). Il existe des comptes rendus de tailles diverses. Chaque organisation ou chaque personne peut choisir ce qui lui paraît le plus satisfaisant.

◆ *Le compte rendu exhaustif*

Il s'agit de transmettre la totalité des échanges et des événements. Les MINUTES d'un procès ou des débats de l'Assemblée Nationale consistent en une retranscription intégrale des débats. La MINUTE peut toujours être consultée pour rectifier telle ou telle erreur d'enregistrement des propos tenus. Elle doit être inscrite ou insérée dans un « registre » ou « dossier registre ».

Dans le domaine du journalisme, il arrive que le compte rendu d'une conférence reprenne totalement les propos tenus par les conférenciers, sans aucune coupure. Mais il arrive aussi qu'une sélection soit faite.

◆ *Le compte rendu sélectif*

Il s'agit de choisir les informations les plus importantes et les plus utiles à retenir. C'est là que le rédacteur doit penser au(x) destinataire(s) :

- Qui est-il ? ou Qui sont-ils ?
- Quels sont ses (leurs) besoins ?
- A quoi le compte rendu va-t-il lui (leur) servir ?

Quand cela est possible, il est pratique que le rédacteur aille voir le(s) destinataire(s) et s'informe de ses (leurs) besoins.

C'est ainsi qu'il sélectionnera avec une grande vigilance les informations de même importance, sans en oublier, sans en ajouter, sans en modifier le sens.

Ainsi, une même situation peut donner lieu à plusieurs comptes rendus, selon ce qu'en attendent les destinataires.

Visite du Salon International de l'Équipement de bureaux
– *Compte rendu général sur le salon*
– *Compte rendu pour le Directeur Administratif qui doit renouveler l'ensemble du parc informatique*

Il est bien entendu qu'au cours de la visite, le rédacteur a vu une diversité de matériaux allant de l'ordinateur aux étiquettes autocollantes. Il ne retiendra dans son compte rendu que ce qui lui semble pouvoir intéresser le(s) responsable(s) de l'entreprise à qui il l'(les) envoie. Éventuellement, il fera plusieurs comptes rendus à l'attention des diverses personnes intéressées par les aspects différents du salon :
– *Les ordinateurs*
– *Les diverses qualités de papier*
– *Les scanners*
– *Les imprimantes*
– *....*

Réunion du Conseil d'Administration
– *Pour les actionnaires, on pourra insister plus sur :*
  – *La situation de l'entreprise.*
  – *Les décisions prises et leurs conséquences à court ou moyen terme.*
– *Pour les membres du Conseil d'Administration eux-mêmes, on pourra reprendre, outre les informations précédentes :*
  – *La manière dont les différentes personnes se sont positionnées dans le débat.*
  – *Les points de vue contradictoires émis.*
  – *Le détail des décisions et du vote avec lequel elles ont été acquises.*

◆ *Le compte rendu centré sur les décisions*

Il peut arriver aussi que l'on estime que la personne ou le public destinataires du compte rendu ne sont intéressés que par les décisions et non par tous les échanges ou débats préalables. Ce sont ces décisions, en effet, qui risquent d'avoir une action modifiant l'avenir.

Dans une démarche beaucoup plus concise, certains comptes rendus seront centrés sur les décisions prises à l'issue d'une réunion, d'une visite ou d'un entretien.

Réunion du Conseil Municipal
Le compte rendu diffusé auprès des habitants de la commune fait état des
décisions prises en matière :
– d'affectation du budget « loisir »
– d'espaces verts
– de colonies de vacances
– ...

2.2.2. Un texte structuré

Nous venons de voir que la sélection des informations est la première étape dans l'élaboration d'un compte rendu. Il va falloir aussi choisir **l'ordre** dans lequel on va les transmettre.

Deux grands plans se dessinent :

- le plan chronologique
- le plan thématique.

◆ *Le plan chronologique*

Il s'agit de rendre compte des événements, des échanges ou des décisions, dans l'ordre dans lequel ils se sont manifestés.

M. Jacques a évoqué le problème de l'augmentation des charges d'une année
sur l'autre.

M. Antoine, syndic, a justifié ces augmentations par :
– l'augmentation des coûts de chauffage,
– l'augmentation des prestations des sociétés de nettoyage et d'entretien,
– les travaux effectués autour de la piscine.

Puis, Mme Lena a évoqué les difficultés de joindre le gardien entre 12h et 15h
et les problèmes que cela peut poser en cas de panne d'ascenseur.

◆ *Le plan thématique*

C'est le plan que nous conseillerons, surtout lorsqu'il s'agit d'un compte rendu de réunion. En effet, il arrive, la plupart du temps, dans les réunions, que les participants parlent d'un thème, l'abandonnent, y reviennent quelques minutes plus tard, puis modifient une décision à la suite de la découverte d'un nouvel aspect du problème.

Il convient d'éviter aux lecteurs du compte rendu la répétition ou le désordre d'une discussion spontanée pour **dégager, à propos de chaque aspect traité :**
- **les principales idées émises**
- **les diverses tendances qui se sont manifestées**
- **les décisions prises**
- ...

Ainsi l'essentiel de chaque aspect mis en évidence sera perçu directement par le lecteur.

COMPTE RENDU DU CONSEIL D'ÉCOLE DE L'ÉCOLE PRIMAIRE X

Étaient présents : ....
Étaient absents : ....
Étaient excusés : ....
Au cours de la réunion, un certain nombre de problèmes ont été abordés :

1. <u>La surveillance dans la cours de récréation</u>
LES PARENTS DÉLÉGUÉS se sont plaints des difficultés rencontrées par les enfants des petites classes :
– Ils sont bousculés par les grands.
– Ils ne rencontrent aucun soutien de la part des instituteurs lorsqu'ils se plaignent.
– Trois accidents se sont produits en une semaine.

LES ENSEIGNANTS insistent sur le fait que :
– La réglementation ne prévoit que deux enseignants en surveillance de cours, compte tenu de l'effectif.
– Les enfants des petites classes ne sont plus en maternelle et ne doivent pas être couvés.
– Les accidents survenus ont été dus à des enfants turbulents.

2. <u>La visite des classes par les parents</u>
LES PARENTS DÉLÉGUÉS ont observé que certains enseignants refusaient de faire, en début d'année, une réunion des parents d'élèves de leur classe.

MME MALE a insisté sur les avantages de la réunion générale des parents :
– Connaître le cadre de vie de leurs enfants.

– *Être informés :* *du programme,*
de la pédagogie,
des moyens de contrôle.

LES ENSEIGNANTS se sont engagés à réviser leurs positions et à organiser une réunion au second trimestre.

3. La coopérative
Pour éviter toutes contraintes, il a été décidé que les parents paieraient la coopérative, à leur convenance, par mois, par trimestre ou par an.

Les classes de nature
Partiront cette année :
– Le CM1A en Bretagne au mois de mai,
– Le CE2B en Haute-Savoie au mois de juin.

NB : Il peut y avoir coïncidence entre le plan chronologique et le plan par thèmes, lorsque la réunion dont on rend compte s'est déroulée suivant un ordre du jour précis. Dans ce cas, il s'agit de reprendre chaque point de l'ordre du jour et de donner des informations qui s'y rapportent.

2.2.3. Un document organisé

Quelle que soit la façon dont seront classées les informations – plan chronologique ou plan par thèmes – le document se déroulera comme suit.

◆ *L'origine de la réunion ou de l'activité*
Il s'agira de répondre aux questions suivantes :

- QUI : Les membres de l'Association Sportive TOUS EN FORME
- OÙ : Se sont réunis au Gymnase Municipal
- QUAND : Le 1er septembre 2001 à 17 heures
- POURQUOI : Pour préparer les activités sportives de septembre 2001 à août 2002

Une phrase ou un titre peuvent suffire :

> *RÉUNION DE L'ASSOCIATION*
> *SPORTIVE TOUS EN FORME*
>
> *Premier septembre 2001*
> *Préparation des activités sportives*
> *2001-2002*
>
> *Les membres de l'Association se sont réunis au Gymnase Municipal à 17 heures.*
> *Étaient présents : MM. ....*
>
> *Voici les points qui ont été abordés au cours de la réunion :*
> *1. ...*
> *2. ...*

◆ *Les informations classées*
(plan chronologique ou plan thématique vus dans les pages précédentes).

◆ *La fin de la réunion ou de l'activité*
Il n'y a pas à ajouter de conclusion à proprement parler (avis ou jugement personnel). La description de la fin de l'activité ou de la réunion conduit à la fin du document. *Exemple : « La réunion a pris fin à 20 heures. »*

2.2.4. Le choix d'un style

Plusieurs questions se posent souvent lors de la rédaction du document.

◆ *Faut-il ou non nommer les personnes qui interviennent ?*
Nommer les personnes :
Les participants sont nommés et ce qu'ils ont dit est cité soit intégralement, soit de manière résumée.

Soit :
– *M. François : « Les charges d'ascenseur ont doublé en un an. »*
– *Mme Adrian : « Oui, mais le contrat de garantie a expiré l'an dernier et certains des dépannages sont maintenant à notre charge. »*

Soit :
– *M. François fait remarquer que les charges ont doublé en un an. Mme Adrian précise que le contrat de garantie ayant expiré l'an passé, certains dépannages sont désormais à la charge des copropriétaires.*

Ne pas nommer les personnes

Un autre parti pris peut être de ne pas rappeler « qui a dit quoi à tel moment », mais de centrer le compte rendu sur ce qui a été dit.

« L'AUGMENTATION DES CHARGES D'ASCENSEUR qui ont doublé en une année a été évoquée. Elle s'explique par le fait que le contrat de garantie a expiré en 1979 et que, dès 1980, certains dépannages se sont trouvés à la charge des copropriétaires. »

Nous ne donnerons pas de consigne précise par rapport à ce choix ; tout dépend des habitudes des organismes et entreprises concernés. Toutefois, dans les cas où les positions sont tranchées et où des conflits de tendances apparaissent, il est préférable, par respect pour les engagements des uns et des autres, de nommer les intervenants.

Par exemple, dans le compte rendu d'une réunion tripartite, État-Employeurs-Salariés, chaque groupe préférera assumer ses propres interventions et non celles des autres partenaires sociaux.

◆ Faut-il rédiger en phrases complètes ou sous forme de liste ?

Le compte rendu n'est pas nécessairement rédigé en phrases complètes. Si ce qui s'est passé s'y prête, il est fort possible d'utiliser une énumération, qui rendra la lecture facile. Dans ce cas, l'aération de la présentation (tiret, numération...) rendra le texte plus significatif pour le lecteur.

1. Besoin des Services Administratifs
  – *Remplacement de quatre ordinateurs,*
  – *Adjonction d'un deuxième appareil de reprographie,*
  – *Embauche à court terme d'une nouvelle secrétaire.*

2. *Problèmes rencontrés par les services commerciaux*
   – *Information sur les stocks incomplète,*
   – *Rapport des représentants peu explicite sur l'appréciation des produits par les revendeurs,*
   – *Publicité sur les lieux de vente organisée d'une façon désordonnée.*

3. ....

♦ *Des supports préétablis*

Les comptes rendus de vente, de chantiers, plus proches du procès verbal, peuvent aussi être assimilés à des comptes rendus d'activité. Sont ainsi dénommés des documents préétablis, sortes de bordereaux-bilans, qui se contentent d'énumérer actions et chiffres en les confrontant dans des colonnes prétracées et qui renvoient à des normes, des objectifs, des calendriers d'activité.

2.3. Le compte rendu : pour informer non pour juger

Un compte rendu est un document fidèle et objectif. Il s'agit de transmettre des informations sur une situation particulière, sans y introduire un jugement personnel ou ses propres commentaires.

A la différence du rapport, où le rédacteur analyse les faits pour aboutir à des propositions personnelles d'actions, le compte rendu doit se contenter de constater les faits.
Il faut reconnaître toutefois que le rédacteur fait des choix personnels lorsqu'il sélectionne les informations ; c'est pourquoi celui-ci doit faire preuve d'une grande vigilance pour opérer cette sélection uniquement en fonction :

- de l'utilité des informations pour son (ses) destinataire(s),
- de son sens du détail inutile et des informations utiles,
- du respect de l'importance relative accordée à chaque rubrique par des gens concernés par l'activité ou la réunion.

Attention aux « synthèses » des propos tenus qui se fondent davantage sur « ce que l'on a entendu » ou « retenu ». En réunion, les informations s'échangent souvent rapidement. On peut en « manquer », en « oublier », ou en toute bonne foi avoir « cru comprendre ». On peut avoir saisi « l'essentiel » et, en oubliant de prendre note des éléments d'analyse ou des nuances, biaiser les propos. Le rédacteur doit donc être extrêmement vigilant et se montrer capable d'une écoute attentive et objective. Souvent les participants ne reconnaissent pas leurs interventions à la lecture du compte rendu et s'estiment « trahis ». Résumer la prise de parole est délicat.

2.3.1. Comment se rapprocher de la fidélité et de l'objectivité ?

◆ *Présentez tous les aspects évoqués sur une information et non pas seulement ceux qui vous plaisent :*
  – sans omission,
  – sans ajout,
  – sans disproportion par rapport à la réalité : si l'un des aspects a monopolisé les échanges pendant une demi-heure et un autre pendant deux minutes, il faudra que le compte rendu reflète l'importance respective de l'un et l'autre aspect.

◆ *Présentez ce qui a été dit et non vos impressions personnelles sur ceux qui l'ont dit :*
Il ne faut, en aucune façon, prêter à tel ou tel participant des réactions ou intentions qu'il n'a pas exprimées.

Cela consiste à éviter des phrases du style :

  « *Les participants avaient l'air mécontent.* »
  « *M. X semblait s'ennuyer.* »
  « *Apparemment, Mme Untel était d'accord.* »

Par contre, on peut écrire, si cela est conforme à la réalité :
  « *M. X exprima son mécontentement.* »

◆ *Présentez ce qui a été dit et fait et non ce que vous en pensez :*
Dans un compte rendu, il ne faut ni juger, ni commenter les éléments d'information que l'on transmet. Il est hors de question de faire intervenir ses idées personnelles et de les confondre avec celles qui se sont exprimées. Attention : on peut porter un jugement sur le contenu par de simples expressions de type :

  « *Heureusement,* M. Untel... »

« M. X *a eu raison de* préciser que… »

« Mme Y a dit, à *tort*, que… »

« M. Untel est *malencontreusement* intervenu… »

Tous ces petits mots teintent l'information d'affectivité et transmettent aux lecteurs les sentiments du rédacteur. Il ne s'agit pas ici de nier la subjectivité ou le sentiment. Au contraire, il s'agit **d'y être attentif…** pour ne pas confondre ses propres sentiments avec ce qui est dit par d'autres.

N.B. : Si le destinataire (individu ou organisation) et le rédacteur le souhaitent, il est parfois possible d'ajouter en annexe aux comptes rendus, un texte qui pourrait porter le titre : « Impressions sur la réunion », ou « Observations à propos de la réunion de… » ou « Impressions sur l'activité du Magasin en 2001… ».

Le rédacteur du compte rendu étant en effet obligé d'être attentif à tout ce qui se déroule, il repère parfois des éléments d'analyse (conflits, souhaits non exprimés, causes de blocage, conséquences oubliées d'une décision…) dont il n'est pas autorisé à faire état dans le compte rendu.

Si ces impressions, dont il est alors clairement posé qu'elles sont subjectives, peuvent être utiles, pourquoi ne pas les communiquer aux destinataires – dans un autre document.

C'est d'ailleurs un excellent exercice personnel pour s'entraîner à rédiger des comptes rendus que de s'obliger, pour une même réunion, à faire deux textes, l'un entièrement subjectif (impressions), l'autre entièrement objectif (description de ce qui s'est passé). On prend alors brusquement conscience des risques de confusion lorsque l'on rend compte de sa réalité intérieure et non de la réalité extérieure dont on a été témoin.

3. LES RAPPORTS
3.1. Le rapport ou développer pour décider

Cas n° 1 : les 35 heures. « *En vue de l'application des 35 heures aux secrétariats de l'établissement, je vous serais obligé de me rédiger un* RAPPORT *faisant apparaître les possibilités d'adaptation de ces services à ces nouvelles conditions de travail et leur impact sur notre organisation générale.* » (*au Directeur des services du personnel*)

Cas n° 2 : les accidents. « *On dénombre trop d'accidents corporels dans l'atelier n° 4. Il serait bon que vous en dressiez un* RAPPORT *exhaustif et critique portant sur les deux dernières années.* » (à l'Ingénieur responsable du service sécurité)

Cas n° 3 : la mévente. « Un bilan récent de nos ventes révèle que nos produits X se vendent mal dans les supermarchés de la région, alors que tel n'est pas le cas ailleurs. Il convient donc de procéder à une enquête in situ dont vous voudrez bien me présenter les éléments et conclusions sous forme de RAPPORT écrit. Celui-ci devrait pouvoir être présenté à nos collaborateurs lors notre prochaine session de Mercatique. » (au responsable Distribution des services généraux de Mercatique)

Cas n° 4 : le budget sports. « La répartition du budget des Sports doit venir en discussion au Conseil municipal dans le courant janvier en vue de son vote en février. Je vous serais reconnaissant de bien vouloir me faire parvenir sous forme de RAPPORT écrit votre évaluation des besoins constatés pour la part d'activité vous incombant. » (à l'animateur municipal des Sports)

Cas n° 5 : le recrutement. « *Parmi les candidats s'étant présentés pour le poste de technico-commercial, trois me semblent correspondre au profil du poste. La décision est délicate. Je vous demande donc, après les avoir reçus vous-même en entretien et leur avoir fait passer les tests techniques d'usage, de me faire parvenir un* RAPPORT *me permettant de procéder à un choix motivé.* » (*du DRH au responsable des services techniques*)

Ces quelques cas permettent d'affiner la définition comparative que nous avons esquissée au début de ce chapitre. Ils correspondent aux types de rapports les plus pratiqués dans les entreprises publiques ou privées et dans les associations : écrits d'information, d'analyse et d'aide à la prise de décision (voir plus loin), ils partagent la même appellation avec des documents où les propositions d'action ne sont pas requises. Ce qu'ils ont toutefois en commun avec ces derniers, c'est la démarche d'analyse et l'approche critique qui, en principe, ne sont pas incluses dans le compte rendu.

3.1.1. *Une information critique orientée ou non vers la prise de décision*

Nous avons présenté dans notre introduction comparative (voir p. 173) le RAPPORT comme un écrit **plutôt long,** sachant qu'en réalité, il peut adopter des longueurs variables, voire ne constituer qu'une sorte de fiche. Un rapport de police sur un incident mineur, un rapport de manipulation technique élémentaire pourront se réduire à une page, alors que grands procès et enquêtes nationales généreront des milliers de pages de rapports très copieux, pouvant se peser en tonnes !

Parmi ses autres caractéristiques, nous avions sélectionné son **caractère officiel.** En effet, les exemples précédents montrent que le RAPPORT répond en général à la commande d'une autorité ou d'un chef de service.

Il est, de ce fait destiné – sauf en ce qui concerne les rapports nationaux du type « rapport sur les comptes de la nation » pouvant, en principe, être lus par tous – à un **public plutôt restreint,** voire à une seule personne.

Pourtant, précieux instruments de décision, et recueils importants d'informations, les rapports doivent être répertoriés et archivés, de façon à rester largement consultables à tout moment (nous aborderons cet aspect en fin de chapitre). L'un des comportements fondamentaux d'une démocratie, c'est de rendre compte de ses actes et de ses décisions et ce, à l'échelon de l'état ou de toute organisation. La demande de justification, d'information, d'explication ne cesse elle-même de croître. L'activité tout entière est touchée par ce phénomène : on veut la « trace » de ce qui s'est dit, fait, décidé ; on veut comprendre. Et même si en même temps on exige moins de paperasse, on souhaite trouver à chaque instant la preuve tangible, écrite que la question a bien été traitée. Le RAPPORT est par excellence le type d'écrit conçu pour répondre à ces exigences.

Le discours du RAPPORT est, de ce fait, celui d'un **exposé écrit, argumenté.**

Toutefois cette présentation argumentaire peut avoir pour objectif :

- soit l'analyse et la critique (au sens neutre du terme) d'un problème, d'une situation : il s'agit de comprendre les raisons de l'existant,
- soit sur une proposition d'action fondée sur les données de cette analyse critique, celle-ci faisant partie intégrante du rapport. Les sujets, nous en avons des exemples dans les cas ci-dessus, sont variés, mais tournent toujours autour de l'examen ou l'analyse d'une situation, de l'exposé d'un problème.

3.1.2. Le rapport : de l'analyse à la proposition d'action

Dans cette dernière perspective, le RAPPORT est donc conçu comme une **aide à la décision :** il propose une ou des actions propres à résoudre ou traiter les problèmes développés. La plaquette éditée par l'AFNOR sous le titre de « Présentation des rapports, Recommandations aux auteurs », propose, pour définir le RAPPORT le résumé suivant :

« Un rapport est un document émanant d'une personne, d'une équipe ou d'un organisme. Il décrit les résultats d'une recherche, d'une enquête ou d'autres études. Il est initialement soumis à la personne ou à l'organisme pour lequel le travail a été mené ou qui l'a financé. »

À la différence du compte rendu (voir chapitre...) qui s'en tient à la présentation pure et simple de faits, le rapport, lui, examine les **données réelles** d'une activité (horaires, accidents, courbes des ventes, processus), en dégage les pertinences pour aboutir à un avis motivé. Le rédacteur pourra donc se trouver impliqué dans les conclusions, mais parce qu'il aura agi en qualité d'expert.

Exemple : <u>Dans le cas n° 2</u>, à partir de l'identification des causes d'accidents, on proposera certaines mesures de sécurité.
<u>*Dans le cas n° 3*</u>, *à partir de l'analyse des causes de mévente du produit concerné, on proposera une série de mesures pour y remédier.*

Compte tenu de cette nécessité d'analyser les faits en vue de l'action, l'élaboration du RAPPORT comporte plusieurs phases aboutissant à une synthèse. La démarche, solidaire du contenu, se présente donc souvent ainsi :

– présentation du problème ou de la situation,
– analyse, diagnostic,
– (rappel des contraintes),[1]
– proposition des solutions et argumentation,
– conclusion en vue d'une décision,
– modalités de mise en œuvre,
– (modalités de contrôle).

Par exemple, dans le <u>cas numéro 1</u> la comparaison des heures de travail nécessaires et des heures de travail effectives doit conduire à plusieurs propositions d'aménagements horaires ou de simplifications de tâches à effectuer. Cela passe donc par des relevés minutieux, des analyses sous divers angles, bref, des collectes d'information et leur exploitation.

---

1. Nous indiquons entre parenthèses les contenus qui sont abordés ou simplement esquissés selon le contexte.

3.1.2.1. Collecter les informations

Nous avons déjà largement traité la documentation dans la partie précédente (voir p. 39) Nous nous contentons de réaffirmer combien il est important de documenter son rapport. Les informations recueillies (voir exemples ci-dessus) permettront de préciser la situation, de cerner les problèmes et de dégager les possibilités d'action. Ce n'est pas simplement un quelconque avis qui est demandé, mais bien des conclusions d'étude.

Les sources d'information ont déjà été mentionnées ; il faut n'en négliger aucune, ne mépriser ni les archives, ni les témoignages réels, ni les faits d'observation. La manière de les rassembler et de les exploiter peut être très variée : questionnaires, tableaux comparatifs à double entrée, diagrammes, statistiques, analyses d'entretiens.

L'étude du cas n° 3 Mévente exige l'interrogation systématique des consommateurs donc l'utilisation de la technique d'enquête, celle du questionnaire, peut-être l'appel à une agence spécialisée pour la réalisation d'une partie de ce travail.

Exemple

3.1.2.2. Sélectionner les faits et arguments pertinents

Les informations ainsi recueillies sont quelquefois toutes utiles, mais le plus souvent elles demandent à être triées, soit que l'on n'ait pas suffisamment cerné le sujet avant de se lancer dans la collecte, soit que l'on ait mal maîtrisé les outils d'enquête. Certaines sont aussi plus pertinentes que d'autres. Enfin, le responsable du rapport peut avoir ses propres exigences quant au contenu utile.

Pour une situation donnée, y a-t-il une façon et une seule de choisir les informations ? Imaginons trois personnes différentes ayant à rédiger un rapport sur le même sujet, elles n'aboutiraient sans doute pas au même document final. Cette différence pourra se marquer non seulement dans les détails, mais également dans les faits importants retenus.

Nous voyons bien là que, malgré le caractère « objectif » de cette première partie centrée sur la description de la réalité, il va y avoir souvent une sélection personnelle inconsciente des faits significatifs. Sur les faits, nous avons chacun des hypothèses et un avis qui sont parfois antérieurs à leur recherche.

Dans l'idéal, **la démarche mentale** du rédacteur devrait être la suivante :

1) **Recherche des faits** « tous azimuts », quels que soient mon hypothèse et mon avis de départ.

2) **Sélection des faits** qui paraissent les plus significatifs par rapport à la question traitée.

3) **Développement de l'argumentation** pour aboutir à une proposition d'action.

On pourrait aboutir à la schématisation suivante :

1. Les FAITS suggèrent → un AVIS
2. Un AVIS s'appuie sur → des FAITS

En fait, la réflexion qui sous-tend l'élaboration d'un rapport est un constant va-et-vient entre l'une et l'autre de ces démarches.

$$FAITS \rightleftarrows AVIS$$

Mais attention ! Plus le rapporteur a un avis personnel avant d'aller à la recherche des faits, plus il risque de ne pas tenir compte de la totalité des faits et d'aboutir à un rapport subjectif. Plus il sera neutre, libre, ouvert, comme une sorte de juge de tribunal ou d'expert, plus il restera disponible pour recevoir toutes les informations et son avis se dégagera progressivement de l'analyse des faits.

Le rapport est essentiellement cette émergence d'un avis personnel à partir de l'étude des faits et non l'inverse. Dans la réalité, il semble que l'on puisse observer plusieurs types de comportements parmi les gens appelés à rédiger des rapports. On peut distinguer par exemple :

- ceux qui ont une idée préétablie sur la conclusion,
- ceux qui ont une idée sur les faits à sélectionner, mais aucune idée sur la conclusion,
- ceux qui n'ont aucune idée préalable sur la question.

> *Nous sélectionnons trois démarches possibles dans l'examen du cas n° 2 / accidents d'atelier.*
>
> *La première démarche, celle de M.A. agent de maîtrise, responsable du parc Matériel, peut s'imaginer ainsi : « J'ai toujours dit que ce matériel n'était pas fiable. Il va falloir interroger les techniciens, contrôler si les consignes de sécurité ont été bien respectées, si le contrôle technique a bien été assuré. Je vais proposer un changement de matériel ou, en tout cas, une réclamation auprès du fournisseur... »*

La démarche de M. A. obéit à une attitude pragmatique correspondant, à sa qualification, à son expérience et à sa pratique quotidienne. Il oriente tout de suite sa réflexion sur les aspects concrets et matériels de la question.

La démarche de M.B. responsable de l'emploi du temps du personnel des ateliers et assistant de la Direction du personnel *(DRH) peut être la suivante : « Je ne sais vraiment d'où cela pourrait venir. J'ai l'impression que cela se produit toujours le lundi ou le vendredi. Ils se remettent mal ou du week-end ou de leur semaine de travail ! Il faut que j'en discute avec les autres responsables de leur service, que j'aille consulter les relevés statistiques, que j'étudie les rapports médicaux ; il faut absolument que je sache d'où cela vient. »*
M.B. adopte une attitude d'enquêteur. Même si sa réflexion est, elle aussi orientée et déterminée par sa fonction, il ne suggère aucune conclusion.

La démarche de M.C. Ingénieur Qualité fraîchement nommé, *est celle qui correspond à sa situation de néophyte : « J'ignore totalement d'où proviennent ces accidents, ni ce qu'il conviendrait de faire. Nous allons procéder à une enquête approfondie. »*
Cette dernière démarche, sans a priori, même si elle émane de quelqu'un dont l'ignorance peut passer pour faiblesse, pourrait être en réalité la plus efficace.
Elle permet en effet d'entendre mieux les avis, témoignages, d'être plus réceptif aux faits et arguments. L'attitude idéale est atteinte quand celui qui refuse de se lancer sur une piste pré tracée sait aussi garder ses distances par rapport aux « interprétations » et faux arguments qu'on pourrait lui présenter. En pratiquant donc cette écoute distanciée, il saura amasser un grand nombre d'informations et en établir la pertinence.
M.C. va se mettre constamment en état de recherche et explorer tout ce qui pourrait avoir une relation avec les accidents survenus :
– le matériel : état, vérification, entretien,
– le personnel : qui faisait quoi, encadrait qui au moment de l'accident,
– les conditions de travail : horaires, cadences, pauses, organisation des tâches,
– les circonstances des accidents passés : fréquence, jours, faits, gravité,
– les avis donnés par les différentes commissions : médicale, de sécurité, syndicale,
– l'avis des intéressés eux-mêmes.

La confrontation de tous ces faits et informations, le croisement des différents avis formulés vont lui permettre d'opérer la sélection significative de matériaux propres à figurer au rapport.

3.1.2.3. Aménager le contenu du rapport

À partir des informations recueillies, des analyses faites et des réflexions qu'elles ont suscitées, le responsable du rapport va créer le texte en organisant toute cette matière. Il ne s'agit en aucun cas de tracer le plan définitif, tel qu'il apparaîtra au sommaire. Il ne s'agit pas non plus de composer définitivement la matière rédigée et de la figer dans une présentation. La question du plan est traitée à la p. 77. La présentation est abordée aux p. 299 et suivantes. Il s'agit ici de procéder à une organisation globale du contenu en fonction des étapes logiques de la réflexion. Dans le cas le plus courant on pourra parler d'une logique de « problématique ».

Des types de rapport différents, parfois plus proches du compte rendu, sont eux, essentiellement descriptifs. Ils suivent une autre démarche. Tels sont les rapports économiques de type « Bilan » dont l'exemple le plus connu est le « Rapport annuel sur les comptes de la Nation ».

Un rapport relatif aux entretiens avec des candidats à un emploi (cas n° 5) sera articulé sur une méthode d'analyse précise relevant de la psychologie.

L'annonce du contenu

C'est un exposé du contexte qui a conduit à la commande du rapport. Le rappel de cette situation peut être présenté, soit à part sous forme de lettre, soit inclus dans un paragraphe de préambule.

Exemple

Cas n° 4 / Sports
« Monsieur le Maire,
Pour la réunion du Conseil municipal du 10/10/2001 vous m'avez demandé de vous préparer un rapport sur l'organisation des loisirs du mercredi pour les enfants de notre commune.
Veuillez trouver ci-joint le résultat de mon étude. »

Cas n° 2 / Accidents de travail
« Monsieur le Directeur,
À l'issue de l'Assemblée générale du 10/10/2007, vous m'avez chargé de vous faire un rapport sur les problèmes de sécurité dans l'atelier n° 4… »

NOTE : Il est maladroit d'annoncer dès cette étape le résultat de votre réflexion. Le rapport risque de n'être pas lu, et votre argumentation d'être négligée, surtout si votre destinataire n'apprécie pas d'emblée votre conclusion.

Véritable préparation à la lecture cette annonce de contenu peut se transformer en vrai préambule méthodologique. Le rédacteur que vous êtes peut avoir en effet à utiliser des méthodes d'analyse spécifiques empruntées à des disciplines diverses telles que la psychologie, la sociologie, l'économie. Il est intéressant d'en prévenir les lecteurs et de justifier ces choix.

C'est aussi dans cette partie introductive que l'on peut faire état des contraintes qui limitent et conditionnent peut-être l'enquête. Celles-ci peuvent être de plusieurs ordres :

- économiques (problèmes de financement, répartition de budgets)
- techniques,
- sociologiques,
- psychologiques,
- organisationnelles…

Les rappeler avant de passer à l'énoncé des solutions, c'est se garantir contre les propositions inutiles, voire impossibles.

La présentation des faits ou de la situation

Il s'agit, dans cette partie initiale de présenter le plus objectivement possible la situation qui a occasionné la rédaction du rapport.

L'information donnée ici doit permettre de cerner avec précision le ou les problème(s) à traiter, avant d'entrer dans une démarche analytique, explicative ou interprétative (voir paragraphe « Les discours du rapport » p. 209). Cela peut correspondre à l'une des questions de départ : « De quoi s'agit-il ? », « De qui s'agit-il ? », » Que s'est-il passé ? » On précise également ici le point d'arrivée prévu : « Qu'attend-on de ce rapport ? », « A quelle(s) question(s) apportera-t-il des réponses ? ».

Selon la nature du cas traité, cette présentation des faits peut revêtir plusieurs formes :

- rappel chronologique,
- présentation de tableaux statistiques,
- description d'un service, d'un atelier.

Par exemple, pour présenter le cas « <u>Accident de travail</u> », on peut :
– évoquer le nombre d'accidents survenus à l'atelier n° 4 depuis dix ans ;
– la nature desdits accidents,
– les heures où ces accidents se sont produits,
– les personnes accidentées : leur âge.

Le cas « poste à pourvoir » supposera :
– le rappel des caractéristiques du poste,
– la présentation du dossier de chaque candidat.

Cette présentation des faits doit tenir compte des informations dont dispose déjà le destinataire. Elle sera plus ou moins détaillée selon qu'il connaît déjà bien le problème ou qu'il n'en a qu'une vague idée.

Dans le <u>cas n° 3 Mévente</u> par exemple, il est inutile de s'appesantir sur les particularités de ces produits, leur emballage, leur coût si c'est au responsable du service de production que s'adresse le rapport, à moins que ces caractéristiques ne soient elles-mêmes en cause.
Par contre, dans le <u>cas n° 2/ Accidents de travail</u> »,¸ même si le chef du Personnel connaît bien la configuration des lieux, il n'est peut-être pas inutile de présenter par un croquis, l'organisation de l'espace dans l'atelier n° 4.

Il importe, dans tous les cas, de doser les informations utiles, pour que le destinataire du rapport cerne bien la situation et suive l'argumentation qu'elle va entraîner.

L'analyse de la situation ou diagnostic

A la différence de la phase précédente, qui se limitait à une présentation des faits, celle-ci consiste en une analyse et une interprétation des faits.

Il s'agit de donner un avis personnel, justifié et argumenté à partir des informations recensées.

Cette démarche relève d'une démonstration. En effet, l'étude des faits amène le rapporteur à émettre des hypothèses sur les causes d'un problème, à envisager des explications possibles pour comprendre une situation.

Il va alors exposer, de façon analytique, les réponses qu'il propose à la question que le rapport tente de résoudre :

– pourquoi des accidents ?

– *pourquoi la mévente des produits x ?*
– *quel candidat retenir ?*

Les éléments d'analyse seront classés d'une façon claire et significative. Il peut être préférable de commencer par présenter les idées les moins importantes pour aboutir à celles qui vous semblent être les points forts auxquels vous voulez sensibiliser votre lecteur. D'autant que ceux-ci vont justifier la (ou les) solution(s) ou proposition(s) d'action que vous allez choisir.

Il n'y a pas de classement-type. Comme nous le verrons dans le paragraphe « Les discours formels des Rapports » la logique d'organisation des idées varie en fonction de la matière, de la méthode choisie, de l'angle d'étude, etc. Nous pouvons toutefois proposer des catégories d'analyse qui permettront de regrouper les idées qui présentent des points communs (voir aussi notre chapitre « Organiser les idées »).

Exemple

Cas n° 1
– *classement par « aspects » :*
  – *technique,*
  – *humain,*
  – *économique,*
  – *psychologique,*
  – *organisationnel…*

– *classement par « points de vue » :*
  – *des dirigeants,*
  – *du personnel,*
  – *des syndicats,*
  – *du service technique…*

Cas n° 2 : classement par « composantes » :
  – *le matériel,*
  – *le personnel,*
  – *l'organisation du travail…*

Ainsi, dans ce cas « accident de travail », seront présentés tous les facteurs susceptibles d'aider à comprendre les raisons de ces accidents.
Au fur et à mesure de cette analyse, les causes d'accidents vont être dégagées, certains aspects vont être retenus, d'autres rejetés.

Il se peut que le problème à traiter ne soit que la manifestation, **le symptôme d'un problème plus profond** que vous avez identifié au cours de vos réflexions sur les informations recueillies.

Par exemple, vous avez à traiter le problème de l'absentéisme dans un service. Vous découvrez un certain nombre de causes « objectives » (maladies personnelles ou d'enfants, départs anticipés en week-end)...mais il s'avère que c'est en réalité l'insatisfaction du personnel qui déclenche cette tendance à l'absentéisme (horaires, organisation du service, inadéquation du personnel aux postes de travail...).

Votre plan doit permettre au lecteur de suivre la même démarche d'analyse que vous et de passer du problème apparent au problème réel. Il va sans dire que les solutions proposées devront traiter les deux aspects.

Des contraintes à prendre en compte

Le passage de l'analyse – diagnostic à la proposition d'action implique l'inscription dans la réalité du contexte ; les organisations fonctionnent avec des contraintes de tous ordres : juridiques, techniques, financières, organisationnelles, économiques, commerciales, humaines, écologiques, etc. Toute proposition, pour être valide, doit en tenir compte et seules les solutions qui intègrent ces contraintes peuvent trouver leur place dans le rapport. Selon le(s) destinataire(s) et la connaissance qu'il(s) a(ont) du contexte, le rédacteur va développer de façon exhaustive ou, au contraire, simplement mentionner les contraintes ; il se peut aussi qu'il évoque de façon allusive certaines d'entre elles et en développe d'autres.

Par exemple, dans le cas n° 1/35 heures, il n'évoquera pas, à l'intention du Directeur du service du personnel, les contraintes liées au recrutement, au licenciement, à la gestion des ressources humaines, mais il insistera peut-être sur certains points déterminants de la loi ou sur des aspects budgétaires incontournables...

Des solutions possibles à la proposition d'action

Après avoir analysé les faits, cerné les problèmes et rappelé les contraintes, le rapporteur en arrive à envisager les différentes actions ou solutions possibles. C'est le fruit d'un raisonnement complet, au terme duquel il peut se hasarder à présenter son avis personnel et à le justifier. Il doit faire partager au lecteur le bien-fondé de ses propositions. Non seulement son argumentation, déjà bien préparée par les analyses précédentes, doit être solide, mais pour que ces propositions puissent être adoptées par le destinataire du rapport, elles doivent être accompagnées de tous les éléments permettant de les prendre en compte :

- évaluation des coûts,
- prévision des délais,
- plan précis de réorganisation de services, d'ateliers…

C'est pourquoi les actions proposées devront être soumises à une analyse critique qui tiendra compte des risques inhérents à chaque solution et dégagera les points positifs et les points négatifs ; **pour chaque solution, quels sont les avantages et les inconvénients ?** Il n'y a jamais UNE SEULE bonne solution mais des solutions meilleures par rapport aux objectifs et aux contraintes.

Cette évaluation des propositions va préparer la conclusion du rapport : l'action que le rapporteur va conseiller au destinataire.

Cette solution peut être une de celles qui ont précédemment été proposées, mais elle peut aussi se présenter comme un compromis.

Par exemple, pour résoudre le cas « accident de travail » plusieurs solutions paraissent possibles :

- *changer certains appareils :* précisions sur le matériel à acquérir, coût, examen des avantages (plus grande sécurité) et des inconvénients (coût élevé),
- *embaucher de nouveaux techniciens :* poste concerné, niveau de qualification souhaitable, avantages (allègement des tâches), inconvénients (charges supplémentaires),
- *former le personnel en place :* personnel à sélectionner, type de formation à donner, avantages (peu de modification dans l'organisation du service), inconvénients (perturbations dans l'emploi du temps),
- *alléger les horaires :* nouveaux horaires possibles, évaluation de la perte de temps de travail, avantages (moins de fatigue, plus de vigilance), inconvénients (nécessité d'embauche),
- *augmenter les pauses :* conditions de durée et de répartition, contrôle à assurer, avantages (détente du personnel, diminution de la fatigue, plus grande disponibilité), inconvénients (risque de relâchement).

La solution préconisée pourra parfaitement puiser ses éléments aux solutions proposées ci-dessus et les combiner ainsi :

- augmenter les pauses,
- former le personnel par petits effectifs,
- changer certains appareils immédiatement en fonction des possibilités budgétaires,
- prévoir, dans le temps, le remplacement d'autres éléments du matériel.

Chacun de ces éléments de solution doit, évidemment être étayé d'arguments suffisants et l'ensemble de la proposition d'action être accompagné de précisions sur les modalités de réalisation. Le destinataire devrait pouvoir être en mesure de donner son accord à l'exécution, sitôt lue la dernière ligne du rapport.

3.2. Le rapport : à réflexion articulée, discours approprié

Écrire un RAPPORT c'est mobiliser toutes les ressources de la forme, tant dans l'utilisation des différents types de discours adaptés à la démarche que dans la recherche d'adéquation de la présentation.

Trois types de discours y sont particulièrement privilégiés :

- le discours descriptif et narratif,
- le discours analytique,
- le discours argumentaire.

3.2.1. Le discours descriptif et narratif

Est essentiellement présent dans la présentation des faits : **constats, chronologies, actions et leurs enchaînements, représentations visuelles.**

C'est donc la forme privilégiée de la narration de l'accident de travail, par exemple :

La présentation des faits comporte nécessairement un rappel de l'accident lui-même, ici sous forme de constat : « A 17 heures, vendredi 4 mars 2000, dans l'atelier n° 4, M.L, technicien de maintenance a été assez gravement brûlé par électrocution, tandis qu'il procédait à l'examen du banc n° 3… »

La même présentation, sous forme de témoignage, prend l'allure d'un **récit** :

« Jérôme était à côté de moi, en train de vérifier les branchements des appareils du banc de maintenance. Tout à coup une forte étincelle s'est produite. Jérôme a crié et est tombé à la renverse comme une masse sur le treillis, tandis que son bras restait attaché par la main au rebord de la table de manipulation… »

Lorsque le récit s'attarde à la présentation technique et matérielle des faits, il se fait **description.**

« A ce moment-là, la commande électrique générale du banc était à l'arrêt. Les appareils étaient tous déconnectés, sauf un. Jérôme se trouvait accroupi, un testeur à la main, et à demi engagé sous la table de manipulation… »

3.2.2. Le discours analytique

Il exprime la prise en charge intellectuelle des faits : c'est une **mise en ordre hiérarchisée des données objectives**, mesurables, un tri des faits par catégories. Le cas « accident de travail » qui nous sert d'appui se prête particulièrement bien à ce traitement. Il appelle en effet une étude minutieuse faisant appel aux outils d'analyse appropriés que sont les statistiques, les **tableaux comparatifs**, les **représentations graphiques** (outils et illustrations). L'évocation du nombre d'accidents survenus à l'atelier n° 4 en dix ans, génère tableaux de données chiffrées, courbes, graphiques, un **classement** des accidents par nature, **un recensement** des personnes accidentées et une comparaison de leurs profils respectifs. Toutes les données quantitatives et qualitatives que l'on peut ainsi amasser peuvent être ordonnées, comparées, rapprochées (similitude des formes d'accidents, identité des circonstances, rôle apparent de l'état matériel). Le même objectif sous-tend toute cette phase de la démarche : la remontée aux causes. Néanmoins, le discours doit ici garder la neutralité d'un raisonnement de type scientifique. Une courbe par exemple sera d'abord **décrite** (forme, pics, points importants), puis **expliquée** (aspects caractéristiques), enfin **commentée** (identités, rapprochements, différences) toujours dans un esprit d'analyse objective.

> *Le relevé de fréquence des accidents pendant le temps de travail sur les dix dernières années d'activité de l'atelier n° 4 enregistre un nombre total de 27 cas, dispersés dans le temps. La courbe à l'origine ne signalant qu'un cas pour l'année 1990, s'élève régulièrement avec un pic marqué pour l'année 1998 avec 6 cas, et un palier peu accentué pour les années 1999 et 2000 avec 5 cas chacune. Ce sont donc les trois dernières années qui ont connu le plus grand nombre d'accidents.*

© Éditions d'Organisation

3.2.3. Le discours argumentaire

Prend alors le relais, constats et analyses terminés. Il exprime les déductions, fait surgir les points à prendre en compte, les aspects litigieux, les solutions possibles systématiquement développées. La formulation est celle de la déduction, de l'hypothèse, de la mise en relation explicite des causes et des effets.

> *Si l'on rapproche la courbe de fréquence des accidents du bilan de vétusté de l'appareillage (tableau dressé dans la phase analytique) on constate qu'il y a parallélisme. On peut en déduire que l'état du matériel a pu jouer un rôle dans la survenue des accidents. Nous présentons donc quelques données chiffrées concernant le coût de remplacement du parc matériel de l'atelier n° 4, et en regard un relevé des journées de travail perdues du fait des accidents.*
>
> *Un rapprochement du même type avec la courbe des fréquences en fonction des heures de la journée de travail, nous permet d'envisager une autre cause possible...*

Exemple

La séquence argumentaire peut déjà anticiper sur la présentation des solutions possibles, dans la mesure il y a un choix à faire, mais c'est dans la conclusion que le rédacteur donne son avis. La conclusion est l'aboutissement de la démarche logique et de la chaîne discursive.

3.2.4. Le discours de conclusion

Est donc celui de la **proposition.** Dans une courte synthèse, l'auteur y formule sous forme de préconisation le choix de solution et son ultime justification. Il y associe la présentation de mise en œuvre de ses préconisations.

> « *En tout état de cause, étant donnée la situation technologique de l'atelier n° 4, dont la majeure partie du matériel présente une vétusté certaine, et le coût financier et humain (handicaps, démissions, malaise) nous sommes tentés de privilégier la solution n° 2 « remplacement du matériel » et de préconiser un investissement étalé sur deux ans... »*

Exemple

3.3. Le rapport : à discours complexe présentation étudiée

Document complet à discours multiples, animé d'une intention de convaincre le Rapport exige une présentation particulièrement étudiée. Il s'agit, non seulement de soutenir les objectifs par une démarche logique et claire et par un discours adapté, mais aussi de mettre toute cette architecture en valeur, de la rendre lisible et de préférence agréablement lisible ; tout ce que peut comporter d'ingrat le contenu du rapport doit pouvoir s'effacer au profit de l'intérêt.

Il faut aussi tenir compte de la diffusion qui doit pouvoir être faite du rapport. Il peut être confié à la lecture de plusieurs personnes. Il doit être archivé pour être éventuellement réutilisé (on trouvera, dans notre annexe « Boite à outils » les références de quelques banques de données spécialisées). Il doit pouvoir, le cas échéant, faire l'objet d'une présentation publique : soutenances des rapports de formation, commentaire et débat en séance plénière des rapports d'activité (voir chapitre suivant).

Des « recommandations aux auteurs » sont diffusées par l'AFNOR, sous forme de plaquette abrégée des normes en vigueur pour les différents domaines d'activité où l'on écrit des rapports.

Les normes recommandent en matière d'identification les éléments suivants :

ÉLÉMENTS INDISPENSABLES :

1. Page de titre (voir ci-contre la reproduction de la page de normes).
2. Lettre de mission dans le cas des rapports officiels.
3. Résumé et mots clés (ou Abstract).
4. Table des matières (le terme Sommaire est désormais plus pratiqué).
5. Pagination.

ÉLEMENTS RECOMMANDÉS :

6. Bibliographie : elle renverra aux différents documents exploités et aux documents consultés, assurant ainsi la « traçabilité » du travail effectué.
7. Glossaire (utile si le rapport contient beaucoup de signes, symboles, abréviations, sigles ou termes rares).

Nous conseillons en outre, si le rapport comporte beaucoup d'illustrations graphiques, de faire figurer à la fin de l'écrit :
   – un répertoire des schémas et graphiques avec renvoi aux pages où on peut les lire ;
   – les schémas considérés comme annexes ou dont le format ne permet pas l'insertion dans le corps du rapport.

Nous développons en fin d'ouvrage un chapitre de présentation concernant tous les écrits d'action, où le rédacteur de rapports pourra trouver des conseils complémentaires.

4. LE RAPPORT D'ACTIVITÉ : UN ÉCRIT POUR UN BILAN

Cher(e) Sociétaire,

L'Assemblée générale annuelle de notre Mutuelle se tiendra le mercredi 25 mars 2001 à 14 heures 30, salle de la Mutualité, Place Maubert 75005 PARIS.

Ordre du jour :
- *Adoption du PV de l'Assemblée générale de l'année 2000.*
- *Rapport moral.*
- *Renouvellement partiel du Conseil d'administration et de la Commission de contrôle.*
- *Préparation de l'Assemblée générale nationale.*

Madame,
Monsieur,
Notre Conseil d'Administration vous demande de venir le rejoindre le samedi 4 avril 200/ à 18 heures au Centre culturel, 5, Place nationale, VILLENEUVE S/ OISE, pour une Assemblée générale ordinaire qui statuera à la fois sur les comptes et les activités de 2000 et 2001.
Nous comptons sur votre présence afin que nous puissions, ensemble, faire le point sur la marche de notre maison.
Avec nos sentiments amicaux.
Pour le Conseil d'Administration,
Le Président

Ordre du jour :
- *Rapport moral.*
- *Rapport financier.*
- *Statistiques d'activités et animation générale.*
- *Élection de 8 membres du Conseil d'Administration.*
- *Questions diverses.*

Dans une époque de développement de la vie associative et participative, nous sommes tous appelés à recevoir, lire ou rédiger un RAPPORT D'ACTIVITÉ. Qui n'est pas, en effet, membre de l'Association sportive locale, d'un syndicat de copropriété, d'une mutuelle d'assurances, de l'association des parents d'élèves ou plus simplement employé et /ou actionnaire d'une entreprise ? Or, la loi fait à tous ces organismes obligation de tenir chaque année une Assemblée générale, réunissant autour d'un Bureau (Président + Secrétaire + Trésorier + éventuellement autres animateurs) l'ensemble des adhérents, membres et actionnaires, pour leur rendre compte de leur gestion.

Le Rapport d'activité, qui en est l'acte principal, est à la fois **oral** et **écrit,** du moins dans les exemples que nous venons d'évoquer. Le document écrit, distribué à tous les membres de l'organisme **confirme et officialise le bilan.** Sa présentation orale a pour but de **soumettre le bilan de gestion à l'approbation générale.** Le RAPPORT D'ACTIVITÉ devient alors un outil de réflexion et de travail pour les années suivantes.

Il est à noter que sont aussi nommés RAPPORTS D'ACTIVITÉ le compte rendu d'un chargé de mission ou l'évaluation de l'activité d'un employé par les responsables chargés de son avancement, ou encore le bilan d'activité qu'un candidat à l'emploi ou à une promotion est amené à écrire.[1]

4.1. Le rapport d'activité : un bilan dynamique ?

Un compte rendu plus ou moins commenté.

Sous sa forme la plus répandue, il se présente davantage comme un **compte rendu** que comme un rapport, dans la mesure où **il retrace l'activité passée,** ceci à grands traits, sans analyse approfondie, et où il ne formule pas toujours de propositions pour le futur. Comme dans le compte rendu, il s'agit d'abord de présenter des faits, une situation, une activité, toutes données objectives.

Le travail du concepteur-rédacteur du rapport consistera donc à :

- collecter les éléments de bilan dans les documents comptables, les divers rapports de production, les inventaires, les documents commerciaux, les statistiques, l'infographie (courbes, schémas, organigrammes) constituée au fil de l'activité, les divers comptes rendus de réunion ayant fait état de décisions,
- en faire le tri en fonction de la synthèse qui constitue le corps du rapport et de son illustration,
- organiser la matière du rapport et en préparer la mise en forme.

---

1. Ce dernier type de Rapport d'activité est traité dans la partie « Les écrits liés à la carrière professionnelle » (voir p. 223).

Le rapport d'activité d'un club traitera les points suivants :
– l'effectif des adhérents,
– le montant des cotisations,
– l'utilisation des fonds : investissements, achats,
– l'énumération et la présentation des activités...

4.2. La justification d'orientations

Le rapport d'activité n'est pas toujours une simple photographie en noir et blanc de l'association ou de l'entreprise ; **il peut être un instrument de promotion, de justification ou de décision.** Il prend alors une allure **dynamique.**

Il est donc important que le rédacteur promène sur l'ensemble des informations à soumettre au public un regard critique lui permettant d'en mettre en valeur les éléments significatifs, sans les déformer toutefois. La photographie de l'organisme doit juste apparaître « en couleur » ! Cette image est souvent projetée vers le public concerné dès l'allocution du président. Celle-ci, toujours écrite, sert aussi de discours introductif à la présentation orale du Rapport.

En voici deux exemples :

Mesdames, messieurs,
*« Vous avez pu lire dans notre rapport annuel que l'exercice 1999 a été marqué par une assez forte reprise de notre activité et un net redressement du résultat consolidé. Cette tendance s'est confirmée en 2000 au cours des cinq premiers mois, dont le chiffre d'affaires est en progression de 31 % par rapport à celui de la période correspondante de 1999. Bien que nous constations une certaine hésitation du marché au cours des dernières semaines, nous prévoyons que l'exercice 2000 marquera un **nouveau progrès** de notre chiffre d'affaires, nous permettant d'envisager quelques **projets** qui vous seront exposés à la fin de ce Rapport. C'est avec confiance que nous pouvons désormais envisager notre avenir. »*
(Allocution du Président du Conseil d'Administration d'une grande entreprise)

Mesdames, Messieurs, chers collègues,
*« L'année qui vient de s'écouler s'est montrée particulièrement favorable à l'**essor** de notre mutuelle. Comme vous le montrera le Rapport d'activité ci-joint, le nombre des adhérents, jeunes en particulier, s'est considérablement **accru**. Nous voyons dans ce succès l'approbation d'une action dont on parle, et*

le meilleur **encouragement** *à persévérer dans la voie qui fut toujours la nôtre,*
celle de la solidarité intergénérations et désormais internations européennes… »
(Allocution du Président d'une Mutuelle)

Le rapport peut être aussi un engagement. Après l'examen des faits il pourra donc comporter une partie constructive où l'on formulera **des propositions** en vue de provoquer **une décision :**

– infléchissement de l'expansion ou réduction de l'activité,
– réajustements financiers,
– transformations de l'organisation, etc.

Le rapporteur qui est souvent l'un des principaux responsables est souvent ici **juge et partie ;** son rôle consiste alors à suggérer des solutions et non à forcer la main à son ou ses destinataire(s), à penser à ses ou à leurs préoccupations avant de se laisser aller à des gloses personnelles.

Présentation d'une nouvelle orientation

Exemple

« L'Assemblée générale de 2000, ayant constaté que la consommation presta-
taire au terme de l'exercice 1999, première année du plan, s'écartait sensible-
ment des prévisions, a clairement défini l'orientation et la méthode qui
devraient être appliquées. Elle a précisé que le taux de cotisation restant fixé à
2 % du traitement brut, les pourcentages retenus au plan devraient être serrés
au plus près pendant chaque exercice budgétaire et tendre vers une couverture
minimum à 95 % du tarif conventionnel… »

4.3. Le rapport d'activité : un exposé écrit accessible au plus grand nombre

La matière du rapport peut paraître relativement **ingrate** à un **public** qu'il faut supposer **hétérogène :** en effet recevront le rapport écrit tous les membres actifs et sociétaires. Ceux-ci ne sont pas forcément très informés d'une activité dont il ne perçoivent souvent qu'une partie selon leur degré d'implication ou leur fonction. Ils peuvent se trouver très **éloignés des centres de décision.** S'ils ne sont qu'actionnaires, ils peuvent ne pas s'intéresser de très près à la gestion de l'activité et se contenter de faire confiance aux responsables. Aussi, tout l'art du rapport d'activité consistera à **rester accessible à tout niveau.**

La démarche d'exposé sera donc extrêmement simple et adoptera un plan devenu conventionnel :

1. Rapport moral.
2. Rapport d'activité proprement dit.
3. Rapport financier.

Ces points peuvent être intervertis selon les caractéristiques de l'activité envisagée et le souci de mise en valeur des rédacteurs. Une association culturelle souhaitera mettre en avant son rapport moral où sont développés ses objectifs, une société, son rapport financier, une entreprise, son bilan économique etc.

A ces trois parties qui constituent le cœur du rapport se rajoutent : l'allocution du président dont nous avons déjà parlé, le « Rapport des commissaires aux comptes » qui prolonge le rapport financier et atteste que les comptes ont été contrôlés, et, depuis la loi du 12 juillet 1977 qui l'a rendu obligatoire, le « Bilan social » de l'entreprise ou de l'association (voir dans la suite de ce chapitre).

4.3.1. Le rapport moral

C'est le rappel des objectifs et principes qui guident l'activité envisagée, le manifeste d'obédience de l'équipe animatrice.

Il peut être assez long si ceux-ci se trouvent souvent remis en question ou réanimés par l'actualité. A des activités de type culturel ou sociales conviennent des rapports moraux étoffés, développant les intentions et les perspectives de l'action entreprise.

Une mutuelle présentait récemment ainsi son rapport moral :
Le parti pris de la solidarité (titre de cette partie du rapport)

- *La solidarité, un ciment de la collectivité humaine.*
- *L'assurance maladie universelle, une urgente nécessité.*
- *La santé publique, une priorité trop négligée.*
- *La mutualité à l'heure de vérité.*
- *La Mutuelle x en mouvement.*

Et voici un court extrait du texte, bon aperçu de l'esprit qui préside au rapport moral :
« *Déjà confrontée à une concurrence agressive excitant le réflexe individualiste et consommateur, la mutualité doit réaffirmer dans le contexte européen sa spécificité, la permanence de sa*

---

vocation sociale et son dynamisme économique... La promulgation par ordonnance d'un nouveau code de la mutualité fixe notre cadre d'action et notre horizon de développement... »

4.3.2. Le rapport d'activité proprement dit

C'est le bilan qui doit présenter le plus concrètement possible tous les aspects de l'activité :

- quantitatifs,
- qualitatifs,
  - dans **l'espace** couvert par l'activité : maison mère, succursales, filiales, secteurs..., activités internes et externes.
  - dans **le temps** d'une année, ce qui nécessite souvent l'analyse trimestrielle ou mensuelle, et par comparaison avec les années précédentes, quelquefois en remontant au-delà, jusque dans l'histoire de l'entreprise.

Nous présentons ci-dessous deux exemples de sommaires de rapport d'activité, l'un relativement bref, du fait qu'il s'agit d'une association nouvelle, l'autre, plus long, d'une entreprise aux activités déjà rodées et diversifiées.

> *Rapport d'activité d'une association nouvelle*
> *1. Description :*
>   *– effectifs*
>   *– composition*
>   *Historique*
>   *Mise en place*
> *2. Actions entreprises (nombre, qualité)*
>   *– procédures*
>   *– aboutissement*
> *3. Actions en cours, non achevées perspectives.*

> *Rapport d'activité d'une entreprise (anciennement et quelquefois encore présenté comme « Rapport du Conseil d'Administration »)*[1]
> *1. Panorama du groupe*
>   *– Activités*
>   *– Contreplaqués*
>   *– Panneaux de particules*

---

1. C'est en annexe à cette partie qu'intervient dans la plupart des cas le Bilan social que nous traiterons rapidement à la fin de ce chapitre.

- *Emballages*
- *Exportations*
- *Perspectives*
2. *Filiales et participations*
   - *Compagnie EPF*
   - *Société industrielle MH*
   - *Société du Gabon*
   - *Société indonésienne TK*

4.3.3. Le rapport financier

Il comporte au minimum :

1 – un état des recettes,
2 – un état des dépenses,
3 – un commentaire de la situation financière.
4 – Un tableau des comptes consolidés (après vérification par les commissaires aux comptes).

Cependant l'importance accordée au rapport financier est extrêmement variable. Alors qu'il ne représente que quelques lignes dans le rapport d'une association de parents d'élèves par exemple, qui, par contre, développera longuement son rapport moral, il peut constituer l'essentiel de celui d'une société.

Le Rapport financier d'une grande entreprise
1 – Comptes de l'exercice 2001
  • *Bilan*
  • *Compte des pertes et profits*
  • *Commentaire du bilan*
  • *Variation de la situation nette*
  • *L'action et sa cote*
2 – Rapport des commissaires aux comptes[1]
  • *Rapport général*
  • *Rapport spécial*

Exemple

---

1. Le Rapport des commissaires aux comptes, est devenu obligatoire même dans un bilan social (voir paragraphe suivant) ou les comptes d'association : « Les commissaires aux comptes doivent vérifier la sincérité et la concordance avec les comptes annuels. » (Mémento comptable Lefebvre 2002).

3 – Résolutions
  • *Approbation des rapports*
  • *Affections financières*
  • *Distribution des dividendes*
  • *Nouvelles conventions*
Documents annexes :
  • *Composition du portefeuille*
  • *Renseignements sur les filiales et participations*
  • *Résultats financiers des cinq dernières années*

4.3.4. Le Bilan social

Nous le traitons à part car il s'agit d'une exigence relativement récente dans la législation, destinée à donner sa place au **bilan humain dans toute activité.** Dernier venu, et pas toujours traité avec les égards qui lui seraient dus, le bilan social hésite encore entre n'être qu'un tableau exhaustif de la composition humaine de l'entreprise par exemple, ou un exposé des problèmes propres à la gestion du personnel, à moins qu'il ne se consacre à l'examen des conditions de travail. Il tend à prendre de l'importance au fur et à mesure que la gestion des hommes prend rang dans les préoccupations des organisations.

Ainsi, alors que la loi fait obligation de présenter un tel bilan aux entreprises « occupant habituellement au moins 300 salariés », certaines organisations qui n'atteignent pas cet effectif se font un devoir d'en présenter un. Par contre, on dénonce officiellement son appauvrissement en informations par non intégration d'une partie de celles qui sont transmises aux comités d'entreprise.

Le bilan social doit, selon la législation, présenter ces informations en sept grands chapitres :

> **Emplois, rémunérations et charges accessoires, conditions d'hygiène et de sécurité, autres conditions de travail, formation, relations professionnelles, conditions de vie des salariés et de leur famille (dans la mesure où celles-ci dépendent de l'entreprise).**

Il doit être diffusé, comme (et en général en même temps que) le Rapport d'activité, au Comité d'entreprise, aux organisations syndicales, à l'Inspection du travail, aux salariés et aux actionnaires.

Voici deux exemples de Bilan social.

Bilan social d'une entreprise
- *Les hommes dans le groupe,*
- *L'emploi : stabilité des effectifs et amélioration de la prévision,*
- *Les conditions de travail : programme de sensibilisation aux problèmes de développement social,*
- *La gestion prévisionnelle des carrières, une recherche de méthode,*
- *La formation,*
- *La participation.*

Bilan social d'une mutuelle
- *Les effectifs : nombre et qualité des agents, répartition par section, par âge, par sexe, répartition selon l'ancienneté, mouvements et congés,*
- *Les rémunérations : masse salariale, salaire minimum, hiérarchie des rémunérations, droit syndical, avantages en cas de maladie, en cas de congés, en cas de retraite,*
- *Les conditions de travail : horaires, application des 35 heures, restauration,*
- *La formation professionnelle,*
- *Les relations professionnelles : réunions, information.*

4.4. Communiquer agréablement des informations austères

La plupart du temps le rapport d'activité a une double destinée :

- être **lu** ou présenté oralement à l'occasion de l'Assemblée générale annuelle,
- être **écrit** et diffusé à l'ensemble des intéressés.

Il doit donc répondre à des exigences en apparence différentes, mais qui, en réalité, se rejoignent sur les qualités à donner au document : **clarté, concision, précision, illustration** : en somme, les qualités d'un bon document technique, à l'usage d'un nombre relativement important de gens qui ne sont pas nécessairement spécialistes. Il arrive, en effet, que les Rapports d'activité des grandes organisations soient diffusés bien au-delà de leurs limites territoriales d'action, à des organismes publics et privés de documentation, de formation, même à des entreprises concurrentes. Aussi rivalisent-elles dans le luxe de leur présentation, mettant leur point d'honneur à délivrer un document exhaustif et en même temps attrayant soutenant leur « image de marque ».

La majeure partie des rapports d'activité d'entreprise se présentent comme de luxueuses brochures, très illustrées de représentations aptes à faire passer l'austérité du contenu, notamment financier, grâce à une iconographie abondante : photographies, graphiques, schémas, organigrammes en plusieurs couleurs. Même si les Rapports d'activité des associations prennent des apparences plus modestes, dans la mesure où leurs moyens le leur permettent et, compte tenu de la diffusion universelle des moyens de rédaction et d'impression, ils tentent de se mettre à l'unisson.

Les représentations iconographiques pourront être **projetées** et **commentées** oralement lors de L'Assemblée générale annuelle par le ou les « rapporteur(s) » qui auront la délicate mission de faire passer la rampe à des données assez ingrates. L'une des méthodes actuelles les plus intéressantes est la projection de « **transparents** » qui sont, soit la reproduction des documents iconographiques écrits, soit des documents spécifiques. Leur utilisation doit être prévue, pour éviter de perdre du temps dans la transposition des documents du papier au transparent, notamment les mises à l'échelle ou la rédaction des légendes.

Ainsi, la réalisation des illustrations du rapport doit, le plus possible, être conçue au format A4 le plus adapté à la projection. Tout document d'infographie doit porter suffisamment de traits de couleur qui permettent de **différencier les données** à la lecture du transparent projeté, au minimum des traits nets, coloriables au cours de l'explication. Les textes doivent être très **concis**, très **lisibles** de tous les membres de l'assistance, et ne porter que des informations essentielles, telles que **les points-clés** des projets présentés. Les transparents doivent en fait pousser à leur paroxysme les qualités qu'on attend du rapport lui-même : clarté, efficacité, **mise en relief des idées-forces**, (voir aussi à ce sujet le chapitre suivant et la bibliographie). Le **commentaire oral** viendra renforcer encore l'effet attendu de toute cette panoplie de communication ; à l'orateur de **retracer les évolutions** par le commentaire des courbes et graphiques projetés, de **faire parler les résultats**, de **donner vie aux données chiffrées** en achevant par la parole l'animation des textes écrits et portés sur transparent.

C'est donc un dossier documentaire complet qu'il faut préparer en même temps que la rédaction du Rapport d'activité.
L'adhérent ou l'actionnaire attend du Rapport, au-delà de l'information sur l'activité décrite, la preuve qu'elle est **contrôlée** et **maîtrisée** par ceux auxquels il en a confié la responsabilité.

5. LE RAPPORT D'ACTIVITÉ PROFESSIONNELLE : CHANGER DE POSTE

5.1. Situer le rapport d'activité dans son contexte

Dans le cadre des concours internes, de promotions, de changements de poste, les administrations demandent la présentation d'un « rapport d'activité » qui donnera éventuellement lieu ensuite à une soutenance orale. Selon les cas, il peut être limité aux dernières années ou embrasser toute la carrière.

Pour comprendre les exigences d'un tel écrit, il convient d'en resituer le rôle.

Dans le cadre d'une administration, le candidat, s'il obtient une promotion, peut totalement changer d'environnement de travail.

Par exemple, dans l'Éducation Nationale, il peut circuler entre un Rectorat, un établissement du Secondaire, une université, un service du Ministère...

Plus que les postes occupés, ce sont les compétences développées, les différents savoirs acquis qui font du candidat une personne capable de mobilité et d'adaptabilité...

C'est, pour utiliser un néologisme très prisé actuellement, son « employabilité ».

Il va sans dire que la connaissance des textes juridiques, liée au contexte de travail est une exigence de base et qu'elle peut être testée à l'entretien si aucune épreuve ne l'évalue. L'aptitude à l'expression écrite, à la synthèse est également requise. En dehors des épreuves de concours, le rapport en est une mise en œuvre.

Selon qu'il concernera le dernier poste occupé ou l'ensemble de la carrière, le rapport d'activité aura une structure différente. C'est pourquoi nous les envisagerons séparément.

5.1.1. Présenter ses dernières années d'activité

Dans un certain nombre de cas, il s'agit de rédiger un rapport d'activité relatif aux dernières années. La plupart du temps, cela correspond au poste occupé au moment de la rédaction du rapport et éventuellement le(s) poste(s) précédent(s) inscrit(s) dans la même structure ou dans une structure différente.

S'il s'agit de <u>la même structure</u>, le rapport sera articulé autour de la présentation suivante :

1 – la structure
2 – les postes...

S'il s'agit de <u>structures différentes</u>, on optera pour :

  1 – poste 1 : structure
                  fonction – activités
  2 – poste 2 : structure
                  fonction – activités…

Nous avons insisté dans la partie « Organiser » (voir pages 78 et suivantes) sur la nécessité d'articuler tout texte autour d'un plan qui en facilite la lecture. Dans le cadre du Rapport d'Activité, cette règle est incontournable. Il s'agit de **guider le lecteur dans votre histoire professionnelle** de façon à ce qu'il « visualise » votre profil, de ce que vous avez fait jusqu'à ce que vous serez capable de faire… et qui justifie la promotion demandée.

Nous préconisons donc **les plans** suivants.

  – <u>Un seul poste sur les années concernées</u>
    Introduction : rappel du parcours avant la période abordée
    I – Le « Décor », c'est-à-dire le lieu d'exercice, de l'Institution à l'unité de travail.
    II – Le Poste : Fonction 1 tâche 1/2/3…
                       Fonction 2 tâche 1/2/3… etc.
    III – Les Compétences et les formations
    IV – Les Projets

  – <u>Plusieurs postes dans la même structure</u>
    Introduction
    I – Le Décor : caractéristique du lieu d'exercice
    II – Poste 1 : caractéristiques de l'unité de travail,
                      les fonctions exercées, les tâches
    III – Poste 2/3… idem…
    IV – Les Compétences (+ les formations)
    V – Les Projets

  – <u>Plusieurs postes dans des structures différentes</u>
    Introduction : annonce des différentes phases des activités
    I – Poste 1 : Le Décor/ le Poste/ les caractéristiques

II – Poste 2… idem…

III – Les Compétences

IV – Les Projets

5.1.2. « Planter le décor » de son activité

1 – Le Contexte Global

L'Administration à laquelle vous appartenez est grande ; ses services sont multiples et chaque lieu d'exercice a ses missions et ses spécificités.

> *Une université ne fonctionne pas comme un lycée.*
> *Un service central de Préfecture n'a pas la même structure qu'une antenne située dans une mairie…*

Pour vous situer dans votre lieu de travail, votre lecteur a besoin d'informations, de repères. Que ce soit sous la forme d'un texte – clair et concis – ou d'un schéma qui se prête mieux à ce type de contenu, vous devez présenter l'organisation de votre structure de rattachement et la place de votre unité de travail (service, cellule, centre, bureau…) dans cet ensemble.

Quelquefois dans un souci de clarté, la présentation peut se faire en plusieurs étapes.

Situer votre unité de travail dans ses liens avec d'autres composantes de la structure permet de mettre l'accent sur votre connaissance de l'institution, sur votre ouverture vers un fonctionnement plus global. Plus large sera votre vision, plus vous apparaîtrez susceptible de mobilité et d'adaptation.

2 – L'Unité de travail

Si pour vous la dénomination de votre unité de travail, « Centre de… », « bureau de… », « Service de… » renvoie à une réalité quotidienne, il n'en est pas de même pour les lecteurs, membres de votre jury. Même si leurs fonctions leur confèrent la compétence de comprendre ce qu' est une activité administrative, elles ne leur donnent pas une omniscience à ce sujet d'autant plus que, selon les lieux, les modes d'organisation du travail vont être très différents. Il est donc indispensable d'apporter des explications en les « dosant ».

Afin de mieux définir votre activité, vous pouvez vous <u>appuyer sur des données précises</u> telles que la fréquence d'une action, le nombre de personnes encadrées, le nombre de dossiers traités, l'importance de la population traitée (visiteurs, demandeurs, élèves, étudiants...).

• Prise en charge des inscriptions pédagogiques des étudiants du premier cycle :
– inscriptions semestrielles,
– 2 000 étudiants sur les deux années de DEUG.

• Information et orientation du public vers les différents services :
– 300 visiteurs par jour en moyenne,
– 45 lieux d'accueil,
– Délivrance des passeports ; prise en charge de toute la procédure,
– Délivrance de x passeports en moyenne par an, dont y pendant les mois de juin et juillet à effectif constant.

5.2. Des fonctions aux tâches

L'activité professionnelle se décline autour des <u>fonctions</u> lesquelles s'exercent par l'exécution de <u>tâches</u>.

Le rapport d'activité doit mettre en premier plan les fonctions et, pour chacune d'elles, préciser les tâches qu'elles impliquent si celles-ci ne se déduisent pas des fonctions.

L'énoncé des fonctions suivantes :
– Gestion du courrier
– Accueil téléphonique
– Information du public
se suffit à lui-même et ne souffre pas de bavardage complémentaire.

Par contre une fonction telle que :
• Gestion budgétaire d'une UFR[1]
demande à être précisée :
– Collecte de la Taxe d'Apprentissage,
– Paiement des heures complémentaires,
– Paiement des fournisseurs,
– Établissement de budget prévisionnel,
– ...

---

1. Unité de Formation et de Recherche : une entité universitaire qui regroupe des formations de disciplines gérées par un même conseil.

Vos lecteurs pour lesquels une même dénomination peut renvoyer à des activités et des responsabilités différentes percevront mieux les vôtres.

Cependant la nécessité d'être explicite n'implique pas de rédiger des textes longs et noyés de détails inutiles.

En effet, la description des tâches doit être présentées de façon claire et concise. Il convient d'éviter les détails et délayages qui occultent les activités réelles.

Poste : Secrétariat d'une filière de DESS[1]

• Ne pas écrire :

Gestion des étudiants : accueil, informations, délivrance de dossiers, inscriptions pédagogiques dans les fichiers, distribution des polycopiés, relevé de notes, préparation des documents du jury, relevé des résultats, affichage...

• Mais écrire :

– Accueil et information des étudiants,

– Gestion des inscriptions pédagogiques,

– Préparation des documents pour les jurys d'administration et de délivrance du diplôme,

– Diffusion des informations pédagogiques.

Avec la présentation des tâches, il est pertinent de préciser :

– les langues étrangères pratiquées,
– les outils informatiques utilisés (logiciel, langage et internet...),
– les pratiques de communication avec les autres composants.

Dans l'exemple ci-dessus, cela correspondrait à :

– Constitution de fichiers informatiques sur la promotion,
– Collaboration avec le service central de la scolarité...

5.3. Des activités aux compétences

Cet aspect du rapport se déduit de la présentation des fonctions exercées. Mais il est important d'y ajouter les stages suivis dans le cadre de la formation interne.

---

1. Diplôme d'Études Supérieures Spécialisé (troisième cycle).

Les compétences s'articulent autour des pôles tels que :

– compétences techniques et/ou
– compétences informatiques et/ou
– compétences linguistiques et/ou
– compétences relationnelles et/ou
– connaissances de l'Institution.

Dans cette partie du rapport, vous pouvez, pour justifier de certaines compétences, vous référer à des postes antérieurs à la période présentée ou à la formation de départ – les précisions seront données de façon concise.

5.3.1. Une promotion... vers quel type de poste ?

Ce bilan ouvre vers l'avenir.

Même si c'est votre désir, il est maladroit d'écrire que votre projet est de rester au même poste avec un grade plus élevé. La mobilité fait partie des enjeux !

Vous pouvez préciser certaines fonctions vers lesquelles vous souhaitez évoluer.

Vous pouvez également, d'une façon moins cadrée, définir les caractéristiques des postes qui vous conviendraient.

5.3.2. Rendre compte de sa carrière dans son intégralité

Certains rapports d'activité portent sur toute la carrière. Leur structure est pratiquement imposée.

La part de rédaction est moins présente que dans le cas précédent et le mode d'expression s'apparente plus à celui du Curriculum Vitæ.

Cependant là encore vous aurez à décliner :

– vos postes,
– vos fonctions,
– vos activités,
– vos compétences.

Tous les conseils que nous avons développés ci-avant sont de mise ; la concision, la pertinence des informations données, la mise en relief de vos points forts, de vos compétences sont d'autant plus à soigner que la longueur du document est limitée.

Et quand il faut retracer plusieurs années d'activité, des choix s'imposent.

Chapitre 8

Les notes

Portent le nom de notes des écrits généralement courts, ayant pour fonction de véhiculer des informations à l'intérieur d'une entreprise ou d'une collectivité constituée (association, municipalité, établissement scolaire, etc.). Note officielle, note de service, note d'information, note diplomatique, note de synthèse, elles sont nombreuses. Leur appellation commune ne doit pas masquer leurs différences de contenus. Les unes sont de simples avis, les autres de vraies communications, d'autres encore des documents de travail. Nous étudierons pour notre part celles qui nous semblent les plus répandues dans les organisations :

- notes de service
- notes d'information
- notes de synthèse : les plus élaborées en fonction de leur caractère d'outil de travail.

Elles ont toutes en commun, quels que soient leur contenu et leur longueur, le fait d'aller à l'essentiel. La concision, la clarté, la précision sont requises dans tous les cas et, comme dans tout écrit d'action, la rédaction doit tenir compte des destinataires.

1. LA NOTE DE SERVICE

Voici quelques exemples du document appelé « Note de service ».

Exemple

SOCIÉTÉ ABC
Service du Personnel

Le 12/ 11/2002
A l'intention de tous les membres du Personnel
Objet : Service de restauration du 15/11/02

En raison des coupures de gaz et d'électricité prévues pour le 15/11/02, les services de restauration de l'entreprise ne seront pas en mesure de fonctionner. Toutefois les locaux seront ouverts et laissés à la disposition du personnel de 12h à 15h.

Le chef du Personnel

SOCIÉTÉ DEF
Association Sportive

Le 04/ 12/02
Destinataires : Les membres de l'A.S.
Objet : Propreté du gymnase

Les sols du gymnase étant trop souvent maculés de traces de boue, Mmes et Mrs les membres de l'A.S. sont priés de se déchausser dans les vestiaires et de ne pénétrer dans le gymnase que munis de chaussures de sport à semelles propres.

Le responsable de l'A.S.

SOCIÉTÉ LAMBDA
Service Paie

Paris, le 26/ 02/ 02
Destinataires : Mmes et Mrs les membres du Personnel du Service Achats
Objet : Retard de versement de salaires

A la suite d'une panne d'ordinateur, les virements des salaires du Personnel du Service Achats seront retardés d'une semaine.
Il sera possible d'obtenir une avance sur salaire à partir du 1/03 au matin en se présentant au BUREAU DES TRAITEMENTS, 3ème étage, porte 42.

Le chef du Service Paie

1.1. Un document à large diffusion

Très brève en général (de quelques lignes à une demi-page), la note de service est conçue pour être transmise le plus largement possible à l'intérieur d'une organisation. Elle peut être destinée à l'ensemble de ses membres ou à une partie seulement.

Elle doit être affichée sur un panneau prévu à cet effet ; cet usage est désormais complété par une diffusion *via* le courrier électronique.

Elle transmet, à l'initiative d'un responsable de l'organisation, aux « usagers », « membres du personnel », « associés », des informations concernant leurs statuts ou intéressant la vie collective (décisions, transformations, nouvelle réglementation…). Celles-ci sont assorties de conseils, consignes, ordres. Elles assurent ainsi le **passage de la décision à l'exécution.**

C'est un document officiel, en ce sens qu'il est authentifié par la mention et la signature du responsable qui l'a fait rédiger, afficher et diffuser.

1.2. Des rubriques obligatoires

Compte tenu de ses objectifs et de son rôle, la note de service doit mentionner :

- La date de l'émission de la note.
- Le nom du service ou le titre de la personne responsable de la diffusion de l'information.

> *Direction Générale*
> *M. le Chef du Personnel*
> *Service Informatique…*

- La mention des destinataires : personnes, services, groupes concernés par l'information.

> *A l'intention de tout le Personnel*
> *Destinataires : Les ouvriers de l'Atelier n° 4*
> *Aux utilisateurs de la Bibliothèque*

- Le titre résumant l'objet de la note : exprimé en style télégraphique.

> *Objet : Retard de versement des salaires*
> *Objet : Création d'un club sportif*
> *Objet : Nouvelles consignes de sécurité*

– Les informations à transmettre.

Voir notes en début de chapitre.

– Le nom et la signature de la personne qui porte la responsabilité de la note. Ceci permet d'authentifier la note et de retrouver, en cas d'erreur ou de litige, la source de l'information.
Le courrier électronique ne permettant pas, pour l'instant, d'être assuré de l'émetteur, l'affichage seul permet l'authentification par sa signature.

La numérotation des notes en facilite le classement. Précisons qu'il n'y a pas de normes officielles concernant ces notes : les mentions obligatoires le sont par nécessité du genre, mais la mise en page relève des pratiques internes aux différentes organisations.

1.3. Un style adapté aux objectifs

Pour être opérationnelle la note de service doit être précise, claire, explicative.

1.3.1. La précision

Elle consiste en la mention de toutes les informations nécessaires à l'action :

– dates,
– délais,
– lieu,
– références,
– modalités,
– personnes concernées,
– ...

1.3.2. La clarté

Elle dépend du choix du vocabulaire et de la construction des phrases. Il convient d'être rapidement compris.
Le vocabulaire choisi devant être accessible au destinataire, il n'y aura de termes techniques et spécialisés que si ceux qui lisent la note sont à même de les comprendre. Sinon, il convient, en quelque sorte, de les « traduire » en langage simple de tous les jours.

Quant à la construction des phrases, elle permettra la clarté de l'information ; on ne doit pas se croire obligé, sous prétexte de concision, de tout condenser en une seule phrase. Quelques phrases courtes, chacune contenant une information précise, contribueront plus à la clarté qu'une seule phrase « à rallonges » et « à tiroirs ».

• *Ne pas écrire :*

« Afin de permettre de prévoir l'organisation du travail pendant les mois d'été, vous êtes priés de remplir sous huitaine l'imprimé suivant pour transmettre les dates de vacances souhaitées, étant entendu que celles qui seront attribuées ne correspondront pas obligatoirement, dans la mesure où il y a des priorités et des exigences pour le bon fonctionnement de l'entreprise. »

• *Mais écrire plutôt :*

« Notre Service du Personnel établit, dès le mois de mars, le planning des mois de vacances d'été. C'est pourquoi, vous êtes priés de transmettre au plus tôt vos désirs en remplissant le formulaire prévu à cet effet et disponible au bureau 302.

Toutefois, nous attirons votre attention sur la difficulté de satisfaire toutes les demandes, compte tenu des exigences dues au bon fonctionnement des services. »

1.3.3. L'explication

Le contenu de la note de service étant, dans certains cas, de transmettre des consignes à respecter ou d'indiquer des actions à entreprendre, il convient de les **justifier** auprès des destinataires ; c'est-à-dire d'apporter des explications.

En principe, il est préférable d'exprimer :

1. L'information qui permet de comprendre l'ordre, les consignes.
2. L'ordre lui-même, les consignes elles-mêmes.

L'atelier comprenant de nombreux produits inflammables, il est interdit de fumer.

En raison de l'augmentation des charges de chauffage, les bureaux ne devront pas dépasser la température réglementaire de 19°.

Quelquefois, l'explication devra être plus détaillée que dans les exemples précédents. Il ne faudrait pas hésiter à la donner dans sa totalité.

1.4. Une invitation à l'action

Même si le contenu de la note est impératif, le ton doit être celui de la netteté, non de l'autorité ; la note doit éviter l'allure péremptoire qui pourrait heurter le destinataire. Il est normal que celui-ci se sente concerné jusque dans les motifs qui ont conduit à la décision. Il est tout aussi normal que l'ordre lui parvienne de façon courtoise. La netteté du ton n'implique pas la sécheresse.

Plutôt que « Vous êtes obligés », « Vous devez »… on recourra à des formulations telles que « Vous êtes priés de », « Vous êtes invités à »…

Dans le cadre d'économies budgétaires indispensables, un chef d'entreprise diffuse une note pour engager le personnel dans cette voie. Après une présentation des difficultés financières, il exprime ses attentes…

Exemple

– Un style comminatoire peut braquer les destinataires qui se sentent accusés.
« Vous devez absolument supprimer toutes dépenses superflues. Réduisez vos consommations de fournitures, de photocopies, de téléphone. Affranchissez la correspondance au tarif réduit. Simplifiez votre travail et évitez les tâches inutiles. Faites-nous connaître au plus vite les dispositions que vous aurez prises dans cette perspective. L'élimination de nos difficultés passent par la réduction immédiate de nos charges. »

– Un style objectif et sec laisse les destinataires extérieurs et risque de ne pas les « mobiliser ».
« La conjoncture actuelle exige la réalisation d'économie de tous ordres, cela suppose l'élimination de toutes dépenses superflues :
– réduction des consommations de fourniture
– réduction des nombres de photocopies
– réduction des consommations de téléphone
– réduction d'affranchissement
– simplification des tâches
– recherche systématique des gains de temps.

Nous vous prions de prendre toutes mesures utiles et de nous les faire connaître au plus tôt. »

– Un style respectueux mais sans démagogie, conviendra à cette situation.
« … Nous en sommes amenés à rechercher toutes les économies réalisables dans les travaux de chaque jour.

Il convient donc de s'attacher à supprimer toutes les dépenses superflues, si minimes soient-elles, qu'il s'agisse des fournitures, des photocopies, du téléphone, des affranchissements au tarif réduit ou d'un gain de temps dans l'exécution de certaines tâches.

Chacun est invité à réfléchir aux économies qui pourraient être réalisées dans le cadre de son activité.

Faites vos propositions éventuelles à vos responsables à qui je demande de me les communiquer avec mention des décisions prises et que j'espère positives... »

Ainsi la note de service devient une **invitation à l'action.**

2. LA NOTE D'INFORMATION

Voici quelques illustrations du document appelé « Note d'information ».

Document strictement ciblé sur des personnes bien définies.

Le 13 février 2002

NOTE D'INFORMATION
A MM. LES COPROPRIÉTAIRES

Compte tenu du retard intervenu dans les travaux de ravalement de l'ensemble des bâtiments, les frais y afférents n'ont pas encore été réglés par le Syndic à ce jour.

C'est pourquoi nous informons MM. les copropriétaires qu'ils ne pourront, comme cela était prévu, imputer les frais de ravalement dans les charges à déduire de leur Déclaration de Revenus de 2001.

Cette déduction interviendra sur l'année 2003.

Le Conseil Syndical

Exemple

Document à l'attention des actionnaires et du grand public publié dans la presse et sur Internet...

Exemple

NOTE D'INFORMATION
GO SPORT

G R O U P E
GO sport

RÉSULTATS 2001
**Poursuite de la croissance : chiffre d'affaires HT + 6,6 %
dans un contexte de marché difficile et de mise en œuvre de la fusion**

Le conseil d'administration de GROUPE GO SPORT, filiale de RALLYE, s'est réuni le 27 février 2002, sous la présidence de Charles SETBOUN, afin d'arrêter les comptes de l'exercice clos le 31 décembre 2001.

Le premier exercice de GROUPE GO SPORT, issu de la fusion au 27 décembre 2000 des sociétés GO SPORT et COURIR, a été caractérisé par la mise en œuvre opérationnelle de la fusion, la réorganisation profonde des équipes de Direction et de la fonction achats, et la mise en place du nouveau concept GO SPORT.

Parallèlement, le Groupe a poursuivi son expansion avec **25 ouvertures de magasins** (8 Go Sport, 14 Courir et 3 Moviesport) et 9 remodelings (3 Go Sport et 6 Courir).

Les chiffres ci-dessous comparent les résultats consolidés de l'année 2001 aux comptes consolidés pro-forma de l'année 2000.

Le chiffre d'affaires HT consolidé de GROUPE GO SPORT affiche une progression de 6,6 % au 31 décembre 2001, avec un recul de 2,2 % à périmètre comparable dû à une baisse des ventes des produits textile notamment pour l'enseigne GO SPORT en France au cours du dernier trimestre.

Le résultat d'exploitation consolidé avant dotation aux amortissements et provisions (EBITDA) s'élève à 45,9 millions d'euros, en retrait de 10,6 % par rapport à l'exercice précédent.

Le résultat courant consolidé atteint 19,5 millions d'euros contre 29,9 millions d'euros en 2000.

Le programme dynamique d'ouvertures a entraîné une hausse des amortissements et des frais financiers à hauteur de 5 millions d'euros.

Le résultat net consolidé s'élève à 11,7 millions d'euros, en retrait de 18,4 %.

Les chiffres clés de 2001

En M€	31/12/2001	31/12/2000 pro forma [1]	31/12/2000 publié [2]
Chiffre d'affaires TTC	737,9	690,0	130,9
Chiffre d'affaires HT	625,5	586,9	110,2
EBITDA	45,9	51,4	15,2
Résultat d'exploitation	24,0	31,6	11,4
Résultat courant	19,5	29,9	10,6
Résultat net	11,7	14,3	6,7
Marge brute d'autofinancement	33,1	35,4	10,1
Résultat net par action (en euros)	3,05 €	3,74 €	1,75 €

[1] Compte de résultat consolidé pro forma avec application rétroactive de la fusion au 1/01/2000.
[2] Compte de résultat consolidé de la société absorbante COURIR.

Les comptes de l'exercice clos le 31 décembre 2001 seront soumis à l'approbation de l'Assemblée Générale Ordinaire annuelle du 23 mai 2002. Il sera proposé le versement d'un dividende par action de 1,05 euro, assorti d'un avoir fiscal.

Perspectives 2002 de GROUPE GO SPORT

GROUPE GO SPORT prévoit de poursuivre une politique de croissance maîtrisée en 2002, avec l'ouverture d'une vingtaine de magasins, toutes enseignes confondues.
La poursuite du repositionnement de l'enseigne GO SPORT et la pérennité des performances de l'enseigne COURIR devraient permettre à GROUPE GO SPORT de s'inscrire à nouveau dans une croissance durable de ses résultats.

GROUPE GO SPORT sur Internet : http://www.groupegosport.com

© Éditions d'Organisation

Information générale insérée dans un journal municipal et sur Internet.

> **Exemple**
>
> *NOTE D'INFORMATION*
> *AUX HABITANTS DE LA MUNICIPALITÉ*
>
> *Une réunion-débat sur le thème « Développement des activités culturelles : un partenariat ville-associations ? » se tiendra à la mairie le jeudi 21 mars 2002 à 20h30, avec la participation de Mme Y, adjoint au maire de X, chargée de la culture et des responsables des associations culturelles locales.*
> *Vous y êtes tous invités.*
>
> *Le Président*

2.1. Une information sans injonction

Voisine, quant au contenu général, de la note de service dont elle n'est souvent qu'un avatar (au sens propre de « transformation »), elle peut s'en distinguer sur quelques points :

– Elle peut être diffusée assez largement à l'extérieur de l'organisation : administrés d'une municipalité par exemple, clients d'une banque, parents d'élèves...

– Son contenu peut ne pas impliquer d'actions immédiates et n'être qu'une « mise au courant » sur les objectifs de l'entreprise, ses développements, sa politique. **Elle ne donne jamais d'ordre.**

– Son étendue, si l'information doit être détaillée, peut être plus importante que celle de la note de service.

Lorsqu'elle est très courte, elle se confond en effet avec celle-ci.

Lorsqu'elle est très longue, elle peut se confondre avec la circulaire (voir page 167).

2.2. Une présentation motivante

Nous avons vu que la note d'information pouvait être courte ou longue, s'apparenter à la note de service ou à la lettre circulaire. Elle peut encore prendre l'allure d'une affichette, d'un prospectus lorsqu'elle est imprimée et éventuellement illustrée, être insérée sur le site Internet de l'organisation émettrice. Ces présentations destinées à une large diffusion sont pratiquées par certains services publics (la Poste par exemple), par les banques, par les associations culturelles. L'appel aux techniques graphiques et d'illustration les plus élaborées a pour but d'accrocher le lecteur mais il n'entame pas pour autant **l'objectivité de l'information.**

Comme la note de service, la note d'information porte toutes les mentions nécessaires à la communication. Son objet est très précisément exprimé.

2.3. Une exigence de clarté et d'objectivité

Comme elle est souvent moins brève que la note de service, la note d'information peut user d'un style plus élaboré mais elle doit conserver, en tout état de cause, sa **netteté.** Il convient donc d'en organiser strictement le texte qui suivra un **plan logique d'explication.**

Les paragraphes seront aussi nombreux que nécessaires et numérotés. Les articulations du texte devront être apparentes dans la mise en page et la présentation.

En général **le style de la note d'information est impersonnel.** Il exclut toutes remarques ou commentaires subjectifs, toute intrusion du rédacteur ou du responsable même s'il signe.

3. LA NOTE DE SYNTHÈSE

3.1. Un document opérationnel

3.1.1. Vers un gain de temps

Les Administrations, les entreprises et les associations croulent sous la masse de documents de toutes natures diffusés sur support papier ou par Internet. Personne n'aurait le temps de lire tous les écrits qui concernent son activité professionnelle.

Plus la responsabilité est élevée, surtout dans la fonction publique, plus les textes de référence sont nombreux, moins on aura le temps d'en prendre connaissance dans leur totalité. Les instances de décisions dans les entreprises travaillent à partir de documents où les informations ont été triées, classées, présentées de façon à être opérationnelles et utiles. Ceux-ci sont rédigés par des collaborateurs dont c'est une fonction occasionnelle, régulière ou principale (les « rédacteurs »).

Par ailleurs, avec le développement des nouveaux moyens de communication, les différentes organisations entreprennent de mettre à la disposition de leurs membres des bulletins d'information liés à leur activité ou à l'actualité (économique, technique…). Tels qu'ils sont conçus, ces écrits visent à la concision : les lecteurs doivent s'informer sans « perdre » trop de temps.

Dans un domaine qui touche la vie du citoyen, celui de l'information quotidienne, la « revue de presse » livre un condensé de toutes les informations de la journée avec une prise en compte des différents points de vue exprimés.

Enfin, la plupart des concours administratifs et des concours d'accès aux grandes écoles affichent la « note de synthèse » parmi les épreuves obligatoires.

Ces situations ont un point commun : elles font appel, de la part du rédacteur, à **une démarche de synthèse.** Rappelons que la synthèse est « une opération intellectuelle par laquelle on rassemble les éléments de connaissance concernant un objet de pensée en un ensemble cohérent » (Petit Robert).

Si la démarche de synthèse est présente dans de nombreux écrits d'action à dominante informative ou argumentative, elle est fondamentale dans l'écrit dit « note de synthèse ».

> *La « note de synthèse » peut se définir comme un écrit clair, concis, précis, cohérent résultant de la mise en lien d'informations issues de documents de nature différente qui peuvent être redondants, complémentaires ou contradictoires, l'objectif étant de procurer un gain de temps au destinataire.*

Exemple

Nous avons développé dans les chapitres « COMMENT RÉSUMER » et « FAIRE UNE SYNTHÈSE » (voir p. 95 et 99) des conseils méthodologiques qui s'appliquent à la « note de synthèse » et auxquels nous renvoyons le lecteur comme introduction à cette démarche. Il sera également utile de se reporter aux chapitres « PRENDRE DES NOTES » pour mener efficacement la collecte des informations (voir p. 65) et « ORGANISER ET PRÉSENTER L'INFORMATION » pour se préparer à la structuration du document final (voir p. 77).

3.1.2. Un contenu lié au contexte

A partir des mêmes documents il est possible de produire des notes de synthèse différentes. En effet, selon le contexte (destinataire(s), utilité de la note) des choix s'imposent au rédacteur. Les énoncés des sujets des épreuves de note de synthèse sont représentatifs des différentes orientations qui déterminent la conception de cet écrit.

Dans le cadre d'une municipalité, à partir d'un dossier constitué de textes émanant de diverses sources (associations, groupes politiques, articles de presse, comptes rendus d'enquêtes….) et abordant l'ensemble des problèmes liés au cadre de vie, plusieurs orientations peuvent être données à la note de synthèse, selon la façon dont est formulée la demande.

1. « Rédigez une note de synthèse à partir des documents ci-joints ».

   La note de synthèse devra rendre compte de **tous les aspects abordée dans le dossier.**

   L'exploitation du contenu sera exhaustive et présentera, en les organisant les données concernant les activités culturelles, sportives, éducatives, la sécurité, les structures associatives, les transports…

2. « A partir du dossier ci-joint, rédigez une note de synthèse sur la question des équipements sportifs » ou « des activités culturelles » ou de « l'accueil des enfants dans les centres aérés »...

   Il s'agit alors, dans l'ensemble des documents, de se centrer sur **certains contenus propres à cerner le thème** proposé et de les présenter d'une façon claire et documentée.

   Pour les activités sportives :
   – *Les équipements*
   – *Le club municipal*
   – *Les associations*
   – *Les subventions*
   – *Les besoins…*

3. « Vous avez été chargé par le Maire de votre commune de rédiger une note de synthèse sur les problèmes des équipements sportifs et culturels afin de préparer la réunion du prochain Conseil municipal ».

   Cette dernière formulation est celle qui correspond aux situations professionnelles où l'écrit produit correspond à une « **commande** » **pour une utilisation bien définie.**

   La mention du destinataire permet au rédacteur de choisir son langage, de ne pas s'appesantir sur des informations connues du destinataire ou au contraire de conserver des données dont il sait qu'elles sont ignorées…

Quel que soit le cas auquel vous avez à répondre, il est important d'avoir à l'esprit les quelques données suivantes :

> – Le destinataire du document de synthèse ignore les documents sur lesquels vous avez travaillé. Il est donc indispensable de rappeler vos sources et d'éviter toute allusion qui nécessiterait une connaissance des documents originaux.
> – Un document de synthèse n'est pas un recueil de commentaires ; il est – autant que faire se peut – objectif et ne comporte de ce fait ni jugement, ni évaluation, ni critique sur le contenu qu'il présente.
> – Un document de synthèse est en même temps un document qui se veut fidèle aux sources d'information qu'il synthétise et transmet.
>
> Il doit donc rapporter telles quelles ces informations, en respectant la diversité des opinions telles qu'elles ont été exprimées.

3.2. Une approche méthodologique

La complexité du travail de préparation et de rédaction de la note de synthèse exige le respect rigoureux d'une démarche méthodologique qui met en jeu des compétences fondamentales, développée dans la seconde partie de cet ouvrage :

- lecture intelligente,
- perception de l'essentiel d'une information,
- structuration de la pensée,
- maîtrise du sujet,
- prise en compte du lecteur,
- rédaction claire, lisible, concise,
- présentation d'un document.

Partons d'un exemple représentatif de situations professionnelles quotidiennes.

On vous remet un dossier comprenant 15 documents sur les transports en Région Parisienne. Ils contiennent des informations sur les points suivants :

- *le parc automobile,*
- *les transports en commun (métro, bus, train, RER) et leurs capacités d'accueil,*
- *les embouteillages aux heures de pointe,*

- *l'évolution technique prévisible dans les cinq années à venir,*
- *le confort dans les transports en commun,*
- *la pollution,*
- *les distances parcourues entre le lieu de résidence et le lieu de travail,*
- *la sécurité,*
- *les fraudes,*
- *les propositions de divers groupes de pression,*
- *etc.*

Vous pouvez être amené à rédiger une note de synthèse exhaustive (ex : faire le point sur les transports dans la Région Parisienne) ou sélective (ex : le problème des transports en commun de banlieue à banlieue), destinée simplement à informer ou à aider à une prise de décision. Quoi qu'il en soit, vous devez mener une démarche rigoureuse depuis la connaissance des textes jusqu'à la production de votre écrit.

> Les différentes **étapes** du travail que nous développerons ci-après s'enchaînent de la façon suivante :
> - une première lecture (rapide) de prise de contact,
> - une lecture soutenue avec prise de notes,
> - une structuration et une sélection des notes,
> - l'organisation du contenu,
> - la rédaction.

3.2.1. Une première lecture de prise de contact

La réussite du travail de synthèse repose sur une bonne exploitation des documents de base. C'est pourquoi il faut éviter le travers qui consiste à se lancer dans une sélection immédiate des passages à retenir et prendre le temps de « découvrir » d'abord les éléments du dossier.

Avant d'effectuer quelque travail de prise de notes que ce soit sur les documents, il est essentiel d'en avoir une **connaissance globale** par une lecture ou un balayage – selon l'importance des documents –. En effet, comme nous l'avons expliqué dans les chapitres consacrés à « Résumer » et « Faire des synthèses », ce n'est qu'en sachant ce que contiennent les textes de départ que l'on peut avoir une idée de ce qu'est « l'essentiel » et identifier les informations redondantes, complémentaires ou contradictoires (voir p. 94).

C'est pourquoi vous gagnerez du temps en prenant un premier contact avec votre dossier.

- Si les textes sont peu nombreux, il est facile d'en faire une première lecture rapide complète.
- S'il s'agit d'un gros dossier, il est bon alors de savoir mettre en œuvre les techniques de lecture rapide, notamment **l'écrémage** : au travers des titres et sous-titres, des débuts et fins de paragraphes, des mots et expressions en italique, en caractères gras, soulignés ou entre guillemets, de la prise en compte des tableaux, schémas, graphiques…il vous sera possible d'approcher le contenu du dossier.

Cette première approche peut vous amener **à découvrir des liens entre différents textes.**

Ainsi un même thème pourra apparaître dans des documents différents :

Si l'on reprend l'exemple ci-dessus on s'apercevra que :

- *le thème de l'évolution technique apparaît dans le document :*
  - *sur le confort,*
  - *sur les problèmes d'énergie, sur la pollution...*

- *des tableaux de chiffres sans grande signification si on les considère individuellement, prennent une valeur d'information importante si on les met en relation :*
  - *Les voitures individuelles transportent X millions de personnes et consomment Y tonnes de carburant chaque jour (information isolée).*
  - *Les transports en commun transportent Z millions de personnes et consomment A tonnes de carburant chaque jour (information isolée).*

A partir de ces deux informations isolées, on peut orienter la prise de notes vers leur exploitation et mettre en évidence le coût de carburant par voyageur pour chacun des modes de transport (voir tableau p. 249).

3.2.2. Une lecture soutenue avec prise de notes

Au terme de cette prise de contact avec le dossier, vous avez une vision approximative du contenu des documents, peut-être déjà l'intuition d'un plan ou, en tout cas, une idée des différents thèmes ou rubriques qui y sont développés.

Le décorticage de chaque texte doit, en outre, en faire apparaître les articulations logiques, celles qui jalonnent et infléchissent le raisonnement. Vous saurez alors s'il n'est qu'informatif, s'il formule une opinion, s'il comporte une argumentation détaillée dont il conviendra de tenir compte...

> **Dans le travail sur les textes, un des « pièges » à éviter est celui de faire un résumé de chaque document, quand bien même il s'agirait d'une démarche provisoire ; en effet, dans la mesure où la note doit « traverser » l'ensemble des textes du dossier, tout travail qui consisterait à isoler chaque texte des autres irait à l'encontre de la démarche souhaitable. Cependant, afin de garder une trace de cette lecture, il est conseillé de noter, à propos de chaque document :**
> **– les thèmes abordés,**
> **– l'orientation propre (critique, informative, descriptive, polémique...).**

Selon le sujet sur lequel porte votre note de synthèse et qui implique une approche exhaustive ou sélective, vous allez choisir les éléments utiles du contenu. Ce travail sur les textes qui doit aboutir à la sélection des informations pertinentes peut se faire selon plusieurs modalités. Nous en proposerons deux qui nous semblent les plus opérationnelles ; à vous d'adopter celle qui vous convient le mieux.

◆ *« Décorticage » suivi d'une prise de notes structurée*
Il s'agit de « décortiquer » les textes, l'un après l'autre. Concrètement, cela consiste en une mise en évidence graphique des **phrases clés**, des **mots clés**, des **tableaux significatifs** : Vous pourrez souligner, entourer, colorier, « surligner » les éléments que vous désirez retenir – selon vos penchants artistiques – :

Par exemple dans la note sur les transports en Région Parisienne :
– Vous soulignez ou entourez d'une même couleur tout ce qui concerne les problèmes et d'une autre tout ce qui concerne les solutions.
– Vous encadrez les chiffres relatifs à l'évolution technique et notez en marge les références d'un autre document porteur de chiffres complémentaires que vous avez repérés à votre première lecture...

Vous pouvez également écrire en marge du texte le résumé d'un paragraphe qui ne se laisse caractériser par aucune phrase clé.

Par exemple un paragraphe commence par « Il faut 2 heures pour aller en transports en commun – bus, métro, RER, train – de (une banlieue nord) à (une autre banlieue sud), 1h30 pour aller… » ; suit une énumération d'exemples de ce genre. Vous pouvez alors inscrire en marge de ce paragraphe : « La durée du trajet par les transports en commun pour aller d'une banlieue à une autre banlieue se situe aux alentours de une heure et demie à deux heures ».

Parallèlement il est utile de noter sur chaque document, un rappel des différents types d'informations qu'il contient. Cela vous permettra de retrouver ultérieurement une information que vous n'aurez pas notée.

Une fois ce travail de « décorticage » terminé, vous aurez à regrouper les informations retenues en fonction de leur lien avec votre sujet autour de thèmes qui pourront ou non coïncider avec les parties de votre future note de synthèse (voir paragraphe suivant). Une autre démarche, qui procure un grand gain de temps quand on la maîtrise bien, consiste à prendre des notes d'une façon structurée pendant la lecture soutenue des documents.

◆ Prise de notes structurée pendant la lecture soutenue

Nous avons évoqué à plusieurs reprises dans la seconde partie de cet ouvrage, le recours à **une prise de notes structurée** (voir p. 66 et p. 77). Afin de l'organiser, vous devez **définir les « thèmes » autour desquels vous allez regrouper vos notes** au fur et à mesure que vous allez lire vos textes en profondeur. Deux cas peuvent s'offrir à vous.

• Le sujet même de votre note de synthèse semble coïncider avec un type de plan donné : quand vous prenez vos notes, vous les inscrivez sur des fiches dont les intitulés correspondent à chaque partie ou sous-partie de votre futur écrit.

Vous pourrez alors regrouper vos notes, au fur et à mesure de votre lecture, autour des thèmes qui correspondent au contenu des « parties » de votre future note de synthèse :

« Rédigez une note de synthèse sur l'instauration des 35 heures dans les moyennes entreprises ». Cette note doit aider les responsables d'une PME à préparer ses propres négociations.

Tel qu'est composé le dossier, il laisse entrevoir que le plan « Résolution de problèmes » (voir p. 89) est adapté.

Vous pouvez alors envisager que votre note de synthèse s'articulera autour des axes suivants :
– La situation de l'emploi dans les moyennes entreprises
– Les problèmes liés au passage aux 35 heures
– Les contraintes des moyennes entreprises
– Les différentes solutions adoptées
– Les résultats…
– L'évolution des ressources financières

Chacune de ces fiches peut donner lieu à une répartition des notes en sous-thèmes.

Ainsi à propos des « problèmes », vous pouvez préparer des regroupements de notes autour des :
– problèmes économiques
– problèmes organisationnels
– problèmes juridiques
– etc.

Le plan chronologique peut aussi, dès la lecture du dossier, apparaître le plus adapté ; il conviendra alors de regrouper vos notes autour d'un découpage pertinent du temps (« *de 19… à 19…* » / « *de 19… à…* »). Toutefois, à l'intérieur de chacune des périodes sélectionnées, il faudra réorganiser l'information. La prise de notes peut déjà permettre une anticipation des « sous-parties ».

Par exemple dans la note sur les transports en Région Parisienne, vous pouvez avoir choisi de traiter de <u>la question des changements dans une période précise</u> ; vous regroupez alors vos notes autour des orientations suivantes :
– L'évolution technique
– L'évolution énergétique
– L'évolution démographique
– L'évolution des choix des partis politiques…

• <u>Lorsque la prise de contact avec le dossier ne laisse pas pressentir un type de plan adapté</u> : vous aurez à identifier les thèmes intéressant votre sujet pour créer vos supports de prise de notes. C'est souvent dans ces cas-là que le « décorticage » que nous avons présenté précédemment s'avère plus prudent. Il permet, en effet, de découvrir, au fil des documents, les axes de synthèse autour desquels pourra s'articuler le document final. Ceux-ci permettront de reclasser les informations pertinentes extraites des documents en dégageant leurs points communs :

- ou bien elles se rapportent au même domaine (économique, social, politique, commercial),
- ou bien elles renvoient à des prises de position de tel ou tel groupe bien précis,
- ou bien elles correspondent à une même démarche (dans le cas de l'analyse de problème : causes, conséquences, solutions)...

3.2.3. Des « informations »... à la structuration de la note

Au terme de cette prise de notes vous allez devoir faire un tri parmi les informations retenues ; la tendance générale est, en effet, de prendre trop de notes de crainte de laisser échapper un élément qui pourra apparaître utile plus tard. Cependant vous pouvez aussi vous apercevoir que vous avez laissé passer des informations qui, au terme de votre étude des documents, vous semblent utiles ; il s'agira de les retrouver.

A ce stade du travail, vous disposez des informations que vous pensez intégrer dans la note de synthèse, telles que vous les avez notées, c'est-à-dire dans l'ordre de votre lecture. Il importe alors de les mettre en relation, dans un premier temps à l'intérieur de chaque thème ou rubrique.

Pour atteindre cet objectif, deux options s'offrent à vous :

- un travail sur les fiches,
- la mise en tableau.

◆ Des fiches « désordonnées » aux fiches « définitives »

A partir des fiches sur lesquelles vous avez consigné vos notes vous allez dégager :

- Les points de **complémentarité** (une information permet d'en éclairer une autre) ;
  Si nous reprenons l'exemple relatif à la consommation de carburant et au nombre de personnes transportées par les transports en commun et par les transports individuels (voir p. 243), nous pouvons dresser le tableau suivant :

Moyen de transport	Consommation	Nombre de voyageurs transportés	Consommation par voyageur
Voiture individuelle			
Transports en commun			

- Les points de **convergence** (des prises de positions, propositions, solutions, analyses de problèmes... se rejoignent) ;

Dans la note de synthèse concernant le cadre de vie dans une municipalité, plusieurs documents, concernant de acteurs sociaux différents, peuvent souligner l'insuffisance des espaces associatifs ou noter l'amélioration des infrastructures sportives.

Exemple

- Les points de **divergence** (les données s'orientent vers des directions différentes, voire contradictoires) ;

Si nous reprenons l'exemple des transports dans la région Parisienne, certains groupes de pression peuvent proposer des solutions totalement différentes : investissement dans l'amélioration des transports en commun et limitation de l'usage des voitures individuelles ou amélioration des conditions de circulation des voitures individuelles et suppression du paiement des parkings en centre-ville.

Au terme de ce travail, vous disposez pour chaque thème d'une fiche où les informations sont classées.

◆ *La mise en tableau*

Une méthode un peu longue mais efficace consiste à classer les informations retenues dans un tableau. Les critères de classement vont dépendre du contenu de la note.

- Une note de synthèse portant sur les vacances des Français à partir de 4 textes : les informations peuvent être recensées dans un tableau conçu comme suit :

Exemple

Textes	QUAND ?	OÙ ?	POURQUOI ?	PROBLÈMES	SOLUTIONS
Texte 1					
Texte 2					
Texte 3					
Texte 4					

Précisons que tous les textes ne traitent pas de toutes les questions.

– *Une note de synthèse portant sur les activités sportives dans une municipalité ; les documents sont de nature différente (lettre d'un collectif associatif, article de presse, rapport d'enquête…).*

Exemple

Textes	Les locaux	Les équipements sportifs	Les dotations budgétaires	Les utilisateurs	Les projets municipaux	La situation dans les municipalités environnantes
Texte 1		Les besoins		Les jeunes	Piscine scolaire	
Texte 2	L'état des lieux Les besoins	Les sports « oubliés »	Les promesses tenues et non tenues		La patinoire	L'accueil des « extérieurs » : nécessité de partenariats
Texte 3			La répartition des dotations municipales		La piscine La patinoire Les pistes de rollers	
Texte 4	Etc.	Etc.	Etc.	Etc.	Etc.	
Texte 5						

3.2.4. Distinguer les faits des opinions

Le recueil des données aboutit à sélectionner des éléments de portée différente. Attention ! Certains documents sont de nature purement informative et sont du registre des **faits** ; ils apportent des éléments objectifs – autant qu'ils puissent l'être – qui permettent de cerner certains aspects de la réalité (*exemple : évolution de la population d'une région – courbe de vente d'un produit – organigramme d'une entreprise...*).

D'autres documents sont du registre des **opinions** : ils apportent des éléments subjectifs ; ce sont les prises de position, les réactions d'individus ou de groupes sur la question envisagée (*ex : opinion d'une association de consommateurs sur un produit – prise de position de tel ou tel groupe de pression sur le problème des transports...*).

Bien souvent, les deux genres sont mêlés et il n'est pas rare que celui qui écrit un texte ou un article de journal mêle information et opinion dans le but d'amener son lecteur à partager son point de vue. La presse est un excellent exemple de ce mélange savamment calculé d'informations « objectives » et de commentaires de ces informations. Il ne faut pas en déduire que les éléments « subjectifs » de l'information doivent être négligés au bénéfice des indications « objectives ». En effet, ils représentent une autre réalité et prennent leur sens en complétant les faits.

Cependant, il convient, dans la rédaction d'un document de synthèse, de **ne pas confondre faits et opinions et de bien les présenter séparément pour éviter toute ambiguïté.**

3.3. La structuration de la note

A ce stade du travail plusieurs situations peuvent se présenter :

1) Vous avez organisé votre prise de notes autour d'axes qui correspondent aux différentes parties du plan le plus approprié au sujet de votre document de synthèse. Vous n'avez plus qu'à « mettre de l'ordre » dans vos fiches ; la trame de votre texte est prête.

2) Vous avez défini des thèmes autour desquels vous avez regroupé vos notes mais ils ne peuvent être exploités tels quels comme « parties » de votre plan. Votre travail sur les documents et votre imprégnation du contenu vous ont amené à découvrir :
   – des titres plus significatifs,
   – de nouveaux titres pour des informations non prévues,

– des subdivisions ou sous-titres,
– de nouveaux aspects de la question…

Vous êtes alors à même de construire le plan le plus adéquat.

Nous avons présenté plusieurs types de plans dans la partie « Organiser et présenter l'information » auxquels vous pouvez vous reporter (voir p. 78).

Rappelons :

Situation   /   Problèmes   /   Solutions

Aspect technique   /   Financier   /   Démographique…

Faits   /   Opinions

Passé   /   Présent   /   Futur

Faits   /   Causes   /   Conséquences

Avantages   /   Inconvénients

Etc.

Rédiger la note de synthèse.

3.3.1. La longueur de la note

Qui dit « synthèse » dit passage d'un ou plusieurs textes longs à un texte court. Mais avant de se fixer une longueur précise il faut considérer **les objectifs** de la note :

– quelles sont les attentes du destinataire ?
– quelle est la culture interne de l'organisation sur ce type d'écrit ?
– la note doit-elle paraître dans un journal ou sur un site Internet ?
– s'agit-il des éléments d'une communication orale ou écrite ?
– la durée en est-elle prédéterminée ?
– la forme l'est-elle elle-même ?
– …

Il est bien difficile de chiffrer le rapport information à réduire/texte de synthèse. Toutefois, si vous préparez l'épreuve de la note de synthèse pour un examen ou un concours, vous ne risquez pas de vous tromper en vous entraînant systématiquement sur un rapport de 1/10, soit une page de synthèse pour 10 pages de documents.

3.3.2. La forme générale

La synthèse peut se présenter sous forme « rédigée » ou sous forme de « plan articulé ». Si la note doit rester semi-rédigée, par exemple, si elle doit servir de canevas pour un exposé oral, les parties en seront alors très visualisées. Vous conserverez néanmoins tous les mots significatifs.

Si vous devez rédiger, par exemple, un article de presse ou une épreuve de concours administratif, vous transformerez donc le plan en discours continu, bannissant le style télégraphique, n'utilisant la disposition énumérative que lorsqu'elle s'imposera.

Toutefois vous pouvez mettre en évidence graphique les titres de vos parties et sous-parties ; dans ce cas recourez aux **titres pleins,** c'est-à-dire porteurs d'information (voir La Boîte à outils, p. 307).

> *– Le déficit des liaisons banlieue-banlieue*
> *– Un accès aux équipements sportifs trop réglementé*
> *– Des attentes non satisfaites…*

3.3.3. L'introduction de la note

L'introduction annonce en quelque sorte l'opération « synthèse ».
Dans un contexte donné, s'il s'agit d'une « commande » dans le milieu professionnel ou s'il s'agit d'une initiative avec des objectifs précis, l'introduction rappelle cet environnement.

> *Monsieur le Maire,*
> *Dans le cadre du Conseil Municipal du…, vous m'avez demandé de faire le point sur les équipements sportifs de notre commune. Je vous prie de trouver une note rédigée à cet effet à partir des documents suivants :…*

> *Une note sur le même sujet peut être destinée à paraître dans le bulletin d'une association sportive.*
> *L'état actuel des équipement sportifs de notre commune suscite bien des intérêts sans que les débats et polémiques reposent toujours sur des données pré-*

*cises. C'est pourquoi nous avons rédigé à votre intention une note qui fait le
point de la question et vous permettra de juger en toute connaissance. Nous
avons dépouillé des documents diversifiés afin de vous apporter l'information
la plus objective : (liste des documents)..............................*

Dans les autres cas, l'introduction présente le thème et les documents.

*L'ARTT se met en place progressivement dans les PME/PMI, non sans diffi-
culté. La présente note a pour objectif de faire le point sur les expériences déjà
menées et en cours dans le secteur de... Elle s'appuie sur de nombreux documents dont la liste est jointe en annexe et dont la diversité des origines permet
d'être le plus objectif possible.*

3.3.4. Une conclusion ?

La note de synthèse étant un document objectif, elle ne peut donner lieu à aucune conclusion qui traduise l'opinion du rédacteur ou des propositions issues de son propre
cru ; la note ne doit rien ajouter au contenu des documents.

C'est dans la matière même de la note – les données des documents – que vous devez
repérer les éléments qui peuvent permettre de conclure. Cela peut consister en l'énoncé
de solutions, d'un constat irrémédiable, d'une perspective d'avenir, d'un problème vers
lequel débouchent les réflexions contenues dans les textes étudiés.

Chapitre 9

L'abstract et le mémo

1. L'ABSTRACT

Il peut être surprenant dans un ouvrage qui prône le recours à la langue française d'utiliser un terme anglo-saxon pour désigner un écrit. Le terme de « abrégé » dont il est la traduction aurait pu prévaloir. Or nous sommes ici confrontés à une dénomination qui s'est imposée parce que l'usage l'a amenée à désigner une réalité différente du terme français qui l'a associée à un type d'écrit spécifique.

Si l'abstract emprunte au résumé sa démarche fondamentale qui est la représentation réduite et concise d'un texte long, il implique des exigences, voire des normes qui lui donnent son originalité.

1.1. La représentation d'un contenu

Elaboré par l'auteur d'un document, l'abstract en est un **résumé bref et informatif** dans la mesure où il en constitue une représentation abrégée et renseigne sur les informations – qualitatives et quantitatives – qui y sont développées. Il a pour but d'aider le lecteur à cerner le contenu du document et à en évaluer la pertinence par rapport à ses propres recherches ou ses centres d'intérêt.

En effet l'abstract se distingue du résumé dit « indicatif » qui annonce les thèmes traités sans en éclairer la portée.

Partons d'un document portant sur une étude relative à la réussite et l'échec scolaires.

*Un résumé « **indicatif** » sera exprimé comme suit :*

Exemple

« Cette étude porte sur les causes de l'échec scolaire, sur les taux d'entrée des élèves dans le second cycle général et dans l'enseignement supérieur en fonc-

tion de leur appartenance socioculturelle. Elle propose des mesures destinées à lutter contre l'échec scolaire ».

Un abstract pourrait être :

« Une analyse des données statistiques sur l'appartenance socioculturelle des élèves admis en seconde générale et de ceux qui s'engagent dans des études supérieures, met en évidence l'importance du milieu d'appartenance dans la réussite et l'échec scolaires. Le niveau d'études des parents et des grands-parents, le niveau de maîtrise de la langue dominante qui véhicule le savoir, associés à des facteurs économiques particuliers créent un contexte favorable ou défavorable à la réussite et à la poursuite des études. C'est donc sur une appropriation par l'enfant d'une langue et d'une culture qui permettent l'accès au savoir d'une part, et par une adaptation des pratiques péda- gogiques à la réalité sociale des élèves d'autre part, que reposent les proposi- tions concrètes de lutte contre l'échec scolaire présentées dans cet article. »

La description qu'offre l'abstract du contenu d'un document lui permet de répondre à plusieurs utilisations.

Le lecteur, en recherche de certaines informations ou de points de vue relatifs à certains sujets, peut, à partir de plusieurs abstracts, faire son choix et se centrer sur les docu- ments qui correspondent à ses besoins. Il lui est également possible de sélectionner cer- tains aspects d'un document sans avoir à lire l'ensemble.

Les organismes documentaires ont la possibilité de renseigner sur le contenu de livres ou d'articles, en recourant aux termes des auteurs eux-mêmes ; outre le fait que leur tra- vail en est allégé, cette pratique les met à l'abri de toute accusation de partialité vis-à-vis des auteurs. La norme AFNOR relative aux abstracts insiste sur le fait que ceux-ci peu- vent être intégrés en bonne et due forme au fichier informatisé et « repris tels quels pour les bibliographies publiées, les bases de données bibliographiques ou pour tout autre fichier documentaire »[1].

---

1. Norme AFNOR Z 44-004 intitulée : Recommandation aux auteurs des articles scientifiques et tech- niques pour la rédaction des résumés.

La recherche documentaire s'appuie sur les **mots clés** qui sont associés à l'abstract et traduisent les axes autour desquels s'articule le document. Ces mots clés constituent des voies d'accès aux banques de données dans lesquelles sont mémorisés les documents.
Ainsi dans l'exemple proposé ci-dessus, on peut associer les mots clés : École, échec scolaire, héritage socio-culturel, égalité des chances.

1.2. Un écrit autonome et fidèle

Compte tenu des objectifs qui lui sont associés, l'abstract doit présenter certaines caractéristiques.

Destiné à dispenser, dans un premier temps d'une lecture exploratoire du document, l'abstract doit se suffire à lui-même et inclure tous les axes propres à renseigner le lecteur (sources, thèmes, approche, orientation, thèse…) sur sa teneur et son contenu. Le respect de ces consignes permet, en outre, d'annuler les malentendus que susciterait un titre peu représentatif.

Même à des fins de simplification la logique du document ne doit pas être modifiée. Ainsi il respectera l'ordre d'exposition des idées dans la mesure où celles-ci s'organisent autour d'un plan choisi à dessein en fonction des pratiques du milieu dans lequel le document est produit (communauté scientifique, culture rédactionnelle d'une organisation, règles universitaires…).

Par exemple pour les documents scientifiques et techniques la norme AFNOR citée précédemment préconise les séquences suivantes : « le but de l'étude dans l'introduction, le matériel et les méthodes utilisés, les résultats obtenus,… la conclusion évaluant la signification et la pertinence de l'apport ».

Nous pouvons représenter ces préconisations par une GRILLE DE COMPOSITION DES ABSTRACTS :

MOTS CLÉS	DOMAINE	CONCEPTS
METHODES	APPLICATIONS	

La structure du texte de l'abstract est tributaire de la qualité de construction du document qu'il représente. La lecture en sera d'autant plus facilitée qu'une certaine logique y aura présidée (voir chapitre : Organiser et présenter l'information, p. 77).

Exemple

Pour une étude ou un projet, on pourra adopter le cheminement suivant :
– une partie initiale où sont rappelés le contexte et le but précis du travail ou du projet,
– le corps du document où sera détaillée la démarche entreprise ou proposée,
– la partie finale comportant la mention des résultats, les possibilités d'applications, les suites à donner.

Pour un rapport d'étude de problèmes :
– le contexte,
– le problème et le diagnostic,
– les solutions possibles en lien avec les contraintes,
– les préconisations,
– les modalités de mise en œuvre.

1.3. Une expression adaptée à l'utilisation

Rappelons que l'abstract n'est pas un écrit de vulgarisation mais d'information. De ce fait **le registre de langue employé sera celui qui est utilisé dans le document** et, si cela facilite la compréhension, des extraits concis et significatifs du texte lui-même pourront être empruntés et cités.

Ainsi un texte relevant d'une spécialité et destiné à des spécialistes sera résumé dans un abstract exprimé dans la langue de cette spécialité ; cela permettra à des non spécialistes de ne pas se fourvoyer dans un document qui ne leur est pas accessible.

L'abstract étant une **écrit rédigé,** le style requis est celui de la **concision :** des phrases courtes, claires qui n'incitent pas à l'interprétation. Il va de soi que la redondance est hors de propos.

S'il est fait allusion à une référence non explicitée, cette dernière doit faire partie du **savoir commun** à la communauté des lecteurs auxquels le document est destiné.

A titre de récapitulatif nous pouvons proposer UNE GRILLE D'ÉVALUATION DES ABSTRACTS :

INFORMATION	Relation quantitative abstract/texte : concision	Respect du plan	Exhaustivité	Fidélité à l'esprit du texte
FORCE DU STYLE	Syntaxe	Orthographe	Propreté	Élégance de la présentation

1.4. Une extension de l'abstract : faciliter plusieurs niveaux de lecture

Bien souvent, dans la vie des organisations, des documents exhaustifs sur une question concernent de nombreux lecteurs, mais pas dans leur intégralité. Techniciens, commerciaux, chargés des Ressources Humaines… peuvent être intéressés par une partie du document, mais ont besoin d'avoir une vue globale de l'ensemble pour situer celle-ci. Indépendamment de l'abstract informatif sur tout le document, le rédacteur peut rédiger des **abstracts partiels,** c'est-à-dire faire précéder chaque grande partie ou chaque chapitre d'une présentation résumée significative du contenu. Mis en lien avec les « titres pleins »[1] (voir p. 307) qui traduisent l'idée dominante de la partie concernée, cet abstract permettra au lecteur d'accéder à différents niveaux de lecture et d'acquérir une information « dosée » en fonction de ses besoins.

Prenons le cas du rapport de stage, document classique s'il en est, qui représente, pour un étudiant, le premier écrit important à faire intervenir des compétences rédactionnelles liées à une expérience professionnelle.

Certaines filières universitaires expriment des exigences à la fois sur la présentation et la compréhension de l'organisation et sur le témoignage d'un apprentissage technique. Les jurys de correction de l'écrit et de soutenance orale sont souvent pluridisciplinaires. Ainsi l'enseignant propre à évaluer les compétences techniques a besoin de données sur l'organisation sans pour autant entrer dans le détail des organigrammes, des chiffres de production, des données sur le personnel, etc.. Si chacun de ces chapitres est désigné par un « titre plein » et présenté par un abstract, le lecteur sera suffisamment informé sur le contexte dans lequel le projet technique s'inscrit. Le spécialiste de l'analyse de l'organisation pourra, pour sa part, grâce à la lecture d'abstracts jalonnant la partie technique comprendre le déroulement et le sens du travail de l'étudiant sans avoir à se perdre dans des détails qui dépassent son domaine de compétence.

---

1. Le « titre plein » est différent du « titre rubrique » ; plutôt que d'annoncer de quoi parle la partie nommée *(ex : le personnel)*, il apporte des informations sur la partie *(ex : un personnel à fort taux de rotation)*.

La partie sur l'histoire de l'entreprise peut être accessible ainsi :
D'une aventure amicale à une multinationale.
Créée en 1998 à l'initiative de deux amis ingénieurs qui signèrent des contrats avec l'entreprise dont ils étaient issus, la Société S a profité de l'opportunité d'un marché favorable pour accroître sa clientèle et passer à 20 collaborateurs en deux ans.
Dans une perspective de complémentarité, elle s'associe en juillet 2000 avec la Société Z, spécialisée en (…).
Un an après elle rachète ses parts, conserve ses collaborateurs, recrute des ingénieurs spécialisés en (…) et ouvre quatre filiales en Europe.
Avec 80 collaborateurs elle est désormais présente en Italie, en Espagne, en Allemagne et en Grèce.

Ce qui vaut ici pour le Rapport de Stage s'applique à tout rapport ou développement de projet.

2. LE MÉMO

2.1. Un écrit de rappel

Comme son nom l'indique, le mémo est un écrit qui a pour objectif de **rappeler à un destinataire** des décisions, des consignes, des projets… et ce, dans une forme résumée. Il permet de faire un point et de **s'assurer que l'on n'a rien oublié soi-même** par la réponse éventuelle qui y sera apportée.

Des mémos peuvent être rédigés dans des situations diverses, émaner de décideurs, de collaborateurs ou d'exécutants ; ils sont toujours échangés entre des personnes qui ont **en commun** la participation à une réunion, à une rencontre, à un événement, l'exécution d'une tâche, l'élaboration d'un projet, la mise en œuvre d'une décision…

Le destinataire du mémo sait de quoi il est question, ce qui permet une expression allusive qui serait hermétique pour un lecteur non concerné.

Le mémo peut être adressé à une seule ou à plusieurs personnes, à la condition qu'elles soient concernées par le sujet ou l'action évoquées et informées.

Exemple

Mémo (n° d'enregistrement)   *date*

Destinataire : M. Lambda
(Éventuellement, copie à Mme A – M. B)

Comme vous me l'avez indiqué lors de la réunion du 20 courant, en prenant en compte le résultat de l'étude menée sur l'appréciation par les membres du personnel du restaurant d'entreprise :
– J'ai confié à M.Le scribe la rédaction d'un compte rendu de l'enquête à diffuser par serveur dans le courant de la semaine prochaine.
– J'ai fait un récapitulatif des décisions prises lors de notre réunion pour le joindre au compte rendu de l'enquête. Je vous le soumets et j'attends votre approbation.
– Je fais un appel d'offre auprès des sociétés La Bonne Cuisine, Manger comme chez Soi, Restofin pour la fin du mois prochain.
– Je prépare la consultation interne sur la modification des horaires de repas.

S'il vous semble que j'ai omis des aspects à traiter, merci de me le faire savoir.

Nom (et signature)

Mémo N°...   *Date*

Destinataires : Mmes A, B
MM. C, D

Objet : modification du système d'extraction des cendriers pour le modèle V6

Depuis quelques mois et notamment durant le Salon de l'Auto, nous avons eu un grand nombre de critiques sur la difficulté d'extraction et de réinstallation du cendrier dans le modèle V6.

Nous devons donc procéder à une modification de ce système pour la série 2002 qui doit être mise sur le marché en avril.

Vous devez donc mettre à l'étude de toute urgence une adaptation du système du modèle V5 qui ne présente à ce jour aucun motif d'insatisfaction sur l'équipement du modèle V6.

Dans l'attente, vous devrez suspendre la fabrication des languettes d'insertion Z23 des cendriers du modèle V6.

Je vous demande de mener à bien cette étude dans les plus brefs délais afin que nous soyons prêts pour l'équipement de la série 2002.

Nom (et signature)

2.2. Une convivialité de bon aloi

L'usage généralisé du courrier électronique a étendu le recours au mémo et ce support de communication répond bien aux objectifs de cet écrit.

Toutefois sa **dimension informelle,** proche de la convivialité d'une formulation orale, le **ton non soutenu** qui convient aux échanges de travail de collaborateurs engagés sur des actions communes, ne doivent pas donner lieu à des dérives : un trop grand relâchement dans le souci de clarté et de précision, des digressions liées à la non préparation de l'écrit, l'absence d'organisation du texte peuvent nuire à l'intelligibilité et compromettre la compréhension des consignes.

Chapitre 10

Les écrits
technico-commerciaux

Sous ce terme générique sont regroupés des écrits d'intentions et de formes extrêmement diverses mais qui ont tous ont en commun de se situer autour de la diffusion d'un appareil ou d'un ensemble technologique.

Certains sont plus strictement commerciaux et se situent en amont de la vente : ce sont les **notices de commercialisation.**
D'autres accompagnent l'appareil lors de la vente ; ils sont plus proprement techniques : ce sont les **notices techniques.**

1. LES NOTICES DE COMMERCIALISATION

Les notices de commercialisation sont des documents dont l' objectif est de faire vendre des produits sur une grande échelle.

Leur accent **publicitaire** est plus ou moins marqué, selon qu'il s'agit d'un produit destiné à toucher un large public de « consommateurs » peu au fait de la technique et plus intéressé aux utilisations pratiques du produit qu'à sa conception, ou d'une clientèle industrielle utilisatrice pour sa propre fabrication, recherchant un matériel fiable avant tout.

Nous ne nous attacherons ici qu'aux **notices destinées au grand public** dans la mesure où les exigences de la clientèle industrielle impliquent un degré de technicité dans l'écriture qui dépasse les connaissances d'un « simple » rédacteur. Les écrits dits scientifiques et techniques relèvent, en effet, de spécialistes qui associent compétences techniques et rédactionnelles ; ils font appel à des dessinateurs et à des infographistes. De ce fait, ils sortent du cadre de cet ouvrage et nécessitent des développements spécifiques.[1]

Ces notices destinées au grand public, sont distribuées dans des magasins, dans des salons, dans des boîtes à lettres ou présentées dans des catalogues.

Préparées et rédigées par les services commerciaux ou publicitaires de l'entreprise, elles doivent être conçues en liaison avec les services techniques. L'objectif publicitaire ne doit pas, en effet, faire oublier au rédacteur qu'il lui faut maîtriser parfaitement la connaissance du produit pour rédiger la notice.

Qu'il s'agisse d'appareils électroménagers, audiovisuels, d'équipement informatique, de jeux électroniques, de meubles en « kit »... les notices de commercialisation ont une double fonction :

- **informer** sur leurs caractéristiques techniques,
- les **promouvoir** par l'évocation de leurs « qualités » en lien avec les attentes supposées des utilisateurs potentiels. A ce niveau les modes d'expression du message publicitaire sont très présents.

1.1. Faire connaître un produit technique

De faible technicité, ces notices présentent un certain nombre de caractéristiques de l'appareil concerné comme :

- son usage
- son aspect
- son gabarit
- son volume
- ses matériaux
- son poids
- ses capacités
- sa consommation d'énergie
- son prix
- les conditions d'achat

---

1. Un ouvrage des mêmes auteurs est en préparation autour du thème « ÉCRIRE POUR PRODUIRE ».

– les modalités de garantie
– le service après-vente
– etc.

Notons que les performances du produit se situent à mi-chemin entre l'information et la publicité ; c'est bien souvent le point sur lequel repose le principal argument de vente. Mais pour être crédibles elles doivent être cohérentes avec l'ensemble des caractéristiques énoncées.
Le texte est associé la plupart du temps à une représentation imagée (dessin ou photo) qui met le produit en valeur.

Destinées à une clientèle plus technique de consommateurs avertis, les notices de commercialisation associent à l'énoncé des performances de l'appareil une brève synthèse de ses fonctions principales et de ses principes de fonctionnement. Elles se rapprochent alors des notices techniques.

> **Exemple**
>
> *1) Si nous nous reportons à une notice de commercialisation d'un grand distributeur relative à des appareils photo jetables, elle consiste en un petit dépliant dont le titre est : « A (chaîne de magasins), les prêts-à-photographier ne sont pas prohibés » ; sous ce texte sont représentés deux hommes caricaturaux de maffiosi (lien avec « prohibé »). L'information repose, à l'intérieur, sur une image de chacun des appareils avec, associées à leurs noms, des précisions très lapidaires comme :*
> *« 27 poses Standard + Fash »*
> *« Fun Ultra Flash / 27 + 12 poses »*
>
> *2) Le même distributeur propose dans son catalogue destiné aux adhérents des appareils photo sophistiqués avec des détails techniques ; on peut lire ainsi, à côté de la photo :*
> *« Appareil compact*
>
> *Ce compact 24 X 36 dispose d'un ZOOM 4,2x d'une amplitude particulièrement intéressante : 38-160mm. Il est donc particulièrement à l'aise dans le paysage mais peut aussi exceller dans le portrait. Les nombreux automatismes assurent des photos sans contraintes, parfaitement exposées. Le boîtier très compact offre une excellente ergonomie. Le flash intégré avec réduction des yeux rouges vous autorise des photos de nuit.*
> *Une belle réussite dont les dimensions et le poids en font un agréable compagnon de voyage. »*

Le développement de la vente par Internet permet d'affiner la conception de la notice de commercialisation. En effet, outre les caractéristiques énoncées ci-dessus, la possibilité est offerte d'en savoir plus sur chacun des éléments d'information en « cliquant » sur son énoncé. Ainsi, chaque client potentiel a la possibilité d'être informé sur les points auxquels il est sensible…et de recevoir une argumentation sur mesure. Ajoutons que la qualité de l'image et son adéquation au texte sont des arguments de poids.

1.2. Un objectif : vendre

La notice de commercialisation est un écrit court, très concis, très illustré.

Le texte est accrocheur et utilise le slogan, la forme exclamative, et lapidaire, les effets de style énumératif ou répétitif qui lui donne une allure péremptoire.

Il utilise tous les procédés argumentaires au service de la démarche publicitaire (voir Argumenter p. 106).

Comme dans toute incitation à l'achat, cet écrit implique le lecteur par des procédés courants qui visent à le faire entrer dans la lecture des informations plus techniques :

« *Vous en aviez besoin… X l'a construit pour vous !* »
« *Votre famille en toute sécurité avec le blindage Y …….* »
« *Partez au volant de votre (voiture)…* »

Si nous nous reportons aux deux exemples d'appareils photo précités, nous retrouvons dans le premier une accroche insolite destinée à attirer l'attention du passant. En insistant sur l'absence de prohibition, on joue sur le réflexe : « puisque c'est permis, pourquoi s'en priver ? »

Dans le second les procédés publicitaires « classiques » se trouvent mis en œuvre ; on peut noter l' accumulation des termes liés à la performance (*particulièrement intéressante, exceller, parfaitement, excellente, belle réussite*) et à l'aisance dans l'utilisation (*particulièrement à l'aise, sans contraintes, autorise*). La dernière phrase (*Une belle réussite dont les dimensions et le poids en font un agréable compagnon de voyage)* est une mise en situation d'utilisation par l'association au voyage, le terme de « *compagnon* » ajoutant une teinte d'affectivité à la possession de l'objet.

Nous voyons par ces exemples que l'information est véhiculée à travers un langage d'incitation, ce qui correspond à la double fonction de la note de commercialisation.

Ajoutons que la tendance actuelle de recourir au langage technique ou plutôt « pseudo-technique » pour asseoir la **crédibilité** de l'énoncé est de plus en plus mise en œuvre dans les notices de commercialisation. Un savant dosage entre ce que les destinataires sont à même de comprendre et les données qui leur sont hermétiques tendent souvent à occulter l'objectif publicitaire du message.

1.3. Répondre à la double fonction

Pour rédiger une notice de commercialisation vous devez donc :

- recenser les caractéristiques du produit avec l'aide d'un technicien,
- sélectionner parmi celles-ci celles qui sont susceptibles de concerner et de toucher les destinataires de la notice (très grand public ou public plus restreint, initiés à la technique ou non, utilisateurs réguliers ou non…),
- mettre en évidence les aspects motivants pour la cible concernée,
- concevoir un texte concis réunissant information et argumentation (titre accrocheur mettant le lecteur en situation d'utilisation de l'appareil, énoncé d'arguments « motivants » mêlés au corps même du texte),
- utiliser au maximum les techniques de présentation (texte découpé en paragraphes courts, en colonnes ou encadrés ; typographie variée avec jeu sur les polices de caractère et sur la disposition des titres et des sous-titres…),
- illustrer le texte par une image ou un dessin ayant l'impact du concret en accord avec le cadre de vie des clients visés ; l'image peut être mise en mouvement dans les présentations sur site Internet,
- vous assurer d'une cohérence entre l'image et le texte.

2. LES NOTICES D'UTILISATION

Parmi les notices techniques, les notices d'utilisation permettent au client d'utiliser, entretenir, voire dépanner l'appareil qu'il a acquis. Comme pour la notice d'utilisation, nous ne nous centrerons ici que sur les documents destinés au grand public ; en effet, à partir du moment où un objet technique est relativement sophistiqué, il donne lieu à la rédaction de manuels d'utilisation qui exigent, de la part du rédacteur et du lecteur des connaissances spécialisées et un langage spécifique. Quand il s'agit de s'adresser au grand public, le rédacteur se doit d'éclairer le langage, de traduire en termes accessibles les notions techniques. La vulgarisation s'accompagne d'un souci de justesse ;

n'oublions pas, en effet, que le service après-vente des entreprises productrices assure gratuitement les dysfonctionnements pendant les périodes de garantie et les clients mal guidés peuvent créer des pannes dès la mise en marche !

2.1. Un document d'information

La dimension publicitaire que nous avons évoquée à propos de la notice de commercialisation est ici absente ; le client a acheté l'appareil et la notice doit lui permettre de l'utiliser. Le texte est donc uniquement du registre de l'information et développe les contenus suivants :

- description + installation
- description, (installation), fonctionnement, réglages
- description, (installation), fonctionnement, réglages + entretien
- description, (installation), fonctionnement, réglages + entretien + dépannage…

Plusieurs cas sont en effet possibles selon ce qui repose sur la responsabilité – et la compétence – du client et de l'entreprise qui peut être simple vendeur ou assurer l'installation et/ou le service après-vente.

Afin d'alléger les sollicitations des services après-vente, les entreprises incluent de plus en plus dans les notices des consignes de dépannages qui peuvent être pris en charge par l'utilisateur lui-même.

2.2. L'accompagnement du geste

Si la notice est bien faite, le client doit pouvoir mettre son appareil en marche et l'utiliser sans difficulté. C'est en visualisant l'utilisateur en action que le rédacteur doit concevoir son texte et les dessins et croquis qui l'accompagnent.

Sans qu'il soit possible de donner ici des consignes strictes, étant donné la diversité des situations, nous pouvons indiquer quelques conseils généraux, applicables à l'ensemble.

2.2.1. La description

On trouvera au minimum :

- une vue d'ensemble de l'appareil (dessins ou photos),
- ses dimensions, son poids,

- la mention de sources d'énergie nécessaires,
- ses caractéristiques générales,
- ses diverses utilisations.

2.2.2. La clarification

Le texte devra permettre à l'utilisateur l'identification des différentes pièces ; vous veillerez donc à ce que toute dénomination technique soit éclairée par un dessin et/ ou un repérage sur le croquis général de l'appareil.

Par exemple le montage d'un meuble en kit qui fait intervenir huit sortes de vis sera impossible si le lecteur n'est pas guidé dans la reconnaissance de chacune d'elles.

2.2.3. La séparation des étapes

La décomposition des gestes à accomplir est le travail préparatoire à la conception du document ; aucun acte, si minime soit-il, ne doit échapper à ce recensement et la prise en compte de l'ignorance de l'utilisateur guidera ce repérage.

Chacune des étapes du montage ou de la mise en route doit être identifiée et repérée ; il peut être nécessaire de faire plusieurs croquis, chacun concerné par un geste ; n'hésitez pas à découper votre notice autour de chacune de ces étapes et à proposer plusieurs croquis, chacun étant centré sur une consigne.

2.2.4. Un sommaire et un index lisibles

Votre lecteur doit pouvoir se repérer dans le contenu de la notice si elle consiste en un petit manuel – souvent en plusieurs langues – et y trouver :

- les grandes rubriques (Installation, Mise en marche, Entretien, Dépannage…),
- les différentes pièces,
- certains aspects du fonctionnement,
- …

C'est pourquoi vous prévoirez non seulement un sommaire détaillé mais aussi un index des termes utilisés.

Chapitre 11

Le questionnaire

Qu'il s'agisse d'évaluer l'appréciation d'un produit par les consommateurs, de tester l'impact d'une publicité, de s'informer sur les attentes, les opinions d'une « population »[1] donnée, de recenser les raisons de satisfaction ou d'insatisfaction des usagers de services publics ou des adhérents d'une association, le questionnaire apparaîtra comme l'écrit le plus approprié à des projets de ce genre.

D'autre part il faut noter que les formulaires que nous avons à remplir dans la vie quotidienne, notamment dans nos relations avec les services publics, sont rédigés sous forme de questionnaires : dossiers de demande de carte d'identité, de place dans une crèche, d'attribution de logement, de droit à la retraite, de demande d'emploi, déclaration d'impôt, d'accident du travail, de dégât des eaux...

Enfin, dans un autre domaine, les pratiques du marketing personnalisé[2] ont généralisé la diffusion de questionnaires dont l'objectif est d'établir des profils de consommateurs afin de cibler les messages publicitaires ; destinés à collecter des informations sur les habitudes de consommation, ceux-ci sont émis soit par des grandes entreprises soit par des structures dont le métier est de fournir aux entreprises clientes des bases de données comportementales. Précisons que la plupart du temps ceux qui acceptent de remplir ces questionnaires se voient récompenser par des cadeaux ou des bons de réduction.

---

1. Le terme de « population » renvoie à l'ensemble des individus réunis autour d'un critère bien défini ; exemple : la population des salariés de la fonction publique, des jeunes de 15 à 18 ans, des supporters de...
2. Le principe en est de remplacer la publicité de masse – adresser les mêmes messages publicitaires à tous – par une publicité ciblée – à chaque catégorie de consommateurs potentiels des messages publicitaires adaptés –. Par message nous entendons le texte, l'image, le film.

Qu'il s'agisse de recueil d'opinions ou d'informations – ou les deux –, de questionnaires courts ou longs, à diffusion large ou restreinte, la rédaction de cet écrit particulier implique une démarche méthodologique que nous développerons ci-après. En introduction à ces conseils pratiques, nous renvoyons le lecteur au chapitre « Écouter Questionner » (p. 60 à 64) dont le contenu nous semble constituer un préalable à toute élaboration de questionnaires.

1. DÉFINIR L'OBJECTIF ET LA POPULATION À QUESTIONNER

Vous ne pouvez rédiger votre questionnaire que lorsque vous êtes au clair avec ces deux interrogations complémentaires :

> 1. Qu'est-ce que je cherche à savoir ?
> 2. A quelle « population » est-ce que je m'adresse ?

En effet bien souvent l'idée d'un questionnaire jaillit au détour d'échanges dans une réunion et les participants ont la conviction que les données recueillies permettront de trouver les réponses aux questions restées en suspens.

On veut lancer des nouvelles activités dans une structure associative, alors on va « faire un questionnaire », à l'intention des adhérents ou de la population environnante…

On oublie souvent que pour que les réponses soient pertinentes, il faut qu'il y ait un taux minimal de retour des questionnaires et que hormis les situations contraintes (recensement, dossiers administratifs ou de candidature, formulaires d'assurances…), remplir un questionnaire relève du volontariat. Il est donc indispensable, avant de se lancer dans ce travail, d'être assuré que c'est la bonne démarche.

L'élaboration d'un questionnaire étant décidée, il convient d'être au clair sur la « population » concernée et les objectifs visés. En effet les caractéristiques des personnes interrogées, leur homogénéité ou leur hétérogénéité, influent sur le contenu et la formulation des questions. Quant à la définition des objectifs, elle permet de définir les « domaines » que les questions vont explorer pour recueillir les informations recherchées.

2. DES ÉTAPES SUCCESSIVES

La difficulté du questionnaire réside dans le passage du « qu'est-ce que je veux savoir ? » au « comment y parvenir ? ». Rappelons ici qu'il est important de mener des entretiens exploratoires autour du thème de l'entretien auprès de personnes représentatives de la population à interroger ; en effet, comme nous l'avons expliqué dans le chapitre « Écouter – Questionner », cette démarche permet de sortir de sa propre représentation du sujet et de s'enrichir de données nouvelles (voir p. 59).

La méthode d'élaboration d'un questionnaire repose sur un travail en plusieurs étapes. Le processus est donc le suivant :

→ Quels domaines vais-je explorer pour cerner l'objet de mon questionnement ?
→ Dans chaque domaine, autour de quels éléments (items) vais-je poser des questions ?
→ Comment vais-je formuler chaque question ?

Exemple

Par exemple un questionnaire a pour objectif de cerner les pratiques de loisir d'une population donnée.

1ère étape : je définis différents domaines à explorer :
– les loisirs pratiqués
– le budget des loisirs
– les conditions de pratiques des loisirs…

2ème étape : je me centre sur chacun des domaines définis précédemment et je recense les éléments qui vont me permettre de les explorer.
Ainsi pour les conditions de pratiques des loisirs, je vais considérer : les lieux, la fréquence, la dimension relationnelle(avec qui ?)…

3ème étape : à l'intérieur de chaque ensemble(les lieux, la fréquence, la dimension relationnelle…) je définis chacun des thèmes qui va donner lieu à une question.
Ainsi pour la dimension relationnelle, je vais prévoir des questions autour :
– des personnes susceptibles de partager les loisirs : conjoint(e) ou compagnon(e), ami(e)s, enfants, parents, collègues…
– du type de loisirs partagé avec chacune d'elles
– de la fréquence de ces rencontres ou sorties…

4ème étape : je travaille sur la formulation de chaque question.

2.1. Manier les différents types de questions

Il est utile ici de rappeler quelques définitions de base concernant le questionnaire. On distingue globalement deux types de questions : les questions ouvertes et les question fermées.

Les questions ouvertes laissent à la personne interrogée la liberté de choisir sa réponse et de la développer comme elle l'entend.

Comment choisissez-vous vos lectures ?
Quelles sont les questions d'actualité qui vous ont marqué récemment ?
Qu'est-ce qui vous plaît dans cette image publicitaire ?
Quelles activités souhaitez-vous voir développer dans l'association ?
Quel souvenir marquant avez-vous gardé de votre enfance ?
Quelles caractéristiques associez-vous à ce lieu ?
Pourquoi voulez-vous changer de logement ?
Dans quelles circonstances avez-vous perdu votre carte bleue ?

Les questions fermées imposent de répondre en choisissant parmi des réponses possibles prévues à l'avance par le questionnaire.

Parmi les questions fermées, on distingue deux catégories.

– Les questions à réponse unique.

Vous arrive-t-il d'acheter des livres via Internet ?
Possédez-vous un ordinateur personnel ?
Êtes-vous marié(e) ?
Employez-vous du personnel de maison ?
Êtes-vous allergique à l'aspirine ?

– OUI – NON (une seule réponse est possible)

Dans cette catégorie de questions nous pouvons citer **les questions-filtres** dont l'objectif est de savoir si la personne interrogée est concernée par les questions à venir.

Vous faites un questionnaire pour recueillir l'opinion des téléspectateurs sur les journaux télévisés.
Il peut y avoir une première question-filtre : « Regardez-vous la télévision ? »
Si la personne répond « NON », elle n'aura pas à remplir le questionnaire.

Le questionnaire

Une seconde question testera si elle regarde les informations télévisées. S'il apparaît qu'elle ne les regarde pas, soit elle sera remerciée, soit elle sera orientée vers un ensemble de questions autour de thèmes intéressants pour l'enquête menée (pourquoi elle ne regarde pas les informations à la télévision, est-ce qu'elle écoute la radio...)

Pour prendre en compte la diversité des personnes interrogées le questionnaire peut proposer des « parcours » différents. En effet, selon la réponse qui est apportée à une question, il y aura **un fléchage particulier.**

– Êtes vous déjà parti(e) en voyage organisé ? OUI NON
Si OUI :
(suivent une série de questions sur les voyages organisés)
Si NON, allez à la question X

– Avez vous des enfants à charge ?
Si OUI ... Nom, prénom, date de naissance...
Si NON, allez à la question Y

– <u>Les questions à choix multiple</u>
Ce type de question propose plusieurs réponses possibles parmi lesquelles il faut choisir une ou plusieurs propositions selon les consignes.

Achetez-vous vos livres dans :
– les librairies de quartier
– les FNAC
– les grands magasins
– les grandes surfaces
– les organismes de vente par correspondance
– les sites Internet
– autres (précisez).

Outre le choix, on peut **demander un classement.**

Dans quels lieux aimez-vous acheter vos livres ? Classez par ordre décroissant de 1 à 7.
(Le n° 1 sera accordé à l'endroit le plus apprécié)
– les librairies de quartier

– *les FNAC*
– *les grands magasins*
– *les grandes surfaces*
– *les organismes de vente par correspondance*
– *les sites Internet*
– *autres (précisez).*

On peut également demander de **se prononcer par rapport à des appréciations.**

Pour les affirmations suivantes dites si vous êtes « tout à fait d'accord »,
« d'accord », « pas d'accord » :
– *j'aime flâner dans les librairies,*
– *j'ai besoin des conseils de libraires de métier,*
– *quand je vais dans une grande surface, je m'arrête toujours au rayon livres,*
– *avec Internet j'ai toutes les données pour choisir mes livres,*
– *je choisis mes livres d'après les critiques des journaux,*
– *les émissions littéraires de télévision donnent une bonne information,*
– *je préfère me laisser guider par la présentation écrite sur le livre,*
– *…*

Il faut choisir le type de questions (ouvertes ou fermées) en fonction de la nature des informations recherchées et des facilités plus ou moins grandes d'exploitation. Une question fermée sera plus facilement traitée par l'ordinateur qu'une question ouverte qui demandera un codage préalable. En effet, dans la mesure où les questions ouvertes proposent autant de possibilités de formulation qu'il y a de personnes interrogées, il faut regrouper les réponses autour de quelques thèmes et ce sont ces thèmes qui seront codés pour l'exploitation informatique.

A la question : « pourquoi habitez-vous en banlieue ? », on regroupera autour
du thème « raisons financières » les réponses telles que : « parce que les loyers à
Paris sont trop chers », « parce que c'est possible d'avoir un appartement spa-
cieux pour un prix abordable », « parce que je n'ai rien trouvé à Paris dans
mes moyens », « parce que je n'ai pas pu avoir une HLM à Paris ».

2.2. Rédiger les questions

La rédaction d'une question est un travail précis et exigeant ; une « bonne » question doit être :

- claire, c'est-à-dire comprise immédiatement par toutes les personnes interrogées ; il est indispensable de faire référence à des savoirs qui leur sont accessibles et d'utiliser un vocabulaire compréhensible par elles ;
- porteuse de toutes les réponses possibles ; en effet, il faut éviter qu'une personne interrogée ne trouve dans les réponses proposées aucune solution qui lui convienne. Dans la mesure où l'exhaustivité peut difficilement être atteinte, des propositions comme « *autre, précisez* » permettent de compléter une liste ;
- non ambiguë, c'est-à-dire non susceptible de prêter à des interprétations ;
- unique, c'est-à-dire qu'elle ne doit pas comporter deux questions en une ;

Ne pas écrire : « Pensez-vous que X peut gagner les élections et qu'il sera un bon député », mais scinder l'énoncé en deux questions.

- non inductrice d'un « meilleur » choix, c'est-à-dire qu'elle ne doit pas sous-entendre l'idée d'une bonne réponse ;

Ne pas écrire : « Ne pensez-vous pas que les parents doivent donner des valeurs morales à leurs enfants ? »

- opérationnelle, c'est-à-dire propre à recueillir l'information recherchée.

2.3. Faciliter la lisibilité du questionnaire

La mise en page du questionnaire doit répondre à une **exigence de lisibilité** et faciliter l'insertion des réponses.
On aura donc recours pour les énumérations à des mises en tableau.

	Tout à fait d'accord	Plus ou moins d'accord	Pas du tout d'accord
Énoncé 1			
Énoncé 2			
Énoncé 3			

On précisera la manière d'inscrire ses réponses.

« cocher », « mettre une croix », « barrer », « entourer » …

On précisera les attentes.

« un seul choix », « trois choix ».

On explicitera les modalités de classement.

« mettre le n° 1 au plus important »

Le principe qui guide ce travail de mise en forme et de précision est le suivant : la personne qui répond ne doit être arrêtée par aucune hésitation quant à la manière d'inscrire ses réponses.

2.4. Tester les questionnaires

Avant de mettre un questionnaire en circulation, il faut le tester auprès de personnes représentatives de la « population » concernée. La pratique la plus sûre est de les observer pendant qu'elles répondent aux questions et de noter leurs hésitations, les interroger sur leurs difficultés, les incompréhensions… Après correction il peut être utile de procéder à de nouveaux tests si c'est possible.

Quatrième partie

LA BOÎTE À OUTILS

Nous avons regroupé dans cette partie un certain nombre de conseils pratiques, voire « techniques », relatifs à tous les écrits.

Nous les avons conçus autour des orientations suivantes :

1. **Écrire correctement :** sans prétendre balayer l'ensemble des difficultés de langue nous avons choisi d'aborder celles que nos pratiques de formation et nos expériences personnelles nous ont amenés à recenser au fil du temps. Nous nous attacherons donc à clarifier quelques points d'orthographe, de grammaire et de syntaxe (construction) dont la maîtrise nous semble indispensable.

2. **Travailler le style :** un texte peut répondre aux exigences du parler correct mais présenter des maladresses d'expression. Nous proposerons quelques conseils liés essentiellement aux choix de vocabulaire et à la structuration des phrases, complémentaire-ment à ceux que nous avons développés dans le paragraphe Comment dire ? (voir p. 119 et suivantes) et dans différents moments de cet ouvrage.

3. **Respecter les normes :** un certain nombre d'écrits doivent, dans leur organisation et leur présentation, respecter des normes nationales, européennes ou internationales. Sans entrer dans le détail de celles-ci, nous apporterons quelques informations pratiques pour le rédacteur.

4. **Présenter l'écrit :** quelle que soit la qualité du texte, c'est sa présentation (sa lisibilité, ses illustrations, son esthétique) qui le rendront plus ou moins accessible et donc efficace.

1. MANIER UNE LANGUE CORRECTE

Il ne s'agit pas ici de concurrencer les manuels de grammaire[1] ou les dictionnaires qui sont les auxiliaires indispensables de tous ceux qui ont à écrire et éprouvent des difficultés ou sont traversés de doutes. Nous aborderons quelques questions qui, à l'expérience, nous apparaissent poser des problèmes, même à ceux qui ont une formation universitaire et entraînent systématiquement des fautes d'orthographe, de grammaire ou de syntaxe. Nous veillerons surtout à la clarté et à la dimension pratique des explications et éviterons un langage hermétique même si c'est au détriment de la justesse terminologique.

1.1. L'accord des participes passés

Les nombreux projets visant à simplifier l'accord du participe passé n'ayant pas abouti, il est nécessaire d'y voir clair.

Le participe passé est la forme verbale qui, accolée aux verbes *être* ou *avoir* conjugués à différents temps, permet de construire les temps du passé dits « composés ».

> *Elle est / était / fut / sera partie*
> *Ils ont / avaient / eurent / auront chanté*

1.1.1. Le participe passé conjugué avec le verbe « être »

Conjugué avec le verbe *être* le participe passé s'accorde en genre (masculin ou féminin) et en nombre (singulier ou pluriel) avec le « sujet » du verbe.

> *Robert et Jean sont arrivés*
> *Françoise était partie*

---

1. Voir bibliographie.

1.1.2. Le participe passé conjugué avec le verbe avoir

Conjugué avec le verbe *avoir,* le participe passé reste invariable, sauf exceptions exposées ci-après.

Elles ont mangé notre repas
Nous avons lu les journaux

> Lorsque le « complément d'objet direct » (COD) du verbe conjugué est placé avant le participe passé, ce participe passé s'accorde en genre et en nombre avec ce complément (et pas avec le sujet ! ! !).

Pour bien appliquer cette règle, il est indispensable de repérer ce « COD » ; il complète le verbe directement, c'est-à-dire sans le recours à une préposition comme *de* ou *à*. Dans ce dernier cas on parle de « complément d'objet indirect » (COI).

Je vois les enfants : COD
Je parle aux enfants : COI
Je rencontre une amie (COD) et je lui (= à elle) (COI) parle.
Je l'ai rencontrée et je lui ai parlé (« l » renvoie à « l'amie » : COD féminin singulier ; « lui » renvoie également à l'amie, mais c'est un COI (à elle).

En général, les « COD » placés avant le verbe, compte tenu de la structure de la langue française peuvent être :

- des noms accompagnés d'adjectifs ou d'adverbes interrogatifs ou exclamatifs :
  Quels livres (COD) as-tu lus récemment ?
  Combien de colis(COD) aviez-vous livrés ?
  Quels beaux cadeaux(COD) vous m'avez faits !
  Combien de textes(COD)il a écrits !

- des pronoms interrogatifs :
  Les colis sont arrivés ; lesquels (COD) aurez-vous déballés en fin de journée ?

- des pronoms personnels :
  Les factures sont arrivées au courrier ; je les (COD) ai classées immédiatement.

– des pronoms relatifs :
Les postes que (COD) j'ai occupés au cours de ma carrière...
Les produits que (COD) notre entreprise a toujours fabriqués avec une exigence de...

Rappelons que **tout pronom prend le genre et le nombre du nom qu'il remplace** ; étymologiquement *pronom* signifie *à la place du nom.*

1.1.3. Les verbes pronominaux

Les verbes pronominaux sont ceux qui se construisent avec un pronom personnel complément qui représente le sujet du verbe comme *se laver, se battre...*

1° cas : le pronom personnel est complément d'objet direct (COD) du verbe :
Elle se lave = elle lave elle-même
Aux temps composés, la langue française a substitué à la forme conjuguée avec le verbe avoir (elle a lavé elle-même), une forme conjuguée avec le verbe être *(elle s'est lavée).*
Lorsque le pronom personnel a une fonction de COD dans la forme transposée avec le verbe avoir, le participe passé s'accorde avec ce COD.
– Ce pronom personnel peut être réfléchi : le sujet agit sur lui-même.
Ils se sont endormis (ils ont endormi eux-mêmes)
Nous nous sommes changés (nous avons changé nous-mêmes)
La fillette s'est blessée (a blessé elle-même)...
– Ce pronom personnel peut marquer la réciprocité.
Ils se sont battus (ils ont battu l'un, l'autre)
Ils se sont bien entendus
Ils se sont encouragés
Elles se sont comprises...

2° cas : le pronom personnel est complément d'objet indirect (COI) du verbe : dans ce cas le participe passé est invariable.
Ils se sont parlé (ils ont parlé l'un à l'autre)
Elles se sont écrit (elles ont écrit l'une à l'autre)

3° cas : les verbes pronominaux admettent un COD autre que le pronom personnel réfléchi ou réciproque.
Les enfants se (COI = à eux) lavent les mains (COD)
Les collectionneurs s(COI)'échangent des timbres (COD)

Par conséquent, dans les temps composés, le participe passé va s'accorder avec le COD si celui-ci est placé avant le verbe.

*Les timbres **qu**(COD)'elles se (COI)sont échang**és** sont rares.*
*Ces livres, je me (COI) **les** (COD)suis procur**és** chez un bouquiniste.*

1.1.4. Les temps composés suivis d'un infinitif

Les phrases : *j'ai vu peindre des peintres* et *j'ai vu peindre des tableaux* semblent construites sur le même modèle. Or ce n'est pas le cas et leur différence aura une incidence sur l'accord du participe passé.

*Les tableaux que j'ai **vu** peindre :* « *peindre* » est le COD de « *ai vu* » et le pronom relatif « *que* » est COD de peindre (et non de « *ai vu* »). Le participe passé ne s'accorde pas.

*Les peintres que j'ai **vus** peindre :* le pronom relatif « *que* » *(= les peintres)* est le COD de « *ai vu* » et le sujet de l'infinitif « *peindre* ». On se trouve donc dans le cas de l'accord du participe passé avec le COD placé avant le verbe.

*Les nouvelles que j'ai **fait** parvenir :* « *que* » *(= nouvelles)* est COD de « *parvenir* » et non de « *fait* ».

1.1.5. Le participe passé avec le pronom « en »

Dans les formes composées où le pronom personnel « en » est placé avant le verbe, il n'y a pas d'accord.

*Les dossiers étaient sur la table ; j'en ai emport**é** dans mon bureau pour consultation.*
*De nouveaux logiciels ont été mis sur le marché ; j'en ai achet**é** à un prix intéressant.*

1.1.6. Quelques expressions formées à partir de participes passés

Ci-joint

Selon sa place par rapport au nom qui désigne ce qui est joint, le participe joint va être invariable ou accordé.

S'il précède le nom, il est considéré comme adverbe et reste invariable.

Ci-joint *les documents explicatifs*
Ci-joint *copie de la lettre*

S'il suit le nom, il est considéré comme un adjectif et s'accorde avec le nom.

Dans la lettre **ci-jointe**, vous trouverez les informations nécessaires.
Vous pourrez vous reporter aux documents **ci-joints**.

Notons que l'expression **ci-inclus** suit la même règle.

Étant donné

Ces formes verbales à l'origine étaient prise dans leur sens littéral et le participe était accordé, ce qui subsiste lorsque celles-ci sont placées après le nom.

Les circonstances favorables étant données, nous avons préféré...

L'expression s'est figée en forme adverbiale quand elle précède le nom et dans l'usage actuel reste invariable.

***Étant donné** les circonstances, nous...*

Le participe **Vu** a suivi la même évolution et « perdu » le verbe être.

***Vu** les circonstances, nous...*

Inclus et exclu

Ces deux participes à même radical ont des terminaisons différentes ; pour s'en souvenir, on peut se remémorer le féminin : *incluse, exclue.*

1.2. Le gérondif

On appelle gérondif la forme en « –ant » précédée de la préposition « **en** ».

En parlant calmement, il les a convaincus.
En me rendant à mon travail, j'ai été victime d'un accident.

Cette construction est très utilisée dans les écrits en général. Elle est presque incontournable dans les fins de lettres.

En espérant une réponse favorable, je vous prie d'agréer...
En attendant votre commande, nous vous assurons de notre souci de satisfaire nos clients.

Cette construction est souvent source d'une incorrection grammaticale.
La règle veut que le sujet du verbe exprimé par la forme en « ant » doit être le même que celui de la proposition dans laquelle la forme au gérondif est inscrite.

En espérant (c'est **moi** qui espère) une réponse favorable, **je** vous prie de croire en l'expression…
En préparant(c'est le secrétaire qui prépare) son compte rendu, le secrétaire a eu du mal à relire ses notes.

Ainsi la formulation très usitée : En espérant (c'est **moi** qui espère) une réponse favorable, veuillez (c'est **vous** qui voulez) agréer… est incorrecte.

1.3. Quelques erreurs courantes

Savoir gré

Il est courant de lire dans des lettres notamment : « *je vous serai gré* ». Cette formulation est incorrecte. Il s'agit du verbe *savoir* et non *être*, le nom *gré* étant une forme ancienne de *gratitude*.
La formulation correcte est donc : **je vous saurai(s) gré de…**

Voire

L' emploi de l'adverbe *voire* s'est généralisé ; il signifie et *même*. De ce fait l'usage courant de *voire même* aboutit à un pléonasme (deux mots qui veulent dire la même chose). **Il faut donc choisir entre** « *voire* » **et** « *et même* ».

De par

Cette expression connaît un grand succès. Il convient toutefois de bien l'orthographier. Si on veut l'employer, **on n'écrira pas** « *de part* » **mais** « *de par* ».

En tant que

Pour marquer la comparaison il faut utiliser la forme **en tant que** au lieu de l'orthographe erronée *en temps que*.

> **En tant que** *responsable, il assume les conséquences des décisions prises.*

Pour ce faire

Cette expression est de plus en plus prisées ; encore faut-il l'écrire correctement. La tendance est fréquente de l'orthographier « *pour se faire* ». Or si le « *se* », pronom personnel réfléchi, est requis dans des formes pronominales comme « *pour se faire admettre parmi eux* » (= *faire admettre eux-mêmes*), « pour se faire attribuer un poste », (= faire attribuer à eux-mêmes…), il est incorrect dans l'expression « *pour ce faire* » où « *ce* » est un pronom démonstratif équivalent à « *cela* ».

> *Il envisageait de terminer son courrier ;* **pour ce faire,** *il resta à son bureau jusqu'à une heure tardive (= pour faire cela).*

1.4. Quelques accords difficiles

1.4.1. Demi

Rappelons que l'on écrit :

- *une demi-heure, une demi-livre*
- *une heure et demie, une livre et demie*

1.4.2. Vingt, cent

Quand ils sont multipliés et ne sont suivi d'aucun autre chiffre, ils prennent la marque du pluriel.

> *Six cents euros, quatre vingts dollars*

Quand ils sont suivis d'autres chiffres, ils ne prennent pas de « s ».

- *Quatre vingt dix tonnes*
- *Cinq cent dix litres*

1.4.3. La plupart, beaucoup de, trop de…

Avec ces termes se pose souvent la question de savoir si l'on met le verbe et, quand c'est le cas, les attributs, au singulier ou au pluriel. Les règles sont très nuancées mais ont peut dégager des orientations qui évitent de faire des fautes d'accord.

Partons de quelques exemples :

> *La plupart du temps* ***se passe*** *à l'extérieur.*
> *La plupart des visiteurs* ***ont été*** *satisfaits.*
> *Beaucoup de bruit* ***perturbe*** *l'attention.*
> *Beaucoup de colis* ***ont été*** *déchargés le jour même.*
> *Trop de travail* ***nuit*** *à la santé.*
> *Trop de formulaires* ***sont*** *réclamés par ce service.*

Pour simplifier on peut dire que lorsque le nom qui suit *la plupart, trop, beaucoup* et d'autre expressions du même genre, est au singulier, le verbe est au singulier ; quand il est au pluriel, le verbe est au pluriel.

Notons toutefois que certaines formulations échappent à cette règle pour des raisons de sens comme :

> *Trop de candidats **rend** le choix difficile* (le fait qu'il y ait trop de candidats).

1.4.4. *Tout*

Ce mot présente la particularité d'être :

- **adverbe,** il est donc invariable (= pas d'accord).
- **adjectif,** il s'accorde donc avec un nom qu'il accompagne.
- **pronom,** il prend donc le genre et le nombre du mot qu'il remplace.

Il est donc important de repérer le cas dans lequel on se trouve pour l'écrire correctement.

Rappelons qu'un adverbe modifie un adjectif, un autre adverbe, un verbe, jamais un nom.

Tout adverbe

> *Ils sont **tout** (= entièrement) vêtus de noir.*
> *Les documents étaient **tout** simplement dans le tiroir.*

Exception : lorsque *tout* adverbe précède un adjectif féminin qui commence par une consonne il se comporte comme adjectif et s'accorde.

> *Elles étaient **tout** émues (tout normalement invariable).*
> *Elles étaient **toutes** (= totalement) béates d'admiration* (il ne s'agit pas ici du pronom !).

Tout adjectif

> ***Tous** les colis ont été expédiés à la date prévue.*
> *Ils ont visité **toutes** les maisons disponibles.*

Tout pronom

> *Ils ont **tous** répondu sous huitaine.*
> *Elles sont allées au théâtre ; elles ont **toutes** aimé le spectacle.*

1.4.5. **Même**

Ce mot peut être :

- invariable avec une valeur d'insistance
  Même les journaux en ont parlé.
  *Il a **même** illustré le document.*
- s'accorder avec le nom auquel il se rapporte
  *Cette entreprise rencontre les **mêmes** problèmes que nous.*
  *Il est la gentillesse et le dévouement **mêmes**.*

Placé après un pronom personnel, démonstratif ou possessif, il s'accorde avec celui-ci :

Nous-mêmes, vous-mêmes, eux-mêmes
Ceux-là mêmes qui...
*Ce sont **les siens-mêmes** qu'il m'a donnés.*

1.4.6. **Leur**

Ce mot correspond à plusieurs fonctions grammaticales.

Leur pronom personnel

Ce pronom personnel (mis pour un nom) s'écrit toujours de la même façon ; il renvoie à un pluriel, féminin ou masculin. **Même s'il désigne un pluriel, il n'a pas de « s » à la fin.**

*Les clientes sont arrivées et nous **leur** avons présenté nos nouveaux produits.*
*Nos correspondants étaient en attente de réponse ; nous **leur** avons envoyé immédiatement un courrier électronique.*

Leur adjectif possessif

Comme adjectif leur s'accorde en nombre (singulier ou pluriel) avec le nom qu'il accompagne. Il renvoie toujours à plusieurs possesseurs, mais ces possesseur peuvent posséder :

- un seul objet et leur sera au singulier
- plusieurs objets et leurs sera au pluriel

*Les parents et les enfants ont décoré ensemble **leur** maison (**la** maison à eux).*
*Ils ont rangé **leurs** livres (**les** livres à eux) dans la bibliothèque.*

Une des difficulté réside dans l'accord de leur dit « distributif » que nous pouvons expliquer à partir de l'exemple suivant.

Pierre et Paul rejoignent leur/leurs voiture(s) : Il y a deux voitures, mais chacun en a une. Nous avons proposé les deux orthographes dans la mesure où, depuis des siècles, l'usage hésite et que l'une et l'autre subsistent ; toutefois, pour résoudre le problème on conseille une formulation détournée :

Ils rejoignent leur(s) fiancée(s) ➜ *Ils rejoignent chacun sa fiancée.*

Il n'y a pas d'hésitation lorsque l'objet « possédé » est sans aucun doute au pluriel :

*Ils ont mis **leurs gants** (chacun a deux gants).*
*Ils ont mâché **leurs aliments** (chacun a mâché des aliments).*

La règle tranche également en faveur du pluriel quand il y a réciprocité :

*Ils ont échangé **leurs adresses.***

Le leur, la leur, les leurs : le pronom possessif de la 3ᵉ personne

Dans le cas du pronom possessif, il n'y a pas de difficulté, l'article le, la, les indiquant la marque du singulier ou du pluriel.

1.4.7. *Quelque... que, quel que...*

Comment différencier les différentes façons d'écrire l'expression qui se prononce « quelque ... ». Partons de quelques exemples :

*1) **Quelles que** soient ses raisons, je lui fais confiance*
Ici le mot « quelles » est un adjectif indéfini et il est attribut du sujet « raisons ». La présence du verbe **être** dans ce genre de tournures peut aider à repérer cette construction.

*2) **Quelques** documents **qu'**il ait utilisés, ses conclusions sont originales.*
Précédant un substantif (nom), « *quelques* » est un adjectif indéfini (comme dans « *j'ai écrit quelques lettres* ») ; il s'accorde donc avec le nom auquel il se rapporte.

*3) **Quelque** performantes **que** soient ces machines, elles ont besoin d'être changées.*

*4) **Quelque** consciencieusement **qu'**il ait fait sont travail, il n'a pas échappé aux critiques.*

Dans ces deux derniers cas, précédant un adjectif ou un adverbe, « *quelque* » est un adverbe ; il est donc invariable. Le moyen mnémotechnique pour le repérer est de le remplacer par « *aussi* » ou « *si* ».

1.4.8. Quoique, quoi que

Prenons de nouveau des exemples.

1) ***Quoi qu***'il fasse, il nous en informe.
2) ***A quoi qu***'il aspire, nous le prendrons au sérieux.

Il s'agit ici d'une construction où « ***quoi*** » est <u>un pronom indéfini</u> ; il a une fonction dans la phrase : 1) complément d'objet direct de « *fasse* » ; 2) complément d'objet indirect de « *aspire* ».

3) ***Quoiqu***'il soit arrivé en retard, il s'est bien intégré dans le groupe.

Ici « ***quoique*** » est une <u>conjonction de subordination</u> qui indique la concession et peut être remplacé par « *bien que* ».

1.5. Des modes corrects

L'une des grandes difficultés réside dans l'emploi du subjonctif ; nous ne pouvons dans ce rappel grammatical en reprendre les formes et les règles et renvoyons le lecteur indécis à l'exhaustivité d'une grammaire.

1.5.1. Subjonctif imparfait ?

Une des difficultés les plus courantes réside dans l'emploi indécis de la 3ème personne du subjonctif imparfait, celle qui prend un accent circonflexe *(qu'il eût, qu'il fît…)*. L'emploi du subjonctif imparfait a pratiquement disparu de la langue parlée *(il fallait que tu arrivasses à l'heure !)* ; il ne subsiste dans toutes ses formes que dans la langue littéraire puriste et seule la 3ème personne du singulier reste employée à l'oral ; mais elle reste requise dans l'écrit courant. Encore faut-il l'identifier et mettre l'accent circonflexe qui la distingue du passé simple à bon escient !

Pour résoudre cette difficulté, il est indispensable de revoir – ou d'étudier – l'emploi du subjonctif dont nous ne traiterons pas ici, vu la complexité de la question. Dans l'urgence le moyen le plus simple est de transposer la phrase au présent et de repérer si on emploie un subjonctif ou un indicatif ; et si le verbe concerné ne présente pas de différence entre les deux formes, il faut lui substituer un autre verbe comme faire, finir, partir…

*Il fallait qu'il **fît** des efforts ; au présent : il faut qu'il fasse des efforts.*
Il craignait qu'elle ne parlât trop vite ; au présent : il craint qu'elle ne parle (finisse) trop vite.

1.5.2. **Après que, avant que**

Contrairement à l'erreur presque unanimement répandue, la forme *après que* est toujours suivie de l'indicatif. Il ne faut pas confondre cette construction avec celle de *avant que* qui est **toujours suivie du subjonctif.**
Cette différence s'explique par la valeur des modes indicatif et subjonctif.

Le subjonctif est associé à une action ou un état possibles, éventuels, mais qui ne sont pas encore réalisés, donc sont susceptibles de ne pas l'être.

> *Prenez contact avec nos clients avant qu'ils ne* **soient** *tentés par la concurrence (ils ne sont pas encore tentés et rien n'assure qu'ils le seront).*
> *Je lui parlerai avant qu'elle* **parte** *(mais peut-être ne partira-t-elle pas).*

L'indicatif est associé à une action ou à un état réel, déjà constatés qu'ils appartiennent au présent ou au passé.

> *Nos fournisseurs nous ont répondu après que nous leur* **avons** *manifesté notre mécontentement par écrit (nous avons effectivement manifesté ce mécontentement).*
> *Après qu'il* **eut** *étudié toutes les solutions possibles, il a pris la décision la plus avantageuse (son étude précède effectivement sa décision).*

1.5.3. **Bien que, quoique**

Ces conjonctions qui marquent la concession sont très souvent employées ; encore faut-il bien construire les verbes qui les suivent. Elles sont suivies du **subjonctif** exclusivement.

> *Bien que la commande* **ait** *été passée en urgence, la livraison ne nous est pas encore parvenue.*
> *Quoiqu'il* **faille** *tout réorganiser, l'enjeu le justifie.*

Rappelons que malgré que est incorrect sauf dans l'expression *malgré que j'en aie (tu en aies…)* ; on y retrouve le sens original qui est *quelque déplaisir que j'en aie.*

1.6. **Des constructions cohérentes**

Nous aborderons ci-après quelques questions relatives à la construction d'expressions et de phrases dont il nous semble, à l'usage, qu'elle pose souvent des problèmes.

1.6.1. *En, y, pronoms adverbiaux*

En est préposition lorsqu'il précède un nom et marque le lieu, le temps, le moyen...

> *En ces périodes fastes ; en Italie ; en voiture...*

Nous nous intéresserons ici aux formes *en* et *y* qui sont à la fois <u>adverbes et pronoms</u>. Ce sont des pronoms dans la mesure où elles remplacent un nom qui, exprimé, serait accompagné de la préposition *de, à, par*.

> *Le Salon de l'équipement de bureau se tient à la Porte de Versailles ; je compte y (=* **au salon***) aller avec des collègues.*
> *Le spectacle était long, j'en (=* **du spectacle***) suis sorti à minuit.*
> *Les vacances sont un moment privilégié dans l'année ; nous y (=* **aux vacances***) aspirons pendant le reste du temps.*
> *Il y avait beaucoup de dépliants publicitaires, j'en (***de les dépliants***) ai pris quelques uns.*
> *Ce reportage était violent ; j'en (***par le reportage***) ai été bouleversé.*

Dans la mesure où les formes *en* et *y* ont une valeur de compléments (elles incluent dans leur signification les prépositions *de, à, par*), il est incorrect de répéter ce complément.

> On ne dit pas « *j'y vais au bureau* » ou « *j'en viens de la maison* » ou « *j'en ai été perturbé par son appel* »...

C'est surtout <u>avec les pronoms relatifs</u> que l'on remarque cette redondance dans des phrases incorrectes comme :

> *C'est un lieu où il y va souvent (ou = dans lequel ; y = dans ce lieu)* au lieu de
> *C'est un lieu où il va faire du sport.*
> *C'est un sport dont il en revient fatigué (dont = du sport ; en = du sport)* au lieu de
> *C'est un sport dont il revient fatigué.*

1.6.2. *Les pronoms relatifs*

Nous ne nous attacherons ici qu'aux difficultés liées à l'enchaînement de propositions relatives qui impliquent des pronoms introducteurs différents.
Rappelons que :

> – les pronoms relatifs sont : *qui, que, dont, où, lequel, laquelle, auquel, duquel...*
> ainsi que *quoi* lorsqu'il est précédé d'une préposition (avec quoi, par ex.).

– en tant que substitut du nom qu'il remplace (antécédent), le pronom relatif a une fonction dans la proposition relative.

La personne qui écrit : qui est sujet de *écrit*
Le texte que je lis : que est complément d'objet direct de *je lis.*

Ainsi lorsqu'il y a une « cascade » de propositions relatives, même si le pronom renvoie au même antécédent, il peut changer de forme parce qu'il occupe à chaque fois une fonction différente.

*Le livre **dont** tu m'as parlé et **que** j'ai lu avec plaisir m'a beaucoup plu.*
*Les clients **qui** ont pris contact avec nous et **auxquels** nous avons expédié les derniers catalogues ont passé une commande importante.*

Attention aux risques de construction incorrecte de redondance comme nous l'avons signalé pour *en* et *y* :

On n'écrit pas : « *C'est une personne dont on a besoin d'elle* » *(dont = de la personne ; d'elle = de la personne)*, **mais :** « *C'est une personne dont on a besoin* ».

Une difficulté apparaît dans l'emploi des pronoms relatifs lorsqu'il s'agit d'une phrase où sont employées plusieurs « niveaux » de propositions relatives, c'est-à-dire que les pronoms relatifs n'ont pas le même antécédent.

Dans la phrase suivante : « *Le collaborateur **qui** nous a mis en contact avec l'informaticien **que** nous avons recruté et **qui** est une personne de bon sens se félicite de son choix* », on peut se demander à qui renvoie le deuxième **qui** : à collaborateur ou à informaticien ?
Dans : « *Les archives **que** nous avons retrouvées dans les armoires **que** nous avons fouillées et **qui** étaient mal organisées nous ont apporté nos réponses* », à quel mot renvoie le **qui** : à archives ou à armoires ?

Sur le plan strict de la grammaire ces deux phrases sont correctes mais elles ne sont pas intelligibles ; dans certains cas des constructions de ce genre peuvent susciter des malentendus, voire des litiges.

Alors que faire ? Peut-être éviter les cascades de propositions relatives qui alourdissent le style. Sinon recourir à des formulations qui permettent de faire la différence.

Ainsi la phrase citée ci-dessus pourrait donner :

> « *Le collaborateur* **qui** *nous a mis en contact avec l'informaticien* **que** *nous avons recruté,* **lequel** *est une personne de bon sens, se félicite de son choix* ».

1.6.3. Les compléments à construction différente

Bien souvent un nom (ou un pronom) est complément de plusieurs verbes, lesquels impliquent des constructions différentes.

On rencontre des formulations incorrectes comme : *nous avons rencontré et parlé à nos clients ; je prépare et j'aspire aux vacances...*

Or il convient de séparer les deux compléments et de respecter les deux constructions :

> *Nous avons rencontré nos clients et leur avons parlé ; nous préparons nos vacances et y aspirons.*

1.7. Et les correcteurs d'orthographe ?

La prolifération de fautes d'orthographe dans les textes écrits sur ordinateur est souvent liée à la confiance excessive en la vertu des correcteurs dits d'orthographe et de grammaire courants. Il convient de rester prudent quant au résultat. Certes votre écran vous avertira si vous orthographiez mal un mot courant, si vous omettez une double consonne, si vous écrivez un mot non répertorié dans la mémoire... Mais à partir du moment où le mot existe, il peut être mal écrit dans la place qu'il tient dans votre texte, vous n'en serez pas averti ; c'est ce qui se passe avec les homonymes (dent, dans, d'en ; sur, sûr ; point, poing...).

Si vous écrivez « *pour se faire* » au lieu de « *pour ce faire* », vous ne serez pas averti. Les accords des noms, des verbes, des adjectifs, des participes passés, la concordance des temps... **tout cela dépend de vous !** Et quand bien même votre logiciel serait assez perfectionné pour repérer là où il y a problème, encore faut-il que vous soyez à même de choisir la bonne graphie dans les propositions qui vous sont faites.

2. TRAVAILLER LE STYLE

Nous avons évoqué dans le chapitre COMMENT DIRE ? la question du choix du vocabulaire et du registre de langue dans la rédaction des écrits d'action (voir p. 131). Nous n'y reviendrons pas. Nous développerons ici quelques conseils faciles à suivre, sachant que le perfectionnement de l'écriture requiert un véritable entraînement.

2.1. Simplifier l'expression

La pratique de l'écriture d'action repose souvent sur l'idée que certaines formulations qui surchargent l'expression confèrent au texte un forme de crédibilité. Or l'exigence d'intelligibilité et d'efficacité implique plutôt un allègement du style. Nous présenterons ci-après les travers les plus courants dans ce domaine.

Il est indispensable d'éviter les phrases « à tiroirs » ou « à rallonges »

Il est fréquent de rencontrer dans des écrits d'action des phrases longues et compliquées dont on doit relire le début quand on arrive à la fin.

Ce type de construction est souvent généré par l'emploi en tête de phrase de locutions comme « *étant donné que* », « *suite à* », « *vu que* »… qui sont des réminiscences du langage juridique et administratif.

Ainsi on peut trouver des énoncés tels que :

> *Étant donné que votre livraison est arrivée en retard par rapport à vos engagements et que nous n'avons pu de ce fait satisfaire nos clients qui ont annulé leurs commandes, nous nous voyons contraints de vous demander de récupérer la marchandise, sachant que nous n'assumerons pas les frais de livraison.*

> *Par suite de notre conversation téléphonique du ../../.. au cours duquel nous avons décidé que notre service vous fournirait de plus amples informations sur nos produits, je vous fais parvenir ce jour notre dernier catalogue. J'espère que vous y trouverez satisfaction.*

Face à de telles phrases, il est indispensable d'opérer des divisions et de faire plusieurs phrases sans toutefois aboutir à un émiettement où le sens se perd :

> *1) Votre livraison est arrivée en retard par rapport à vos engagements.*
> *2) De ce fait, nous n'avons pas pu satisfaire nos clients qui ont annulé leurs commandes.*
> *3) Nous nous voyons contraints de vous demander de récupérer la marchandise et n'assurerons pas les frais de livraison.*

1) Lors de notre conversation téléphonique du..., nous avons décidé que notre service commercial vous fournirait de plus amples informations.

2) Je vous fais parvenir ce jour notre dernier catalogue et j'espère que vous y trouverez satisfaction.

Les phrases à rallonges peuvent être également le résultat de l'accumulation de propositions subordonnées.

Quand les représentants que nous avons envoyés auprès des clients qui n'avaient pas encore passé leur commande ont rendu compte de leurs démarches, nous avons compris que les produits que nous avions lancés le mois qui précédait la visite leur étaient encore inconnus.

Il est préférable d'écrire :

Les représentants envoyés auprès des clients qui n'avaient pas encore passé leurs commandes ont rendu compte de leurs démarches : les produits que nous avions lancés le mois précédant leur étaient encore inconnus.

2.2. Employer les « bons » mots de liaison

Qu'il s'agisse de transmettre des informations, de donner des explications, de justifier une opinion, de développer une argumentation, l'écrit d'action est porteur d'un contenu dont le lecteur doit appréhender la logique immédiatement sans avoir à faire une étude de texte. L'articulation du discours repose en grande partie sur les mots de liaison qui traduisent les rapports existant entre les différents éléments de l'énoncé. Or il est à constater que, si l'usage de ces mots de liaison persiste, il se fait de plus en plus à l'aveugle, les termes employés étant erronés par rapport au sens recherché. C'est pourquoi nous présenterons une liste des mots de liaison les plus courants en indiquant les modalités dont ils sont porteurs.

L'accumulation
 – D'une part... D'autre part...
Cette formulation présente explicitement les termes de l'accumulation.

D'une part nous travaillerons à la fidélisation de nos clients actuels, d'autre part nous mettrons en œuvre une campagne publicitaire pour gagner de nouvelles parts de marché.

Précisons que l'on peut employer *d'autre part* sans que *d'une part* ait été exprimé explicitement.
- *En outre*
- *Par ailleurs*

Vous serez chargé de la réception des clients... **D'autre part/ En outre/ De plus,** *à la pause-déjeuner de la standardiste, vous assurerez l'accueil téléphonique.* **Par ailleurs,** *un jour par mois vous participerez, au Siège, à une réunion de travail sur l'amélioration des relations avec la clientèle.*

L'opposition et ses nuances
Plusieurs termes permettent de marquer une opposition nette ou une restriction ; c'est le contexte qui permet de trancher.

- **Par contre**
Ce terme marque une opposition nette.
> *Il est fantaisiste sur les horaires ;* **par contre,** *quand il y a du travail, il ne compte pas son temps.*

- **Mais**
Cette conjonction de coordination est employée plutôt à l'intérieur d'une phrase pour marquer une opposition ou une restriction.
> *Il est exigeant mais ses compétences le justifient.*
> *Les colis sont arrivés mais trop tard/ mais en mauvais état.*

- **Cependant**
- **Toutefois**
- **Néanmoins**
Ces trois termes, employés surtout en tête de phrase pour marquer une étape dans un raisonnement, apportent une nuance d'opposition plus ou moins forte et de restriction ou de réserve.
> *Les hôtels font le plein dans la station ;* **cependant/ néanmoins** *les restaurateurs se plaignent d'une fréquentation moindre par rapport à l'an passé.*
> *Les participants à la réunion ont émis une opinion favorable sur le projet de réorganisation.* **Toutefois,** *M. X a fait remarquer que...*

– En revanche
Avec la marque d'une opposition, cette locution introduit une idée de compensation.
*Le texte de ce livre présente peu d'intérêt ; **en revanche** les illustrations sont très belles.*

La concession
La concession marque également une opposition : *malgré... il arrive.*
En ce sens elle peut être marquée par les adverbes **cependant, néanmoins, toutefois** évoqués ci-dessus lorsque le contexte leur confère ce double sens de *mais et malgré cela.*
*Il s'était engagé à respecter les délais ; il les a **toutefois** largement dépassés.*

– Pourtant
Plus fort que les adverbes précédents, pourtant insiste sur la notion de concession en annulant la portée du contenu de la phrase qui précède
*Il pleuvait des cordes ; **pourtant** il a continué son jogging sans rien modifier de son parcours habituel.*

L'explication
Plusieurs termes permettent d'introduire des éléments d'explication.

– Car
Conjonction de coordination, *car* peut mettre en lien des noms, des adjectifs, des adverbes, des propositions.
*C'est le décideur prioritaire **car** le plus gros actionnaire.*
*Il est très performant **car** habitué à ce type de travail.*
*Nous avons changé notre emballage **car** (= parce que) nos clients n'appréciaient pas l'ancien.*
Sauf dans une recherche stylistique, il ne s'emploie pas en début de phrase.

– En effet
En tête de phrase ou inclus après les premiers mots, cette locution apporte une justification à ce qui vient d'être énoncé.
*Nous nous excusons de n'avoir pas répondu plus tôt à votre message ; **en effet,** notre système informatique ayant subi une panne, nous ne pouvions pas accéder à note courrier électronique.*

Attention ! Malgré l'usage abusif qui en est fait, notamment dans les media, l'expression *car en effet* est un pléonasme et ne doit pas s'employer. Il faut choisir l'une ou l'autre formulation.

– D'ailleurs

Dans certains énoncés **d'ailleurs** apporte une nuance d'explication insistante, presque de preuve.

L'achat des nouveaux ordinateurs a été voté lors de la dernière assemblée générale ; ***d'ailleurs*** *le procès-verbal en témoigne.*

La conséquence

Plusieurs expressions permettent de traduire la conséquence en tête de phrase.

- **Par conséquent**
- **En conséquence**
- **C'est pourquoi**
- **Donc**

Nous mettrons en application la loi sur l'ARTT à compter du… ; ***c'est pourquoi*** *vous êtes priés de déposer auprès du service du personnel vos demandes d'emploi du temps avant le…*

Votre texte comporte un nombre inacceptable de fautes d'orthographe ; ***en conséquence/ par conséquent,*** *vous êtes prié de le corriger avant de le diffuser.*

Notre entreprise connaît actuellement des changements d'orientation ; nous vous invitons ***donc*** *à une réunion d'information le…*

La marque de étapes

– Or

C'est une conjonction de coordination dont la fonction essentielle est de marquer une étape dans un raisonnement, d'introduire une explication, de faire la transition entre une idée et une autre ; elle apparaît surtout dans les développements argumentaires. Elle est souvent employée en incise pour apporter une réflexion complémentaire.

Votre représentant nous a rendu visite le… ; ***or*** *il a omis de nous remettre votre dernier catalogue. Nous vous prions donc de nous le faire parvenir au plus tôt.*

- **Tout d'abord** : au début d'un développement
- **Ensuite, Puis** : dans la marque des différentes étapes
- **Enfin** : pour marquer le dernier élément d'un raisonnement
- **En conclusion** : pour récapituler et terminer

Tous ces termes ont leur place dans le déroulement d'un écrit d'action et se combinent avec les autres expressions que nous avons présentées.

3. PRÉSENTER L'ÉCRIT POUR LE PLAISIR DES LECTEURS
3.1. La présentation : un souci légitime ?

Notre époque nous livre à profusion des messages à lire, à regarder où le souci de PRÉSENTATION est tellement affirmé qu'il nous semble parfois dépasser de beaucoup l'intérêt du contenu : affiches tapageuses, fiches où l'esthétique l'emporte sur le sujet, réduisant l'argument à une mise en scène. La présentation qui ne nourrit ainsi que les sens, cherche à procurer un plaisir superficiel, où le message se dilue. Cette recherche forcenée de « l'effet » est la base de la stratégie publicitaire.

Ces amères constatations nous pousseraient-elles au rejet de toute recherche esthétique ? Au refus de procurer au lecteur du plaisir ?
L'étude de la communication établit qu'un contenu n'est clair que lorsqu'il est perceptible au lecteur, puisque *c'est d'abord par les sens que le message nous atteint.*
Entendons-nous !

Reconnaissons d'abord, que, en fonction de cette évolution des modes d'expression, nos sens affadis ne sont plus guère sensibles à ce qui n'est ni coloré, ni imagé, ni écrit en gros caractères. Si nous voulons intéresser, conformons-nous à un minimum de *nouvelles exigences formelles* : colorons, illustrons, usons des astuces graphiques !

Ensuite, il est clair que le rédacteur qui, méprisant la forme, prétend faire passer un contenu illisible, se saborde. La facilité de lecture procède du simple bon sens ; le bon sens étant de *se poser tous les problèmes susceptibles d'entraver la lecture.*

Une bonne présentation sera donc celle qui sera :

- lisible,
- esthétique,
- adéquate.

Une seule de ces qualités en réalité implique les deux autres. Elles ne seront dissociées que pour faciliter la méthode de travail du lecteur.

3.2. La lisibilité avant tout !

Par lisibilité, on entend bien plus que la simple netteté de l'écriture. Les spécialistes de la communication appellent « lisibilité », la qualité de présentation favorisant la compréhension immédiate d'un texte. Cela concerne la maniabilité comme la lecture.

3.2.1. La maniabilité

L'aisance de la manipulation concerne tous les documents d'une certaine étendue : rapports, notices, mais aussi, dans la mesure où ils ont à passer entre les mains de plusieurs personnes, les lettres, compte rendus et autres documents courts.

3.2.2. Les formats et les épaisseurs

Ce sont les impératifs de consultation ou d'archivage qui les commandent.
Pour les rapports et notices le format le plus utilisé est le 21 × 29,7 pour lequel sont conçus tous les matériels et mobiliers de classement.

C'est *un format limite*. On peut parfaitement en envisager d'autres et en particulier le *demi format* très approprié à *la notice technique qui* doit souvent être consultée sur le tas, auprès des appareillages qu'elle décrit.

Le format 21 × 29,7 (A4) peut en outre être utilisé dans le sens *29,7 à l'horizontale dit* « à l'italienne » à condition que ce choix soit justifié par le contenu. Si le texte peut être structuré en colonnes (lecture parallèle de démonstration et calculs, ou illustration de textes) cette présentation se révèle intéressante.

L'épaisseur du document est, bien sûr, fonction de l'étendue et de l'objectif de la chose à dire, mais elle peut être étudiée pour faciliter la lecture. Ainsi il vaudra mieux *scinder* une notice importante *en deux* fascicules, prévoir un *volume d'annexes à* un rapport qui risque d'être trop lourd et de paraître indigeste si elles restent intégrées au texte, réduire le texte d'une lettre à la dimension d'une page dont on peut prendre connaissance d'un seul regard plutôt que de l'étirer sur deux, etc.

3.3. Les autres aspects

Aux mêmes impératifs de maniabilité répondent :

- la « pagination » ou numérotation des pages,
- les « sommaires » et listes récapitulatives (de schémas, de tableaux...),
- les « titres »,
- les « annexes »,
- le système de « reliure »,
- les « index » (pour les notices importantes ou les catalogues) permettant de retrouver n'importe quel renseignement.

Leurs missions :
- *Aider le lecteur à prendre connaissance du texte en le feuilletant,* par lecture rapide, et lui permettre de faire au passage une sélection de l'information en fonction de ses intentions de lecture. Il se peut en effet qu'il ait à chercher un seul renseignement dans l'ensemble du texte, à consulter un graphique, à retrouver un chiffre dans un tableau. Exemple : le lecteur cherche-t-il à rapprocher deux tableaux de données statistiques... il sera considérablement aidé par :
  - le résumé du contenu sous forme d'abstract ;
  - l'existence d'une liste récapitulative des tableaux, planches et schémas (en général en fin de texte), l'emploi d'une reliure mobile permettant d'isoler le ou les documents intéressants ;
  - le rassemblement par ordre alphabétique de tous les renseignements biographiques, historiques, documentaires, dont il peut avoir besoin pour éclairer sa lecture dans un *index ;*
  - la présence d'annexes fournissant des compléments d'information : textes, extraits d'autres études sur le même sujet, etc.

- *Faciliter la tâche des secrétaires, documentaliste et bibliothécaires, archiver le document,* l'enregistrer sur un fichier, éventuellement en faire un résumé, préservant la possibilité de sa consultation ultérieure.

3.3.1. La couverture

Elle a un rôle particulièrement important.

L'aide au classement

La couverture peut comprendre

- un numéro d'imputation codé par l'entreprise, la bibliothèque ou le secrétariat. Celui-ci inclut en général le *quantième de l'année de réalisation. Exemple :* un rapport sur l'implantation de l'informatique (étude n° 2), dans les services de gestion (services n° 3), datant de 2000, portera le n° d'imputation 2032 / année service / n° de l'étude ;
- la mention de l'origine du document : organisme, entreprise, établissement, etc. ;
- sa date, si celle-ci n'est pas déjà incluse dans le numéro d'imputation ;
- son ou ses titres (genre et titre).

L'aide à la consultation

Il est évident que les mêmes mentions qui servent au classement facilitent aussi la consultation. Permettant de retrouver rapidement l'ouvrage, elles permettent aussi de le « situer » mieux, de se faire rapidement une idée de son contenu et même de sa validité relative en se référant à la date de parution par exemple. Mais entre toutes ces mentions, il en est une dont l'importante est capitale dans l'objectif d'une consultation et dépasse la simple exigence de maniabilité : tel est le titre. Nous vous conseillons de bien lire à ce sujet les quelques lignes que nous avons consacrées aux titres pleins (voir fin de ce chapitre).

La saisie rapide du contenu, pour peu que le texte revête une certaine complexité, est également facilitée par *les mots clés.* Ceux-ci figurent en général après le titre, et, la plupart du temps aussitôt le résumé ou abstract qui précède le texte proprement dit (voir au chapitre « Le résumé »).

3.3.2. La facilité de lecture

On entend par là l'ensemble des méthodes et artifices de présentation permettant d'appréhender facilement par la vue la graphie (ou écriture) du texte. Nous y ajoutons tout ce qui facilite en même temps la saisie du contenu.

La lecture visuelle doit être facilitée par

- *LA GRAPHIE :* la netteté des caractères ou de l'écriture, qu'il s'agisse d'un manuscrit ou d'un texte imprimé. La connaissance des possibilités du traitement de texte ou quelques notions de typographie peuvent alors aider le rédacteur à faire un choix pertinent, le meilleur étant celui qui fait prévaloir la netteté.

- *L'AÉRATION :* une écriture trop tassée fait obstacle à la pénétration visuelle et ralentit le rythme de lecture.
- *LA DISPOSITION D'ENSEMBLE DES PARAGRAPHES ET DES CHAPITRES :* leur distribution dans le texte ne sont pas simplement des règles de la composition logique et l'exposé des idées, c'est aussi une aide à leur repérage visuel.
- *LA NUMÉRATION :* c'est le fil conducteur.
- *L'ACCENTUATION VISUELLE DE L'INFORMATION DANS LA PAGE :* par des artifices tels que les tirets (–) les soulignés (_). Avec les encadrés ◻, dont l'usage se répand, un texte conçu à l'intérieur du texte, constituant une sorte de réserve de lecture ; pour une lecture complémentaire à un second ou troisième niveau pour la mise en évidence systématique d'aspects particuliers, ou d'exemples.
- *L'ATTENTION APPORTÉE AUX ILLUSTRATIONS :* qu'il s'agisse de dessins, de photographies, schémas, plans, organigrammes, leur mission « visuelle » est particulièrement importante. Aussi doivent elles être très soignées. Mieux vaut ne pas illustrer le texte que d'y introduire une mauvaise photographie, par exemple. La lisibilité ici est fonction de divers facteurs :

  a) *Le format :* il doit être suffisant pour que toutes les parties de l'image soient visibles. S'il s'avère nécessaire de réduire le document d'illustration, il faut envisager la lisibilité de réduction. Sous prétexte que certaines techniques nouvelles permettent d'opérer des réductions, on tend actuellement à en user à tort et à travers et il devient quasiment nécessaire d'utiliser une loupe pour lire les documents ! Il vaudra mieux rejeter en fin de texte dans une « schémathèque » un schéma trop grand, que l'on pourra déplier au besoin, plutôt que d'en faire une réduction illisible.

  b) *La place dans le texte :* si le format des illustrations oblige parfois à les rejeter en fin de texte, il faut de préférence les associer au texte. Elles constituent souvent un élément important du contenu : étape du raisonnement, élément d'analyse ou de synthèse, preuve, concrétisation, etc. Elles se lisent donc comme le texte, leur disposition dans la page doit alors permettre de les inclure totalement dans la continuité de la lecture : en parallèle avec le paragraphe qu'elles illustrent et dans la page même ou en face en introduction, en conclusion, mais toujours près du texte. Une illustration « décontextée » perd totalement sa force.

  c) *Le trait :* il doit non seulement être lisible mais *distinct* au point de pouvoir se lire pour lui-même comme le caractère d'un texte dans une lecture analytique, et, avec tous les autres traits du même dessin, dans une lecture globale. Chaque trait d'un schéma par exemple, selon sa signification dans l'ensemble, aura son épaisseur, voire sa couleur ou sa graphie (pointillé, trait interrompu, double trait, etc.).

3.3.4. *La saisie du contenu doit être facilitée*

Par l'indication du type de l'écrit et *par le ou les titres* : « rapport », « mémoire », « note », éclairé le cas échéant de mentions telles que « d'étude », « d'activité », « de construction », « de faisabilité », « d'avancement des travaux... », etc.

Exemple : Rapport d'étude
sur « l'Informatisation du service de voierie »
ou Rapport de construction « d'un prototype de radar X K Z »
à moins que ces mentions ne soient incorporées au titre lui-même.

Exemple : Rapport
« Étude de l'implantation d'un service informatique de gestion des stocks »
ou « Construction d'un prototype du radar X K Z »

Qu'elles soutiennent le type d'écrit ou le titre lui-même, ces précisions sont particulièrement importantes : elles annoncent en même temps que le sujet, les limites dans lesquelles il est traité. En effet, aucun de ces écrits ne prétend être exhaustif ; il a pour mission de traiter une situation, un problème, un aspect du sujet et c'est cela qu'il convient de mentionner.

Le titre peut poser d'emblée, non seulement les limites du développement, mais l'esprit dans lequel il est conçu et, pourquoi pas, la méthode adoptée.

Exemple : Rapport
« Étude exploratoire (ou) (de fiabilité) (ou) de pertinence (ou)... de l'implantation d'un service informatique de gestion des stocks : le cas TRIPLEFI. »

Voici un titre qui annonce en effet :

1 – L'intention de se livrer à une étude systématique, analytique et critique devant aboutir à des conclusions générales du type : l'informatisation de la gestion des stocks est-elle souhaitable ? dans quelles limites ?

2 – La volonté de s'appuyer sur un cas concret en empruntant sa méthode à l'étude de cas.

S'il est bon que le titre soit court et précis, il est tout aussi intéressant *qu'il pré-pare la lecture.* Parfois, un titre quelque peu développé, dit **titre plein** sera donc souhaitable. Ainsi, la problématique annoncée dans le cas ci-dessus : « Le cas TRIPLEFIL », peut être, non seulement donnée comme telle par la formulation du titre, (les mots et leur organisation) mais aussi par la ponctuation choisie ; un simple point d'interrogation suffit pour suggérer qu'il y a effectivement un problème à traiter.

Exemple : L'informatique dans la gestion des stocks ? Le cas TRIPLEFIL ?

– LES NOMENCLATURES OU LEXIQUES : ils seront de préférence en tête de l'ouvrage, après le sommaire et l'éventuel préambule. Ils seront nécessaires à chaque fois qu'un vocabulaire particulier est utilisé.

– LE SOMMAIRE : il présentera le contenu de l'ouvrage sous forme de *plan.* Le lecteur peut alors prendre connaissance de la *démarche* de l'auteur. Il peut aussi opérer une sélection des chapitres qu'il lira. Aussi est-il meilleur que le sommaire figure en tête de l'ouvrage et non à la fin.

Quelle présentation adopter pour le *sommaire ?* La numérotation à tiroirs se répand. Elle a l'avantage d'utiliser un seul code chiffré, celui des chiffres arabes, de relier plus fortement les sous parties les unes aux autres tout en mettant en évidence leur découpage, de faire mieux apparaître le déploiement du raisonnement.

Exemple :
SOMMAIRE
AVANT-PROPOS : La réforme de l'entreprise X : une longue marche !

1. *Une entreprise familiale centenaire*
2. *Un personnel peu dynamisé*
3. *Une direction « de droit divin »*
4. *Une démarche commerciale inadaptée*
5. *Une comptabilité « historique » entravée dans son évolution*
6. *Une remise en question du Pouvoir par l'informatique ?*

L'art du sommaire n'est autre ici que l'art du plan. Rappelons que celui-ci doit faire apparaître non seulement les étapes de l'étude ou de la réflexion mais leur **sens.** Il doit **y avoir cohérence du titre à la conclusion.** A un titre annonçant une **interrogation** et une

problématique doit correspondre un sommaire constitué d'interrogations et d'éléments de réponse : voir ci-contre.
Le sommaire est à la fois un PANORAMA et un ITINÉRAIRE.

A l'annonce de chaque chapitre ou sous-chapitre correspond aussi un numéro de page. Dans les sommaires courts l'usage se répand de ne faire figurer que celui-ci, la numérotation des titres apparaissant superflue.

Exemple : Rapport d'activité

pages	sommaire
3	Rapport du Conseil d'Administration
4	Bilan social
11	Exposé financier
15	Commentaires sur le bilan
18	Résolutions

Dans ce cas, la numérotation des pages peut être placée en avant ou en arrière des titres. (voir aussi, pour compléter votre travail sur le sommaire le chapitre « Le rapport d'activité » : les sommaires dynamiques).

- LA LISTE RÉCAPITULATIVE DES PLANCHES, SCHÉMAS, GRAPHIQUES, ILLUSTRATIONS : Dite encore « schémathèque » (voir au chapitre « le rapport d'activité » : les sommaires « dynamique »). Elle peut être consultée tout à fait indépendamment, comme n'importe quelle partie du texte pour l'information spécifique qu'elle porte (*cf.* ci-dessus partie maniabilité et chapitre : « Schémas, graphiques, organigrammes »). Les figures sont numérotées. La liste en reprend l'énumération dans l'ordre et renvoie aux pages correspondantes.
- LES NOTES EN BAS DE PAGE : elles expliciteront les illustrations et citations qui souvent font référence à la culture personnelle du rédacteur et restent mystérieuses pour le lecteur.
- LA LISTE DES ANNEXES : Leur *annonce dans le texte* permet que leur rejet en fin d'ouvrage n'implique pas pour autant l'oubli. Chaque document annexé comporte donc un numéro correspondant auquel le texte renvoie. Les annexes ne sont pas des fourre-tout mais une sélection de documents invitant à *l'exploration des limites du sujet*, apportant des conseils pratiques, des informations chronologiques, historiques, géographiques.

© Éditions d'Organisation

3.4. Les titres pleins

De nombreux écrits d'action impliquent la rédaction de titres : titre d'un projet, sous-titres d'une étude, d'un rapport, de lettre, de dépliants...

Le premier objectif du titre est de permettre au lecteur d'avoir une idée du thème dont le texte annoncé va traiter ; la présentation des titres dans un sommaire donne un aperçu de l'ensemble d'un document, ce qui est d'autant plus indispensable que celui-ci est épais.

Le second objectif du titre, indissociable du précédent est d'informer le lecteur sur l'élément dominant du contenu que le texte annoncé va développer.

Il ne s'agit pas seulement d'indiquer de quoi le texte parle, mais ce qu'il dit.

Le lecteur aura de ce fait une double information :

– sur la rubrique
– sur le contenu de la rubrique.

Ainsi à la lecture d'un sommaire il appréhendera un premier niveau d'information sur le contenu, l'orientation, la thèse du document global.

Prenons quelques exemples qui mettent en regard le « titre rubrique » et le « titre plein » (porteur d'une information).

Titres « rubrique »	Titres pleins
L'histoire de l'entreprise	D'une entreprise familiale à une multinationale
Les avantages	Une clientèle plus satisfaite
La nouvelle organisation	Vers la polyvalence des collaborateurs
Les objectifs de l'association	Des activités adaptées aux demandes
L'argumentation	Adapter son argumentation au contexte

Cet effort de formulation relève d'un véritable travail de synthèse ; il met l'accent sur l'essentiel mais c'est aussi, pour le rédacteur, l'occasion de pointer ce qui pour lui est le plus pertinent dans le texte annoncé.

Ajoutons que la pratique des titres pleins est de plus en plus requise dans les écrits d'action et dans l'ensemble des écrits universitaires.

3.5. L'esthétique pour une lecture agréable

3.5.1. À quoi peut donc servir l'esthétique ?

Dans les écrits d'action où l'utilité tend parfois à prendre le pas sur le souci de la forme, on peut se poser la question. Nous venons de voir comment la lisibilité d'un document pouvait servir l'information. Or, certains aspects de la lisibilité (aération, choix de la graphie, de trait, mise en évidence d'un ordre) contribuent aussi à l'esthétique, qui elle-même, en ajoutant le plaisir à la facilité de lecture permet au message d'être bien reçu. Aussi l'esthétique qu'il faut viser dans nos écrits doit-elle avoir la perspective d'apporter au lecteur un agrément qui *sert l'information* comme le « design » subordonne la ligne à la fonction de l'objet.

Au reste, nous sommes de plus en plus insensible au document rébarbatif (cf. introduction du chapitre). La lettre qui se présente comme un brouillon indéchiffrable et couvert de ratures, le rapport touffu, sans alinéa ni paragraphes, truffé de chiffres épais, le manuscrit sur papier jaunâtre peuvent aller au panier.

3.5.2. En quoi réside l'esthétique d'un écrit d'action ?

Dans la combinaison du choix des éléments graphiques, des couleurs, de l'aménagement de l'espace de la page, du choix même du support.

3.5.3. Les supports papier portant le texte

Ils peuvent être choisis *pour apporter à l'œil et au toucher un certain agrément.*
La couverture d'un rapport par exemple ou d'une notice technique peut être glacée, colorée, constituée d'un agrandissement photographique, travaillée en relief, sans prétendre au luxe. Les rapports d'activité des grandes entreprises rivalisent de splendeur à cet égard.
Les chapitres peuvent être séparés par des feuilles de couleur portant les transitions ou les titres. Les exemples ou commentaires peuvent être présentés sur fond coloré.

3.5.4. L'aménagement de l'espace de la page ou « mise en page »

Elle peut, si aucun impératif de contenu ne le commande spécialement, obéir au *simple souci d'équilibre et d'harmonie* : alternance du texte et des illustrations, de divers types d'illustration, encadrement total ou partiel du texte, alternance d'encadrés, de textes, de « blancs », de texte en colonnes.

3.5.5. Le choix de graphismes, traits et caractères

Il peut donner à l'ensemble du texte une personnalité. L'alliance par exemple d'une écriture italique et d'une couleur dans les titres, les traits ou certains passages d'une lettre même imprimée peut donner l'illusion d'un texte plus personnel, quasi manuscrit. Dans une fiche technique l'adoption de caractères de dimensions différentes selon les paragraphes et en rapport avec le cadre où se déploie le texte est très satisfaisante esthétiquement. Elle répond en outre à une logique : au rapport espace/contenu, au rapport idées principales/idées secondaires, au rapports ensembles/détails.

Parmi les éléments de texte qui sont passibles d'un traitement esthétique efficace figurent les croquis, diagrammes et organigrammes qui peuvent devenir de vrais chefs d'œuvres graphiques (voir plus loin : schémas, graphiques, organigrammes).

Actuellement les logiciels de traitement de texte et d'image permettent d'envisager la réalisation de textes soignés et bien illustrés. Ils sont nombreux, et certains très spécialisés ; chaque domaine ou discipline doit pouvoir trouver outre les ressources de logiciels généralistes comme PHOTOSHOP, celles d'outils informatiques strictement adaptés à ses besoins.Une nouvelle science a fini par prendre corps, qui traite l'ensemble des besoins de l'illustration à caractère graphique : l'INFOGRAPHIE.

3.6. L'esthétique, oui... mais adéquate et justifiée !

L'esthétique étant la première impression des écrits que nous étudions, *il ne saurait y avoir de recherche vraiment gratuite* dans ce domaine. Il doit y avoir stricte adéquation des moyens au contenu. Ni austérité, ni luxe, ni grisaille, ni fioritures, mais une utilisation fonctionnelle des moyens graphiques à notre disposition (même le rédacteur qui écrit à la main dispose de moyens innombrables).

Ainsi chaque « outil » aura son utilisation adaptée au sujet. *La couleur* qui doit toujours *signifier,* sera symbole, codage, différenciation.

Exemple : dans une notice d'appareillage électromécanique le bleu sera la couleur des éléments mécaniques, le rouge des éléments électriques.

Dans un schéma complexe d'appareils utilisant plusieurs fluides, les circuits seront visualisés par trois couleurs représentant chacune un fluide : air, huile, eau, etc.

Dans un article à différents niveaux de lecture, tous les paragraphes historiques seront encadrés de violet et les commentaires critiques présentés sur fond d'une autre couleur, etc.

Il y a déjà longtemps que le dessin industriel utilise à défaut de couleurs les fonds grisés ou hachurés, et c'est bien dans ces rôles distinctifs que la couleur peut rendre les plus grands services. Elle est à elle seule un puissant moyen de vulgarisation de réalités scientifiques complexes. *Etre austère sous prétexte de rester « sérieux » n'est pas une solution.* C'est aussi vouloir rester hermétique, alors que graphies et couleurs peuvent, bien utilisés, servir la compréhension.

De même l'illustration peut *permettre le passage du théorique au concret mais* à condition de n'être pas plaquée sur le texte. Un rapport n'a pas à se transformer en album photographique. Chaque illustration doit être sélectionnée en fonction du sujet et de l'intention démonstrative, et, si possible, *créée spécialement* (photo prise à l'occasion de l'étude ou schéma conçu de toutes pièces).

A terme, la parfaite adéquation de la présentation au sujet peut devenir **originalité**.

3.7. Courbes, schémas, graphiques, organigrammes

Les vocabulaires multiformes des discours scientifique, technique économique, sociologique contemporains incorporent des éléments de langage dont la place et le nombre tendent à s'accroître. Autrefois considérés comme de simples illustrations « hors texte », figurant souvent en annexe des ouvrages techniques, ils sont devenus du texte. Brisant les frontières linguistiques ils contribuent désormais à *l'universalisation des concepts et de la logique* »[1], car ils peuvent être lus sans le recours à la traduction[2]. Cette caractéristique les désigne comme vocabulaire privilégié de la télécommunication par écran et de la bureautique.

---

1. ln « La Galaxie *Gutenberg* » *M. MAC LUHAN, Éd. MAME.*
2. Il faut cependant l'appui du titre, du code et de la légende, en général donnés dans une langue définie pour les situer. Le problème de l'autonomie de ces représentations se pose donc, entre autres, à la bureautique.

3.7.1. Leurs avantages

Indiscutablement ce sont

La concision : documents « ramassés » ils permettent de rassembler en une figure minimum le maximum de données.

La visualisation : ils apportent à la compréhension l'aide d'une perception visuelle rapide, globale, esthétique.

La « **logicisation** » : ils font apparaître les rapports logiques des données entre elles et en permettent l'exploitation.

3.7.2. Quand les utiliser ?

▪ A chaque fois qu'il y a une structure ou des relations à mettre en évidence... à condition que cela réponde à une nécessité de compréhension (apparition de relations nouvelles ou complexité). Ainsi : on ne construit pas un organigramme pour trois données qui peuvent parfaitement être exprimées par le texte.

Un graphique embrouillé ne sert à rien.

Un diagramme pour représenter un rapport banal n'a pas raison d'être.

▪ Bien conçus ils peuvent et doivent :
  – faire comprendre
  – clarifier
  – synthétiser
  – classer
  – situer ou repérer
  – évaluer
  – comparer
  – préparer le déroulement d'une réalisation (ex. Le tableau de bord de l'entreprise)
  – faire passer du principe à l'action (ex. : le grafcet « outil de représentation du cahier des charges d'un automatisme »)
  – faire rebondir l'analyse

▪ De plus en plus nombreux ils connaissent une utilisation en « automatique » et en « gestion ». Ils ont autant leur place dans les études administratives, financières, économiques, sociologiques que dans les études scientifiques et techniques.

3.7.3. Quelle représentation choisir ?

• Il ne nous appartient pas de dresser ici le panorama de toutes les figures possibles, nous renvoyons aux ouvrages cités. Sélectionnons :[1]
  - **La famille des courbes :** courbes simples, abaques, isogrammes, « graphes »[2].
  - **La famille des schémas,** qui est infinie puisqu'elle n'est que la simplification d'une multiplicité de relations très concrètes. *Exemple :* l'ensemble des schémas de principe, de fonctionnement, de construction, de détails qui accompagnent une réalisation électronique ou électrotechnique.
  - **La famille des graphiques :** à bandes, de surface, circulaires, etc., à une, deux ou trois dimensions, entre autres les diagrammes, cartogrammes, histogrammes, chronogrammes, logigrammes, et les organigrammes qui tendent à former une famille à eux seuls. Les graphiques vedettes sont le tableau de bord, le grafcet, la pyramide.

• La figure adoptée n'est pas toujours la seule possible. Ce sont les impératifs d'esthétique, de lisibilité, d'importance spatiale qui contribueront à fixer le choix définitif.

3.8. Quelle est la spécificité de chacun d'eux ?

3.8.1. La courbe

Elle met en évidence une fonction (relation quantité-qualité, quantité-coût, objectifs-réalisation…)

---

1. *Les termes* graphiques ou graphes *sont souvent employés comme génériques de l'ensemble courbes, schémas, graphiques, organigrammes : cf. : « Les automatismes logiques » de C. LAURGEAU et « Les graphiques dans la gestion »* Hoffmann, *Éd.* Organisation, « La *graphique* et le traite*ment* graphique dans la gestion » ; *Bertin, Flammarion.*
2. Graphe, tend *à se spécialiser* en *mathématique.*

© Éditions d'Organisation

2001 : RALENTISSEMENT ET RÉCESSION

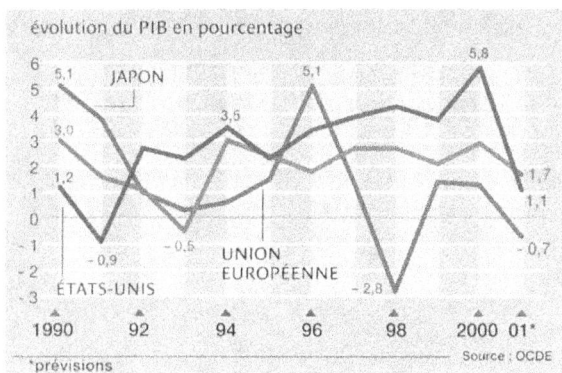

évolution du PIB en pourcentage

JAPON — 5,1 — 5,1 — 5,8

3,5

3,0

1,2

- 0,9

- 0,5

UNION EUROPÉENNE

ÉTATS-UNIS

- 2,8

1,7

1,1

- 0,7

1990 92 94 96 98 2000 01*

*prévisions

Source : OCDE

In « Bilan du Monde », 2002.

ÉVOLUTION DE LA CSG ET DE LA CRDS

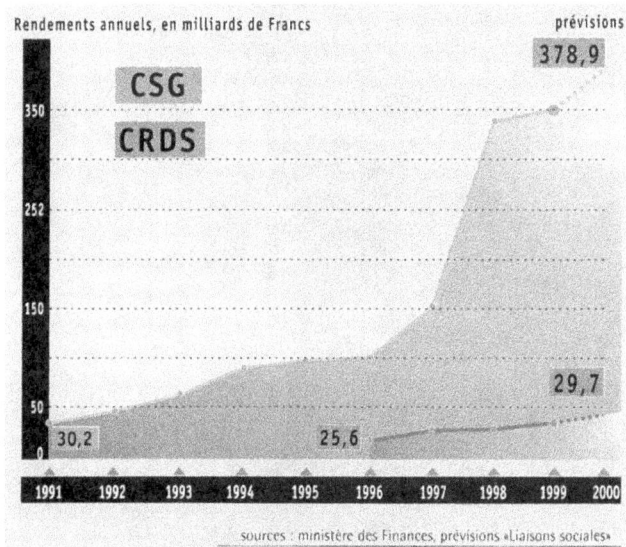

Rendements annuels, en milliards de Francs

prévisions

378,9

CSG

CRDS

350

252

150

50

30,2

25,6

29,7

1991 1992 1993 1994 1995 1996 1997 1998 1999 2000

sources : ministère des Finances, prévisions «Liaisons sociales»

In « Le Courrier du Retraité », n° 74.

LES TAUX À 3 MOIS ET À 10 ANS EN FRANCE

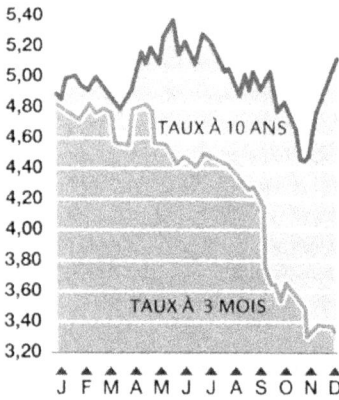

LES TAUX À 3 MOIS ET À 10 ANS EN ALLEMAGNE

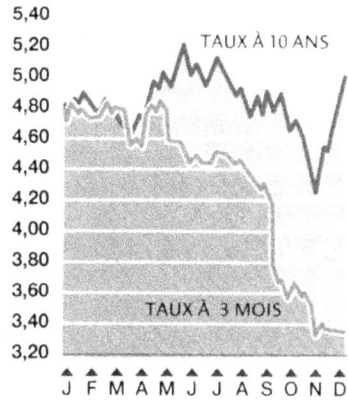

LES TAUX À 3 MOIS ET À 10 ANS AUX ÉTATS-UNIS

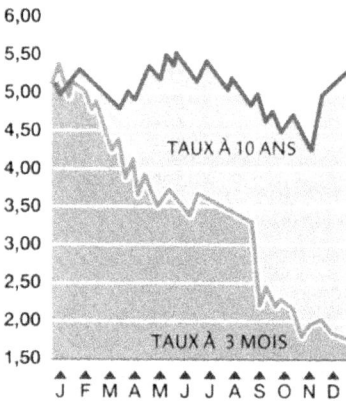

LES TAUX À 3 MOIS ET À 10 ANS AU JAPON

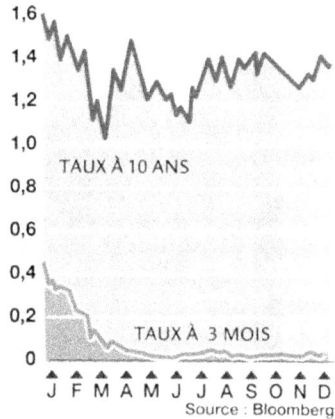

Source : Bloomberg

In « Bilan du Monde », 2002.

3.8.2. Le schéma

C'est le dessin simplifié représentatif de relations entre plusieurs éléments linéairement assemblés.

Ci-contre : deux schémas :   1 – Schéma ou croquis coté
2 – Schéma de câblage

3.8.3. Les diagrammes et graphiques

Figurent une ou plusieurs variations et en permettent la comparaison : acheminements, relations spatiales entre activités, rapports quantitatifs. A partir d'une certaine complexité, ils sont plus représentatifs que la courbe. Ils peuvent être présentés en deux ou trois dimensions.

Deux types de diagrammes très significatifs : la pyramide constituée de « bâtons », le « secteur » ou, en 3 dimensions le « camembert ».

RÉPARTITION DES PELS (CRÉDITS + SUBVENTIONS) PAR DOMAINE

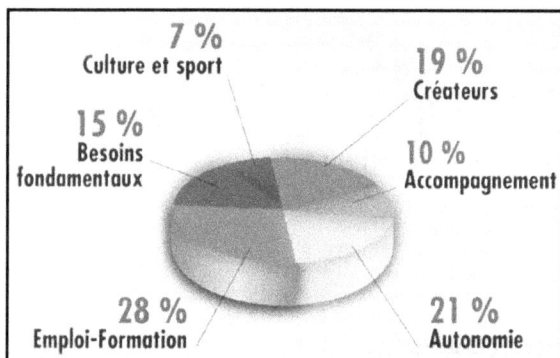

7 %
Culture et sport

19 %
Créateurs

15 %
Besoins fondamentaux

10 %
Accompagnement

28 %
Emploi-Formation

21 %
Autonomie

STRUCTURE DES EFFECTIFS PAR TRANCHE D'ÂGE

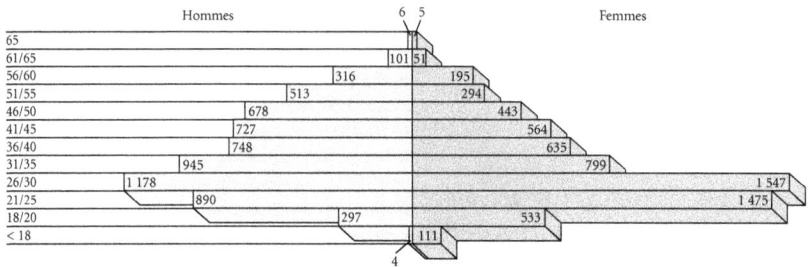

	Hommes		6 5		Femmes	
65						
61/65			101 51			
56/60		316	195			
51/55		513	294			
46/50	678		443			
41/45	727		564			
36/40	748		635			
31/35	945		799			
26/30	1 178				1 547	
21/25	890				1 475	
18/20		297	533			
< 18			111			
		4				

LES VENTES MONDIALES DE PC

en millions d'unités

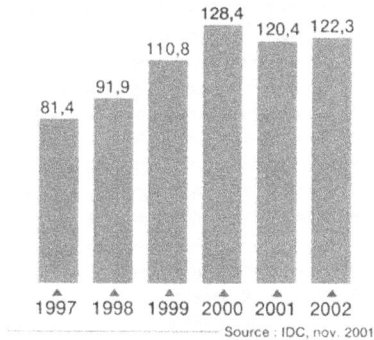

128,4 120,4 122,3
110,8
91,9
81,4

1997 1998 1999 2000 2001 2002
Source : IDC, nov. 2001

In « Bilan du Monde », 2002.

3.8.4. *Les organigrammes*

Ils mettent en évidence les structures hiérarchiques ou fonctionnelles d'une organisation. Ci-contre : l'organigramme d'une société, le « logigramme » d'un programme-machine.

ORGANIGRAMME

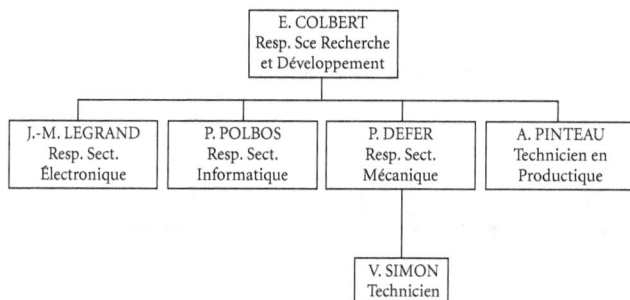

```
                    E. COLBERT
                 Resp. Sce Recherche
                  et Développement
```

J.-M. LEGRAND	P. POLBOS	P. DEFER	A. PINTEAU
Resp. Sect.	Resp. Sect.	Resp. Sect.	Technicien en
Électronique	Informatique	Mécanique	Productique

```
                    V. SIMON
                    Technicien
```

ARBORESCENCE

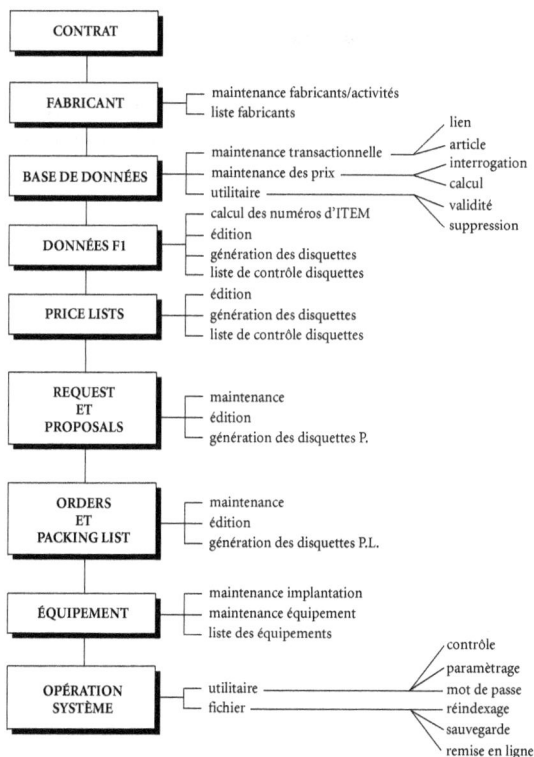

CONTRAT

FABRICANT
- maintenance fabricants/activités
- liste fabricants

BASE DE DONNÉES
- maintenance transactionnelle
- maintenance des prix — lien / article / interrogation / calcul / validité / suppression
- utilitaire

DONNÉES FI
- calcul des numéros d'ITEM
- édition
- génération des disquettes
- liste de contrôle disquettes

PRICE LISTS
- édition
- génération des disquettes
- liste de contrôle disquettes

REQUEST ET PROPOSALS
- maintenance
- édition
- génération des disquettes P.

ORDERS ET PACKING LIST
- maintenance
- édition
- génération des disquettes P.L.

ÉQUIPEMENT
- maintenance implantation
- maintenance équipement
- liste des équipements

OPÉRATION SYSTÈME
- utilitaire — contrôle / paramètrage / mot de passe / réindexage / sauvegarde / remise en ligne
- fichier

SCHÉMA DE TYPE LOGIGRAMME

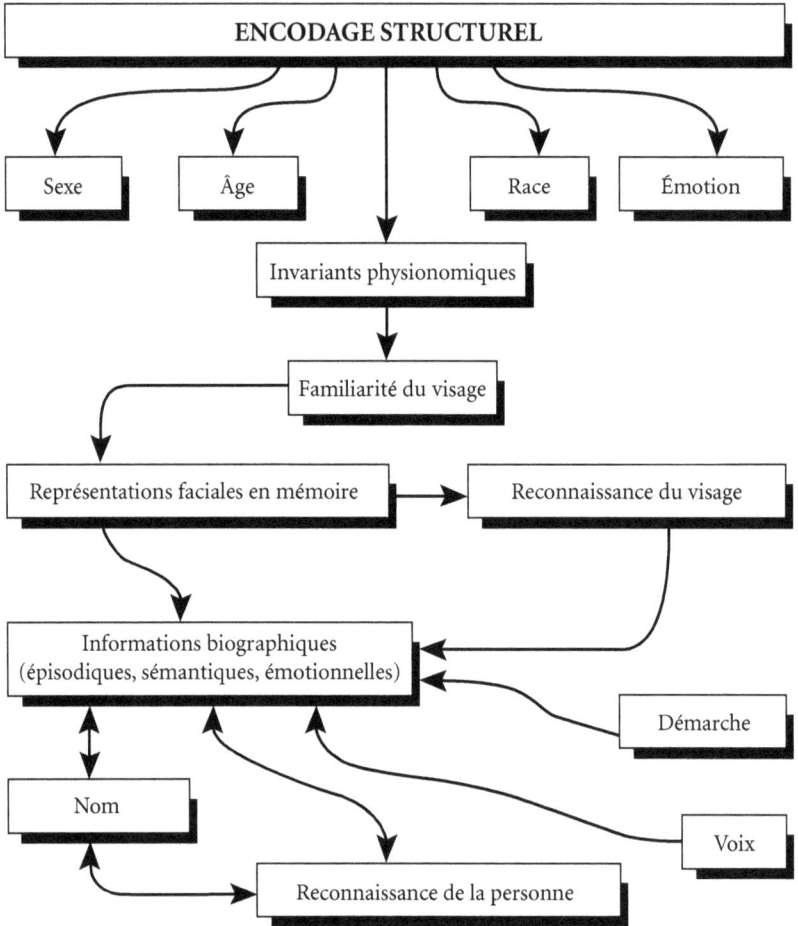

ENCODAGE STRUCTUREL

Sexe Âge Race Émotion

Invariants physionomiques

Familiarité du visage

Représentations faciales en mémoire → Reconnaissance du visage

Informations biographiques (épisodiques, sémantiques, émotionnelles)

Démarche

Nom

Voix

Reconnaissance de la personne

In « La Recherche », n° 267.

On associe de plus en plus le dessin à la courbe, au schéma, à la plupart des représentations qui visent un large public.

**NOMBRE DE BÉNÉFICIAIRES DU RMI,
Y COMPRIS LES DÉPARTEMENTS D'OUTRE-MER
(au 31 décembre de chaque année)**

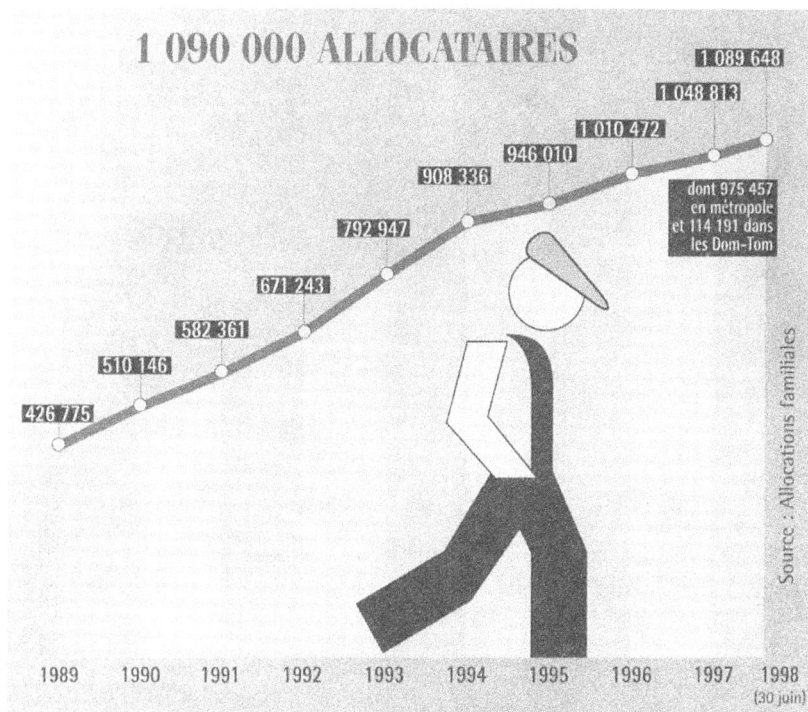

1 090 000 ALLOCATAIRES

1 089 648
1 048 813
1 010 472
946 010
908 336
792 947
671 243
582 361
510 146
426 775

dont 975 457
en métropole
et 114 191 dans
les Dom-Tom

Source : Allocations familiales

1989 1990 1991 1992 1993 1994 1995 1996 1997 1998
(30 juin)

In « Le Courrier du Retraité », n° 56.

LES EMPLOIS DANS L'ENSEMBLE
DE LA FONCTION PUBLIQUE

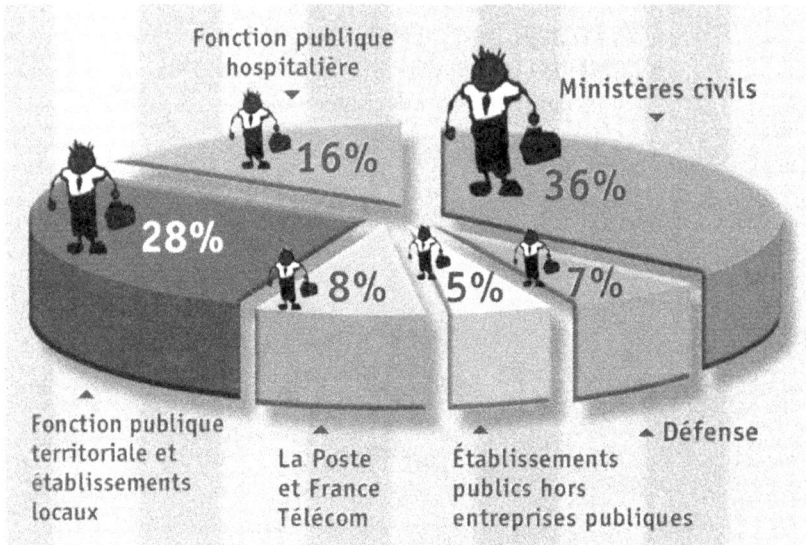

Fonction publique hospitalière ▼ 16%

Ministères civils ▼ 36%

28%

8% 5% 7%

Fonction publique territoriale et établissements locaux

La Poste et France Télécom

Établissements publics hors entreprises publiques

▲ Défense

	Effectifs en milliers d'agents
Ministères civils	1 856 (1)
Défense	391 (2)
Établissements publics hors entreprises publiques	239 (3)
La Poste et France Télécom	440 (3)
Fonction publique territoriale et établissements locaux	1 477 (3)
Fonction publique hospitalière	849 (3)

DGAFP, bureau des statistiques, des études et de l'évaluation

Source : INSEE, DGAFP, SESI, DGCL.   Résultats : (1) au 31.12.98 (2) au 31.12.96 (3) au 31.12.97

In « Le Courrier du Retraité », n° 66.

ACCÈS À LA CAPITALISATION SELON
LE REVENU ANNUEL DU MÉNAGE
(en pourcentage des ménages)

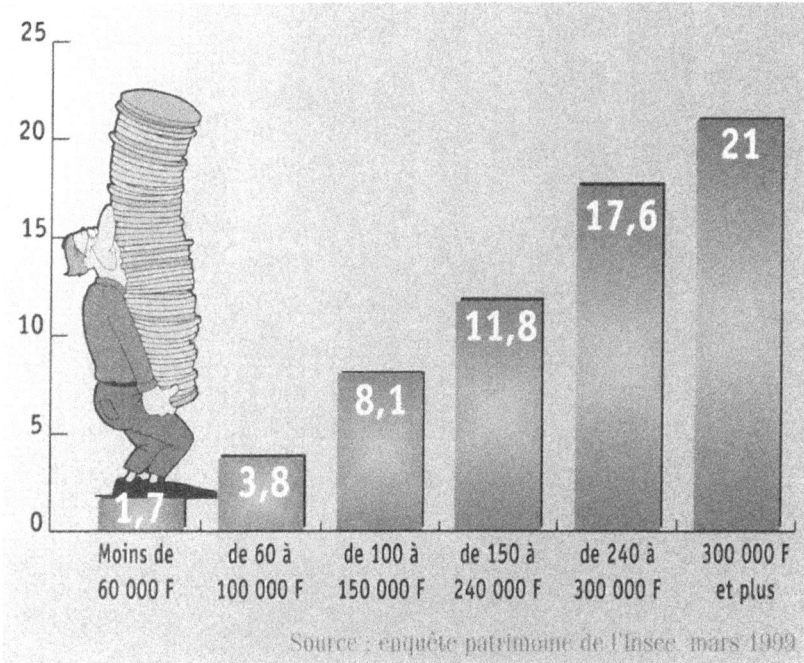

In « Le Courrier du Retraité », n° 64.

ÉCRITS D'ACTION ET EXPRESSION PERSONNELLE

Au terme de ce voyage dans l'univers des écrits d'action il est légitime de se poser la question suivante : *Peut-on avoir une écriture « personnelle » ou « originale » dans le cadre de ces écrits dont les formes apparaissent semblables et codifiées ?*

La question se pose effectivement car les écrits apparaissent pour la plupart comme fixés par des règles implicites et explicites. Nous les avons déclinées tout au long de cet ouvrage, sous forme de conseils, consignes ou impératifs. Mais si elles encadrent votre démarche et orientent votre travail sur les documents à produire, elles laissent une marge à une expression qui porte le mieux votre accent personnel.

Le respect des règles et des conventions, la prise en compte des objectifs assignés aux écrits n'excluent pas le travail sur l'écriture elle-même, la recherche d'une originalité qui mette en valeur le contenu exprimé... et le rédacteur. Intégrer la démarche méthodologique permet de se consacrer au **plaisir d'écrire.**
Et s'il s'agissait aussi de donner au lecteur **le plaisir de lire !**

BIBLIOGRAPHIE

BERTIN : *La graphique et le traitement graphique de l'information*, Flammarion,

BESCHERELLE L.M : *L'art de conjuguer*, Hurtubise HMH, 1970.

BESCHERELLE L.M : *L'art de l'orthographe*, Hatier, 1987 (épuisé).

BIBLIOTHÈQUE NATIONALE : *L'aventure des écritures. La page*, BNF, 1998.

BIBLIOTHÈQUE NATIONALE : *L'aventure des écritures. Matières et formes*, BNF, 1998.

BLANCHET (sous la dir. de) : *L'entretien dans les sciences sociales : l'écoute, la parole et le sens*, Dunod, coll. Psychologie Supérieur, 1997.

BLED O. : *L'orthographe*, Hachette, 1994.

BRAHIC M. : *Mieux rédiger les écrits professionnels*, Éd. d'Organisation, 2001.

DEPECKER L. : *L'invention de la langue. Le choix des mots nouveaux*, Larousse Colin, 2001.

FAYET M. : *Rédiger sans complexes*, Éd. d'Organisation, 2001.

GREVISSE M. : *Le Français correct*, Duculot, 1998.

HANSE J. : *Nouveau dictionnaire des difficultés du français moderne*, Duculot, 2000.

HOFFBECK G., WALTER J. : *Savoir prendre des notes vite et bien*, Dunod, 2000.

KAUFMANN J.C : *L'entretien compréhensif*, Nathan, coll. Sociologie, 1997.

LEFORT G. : *Savoir se documenter*, Éd. Organisation, 1994.

MARRET A., SIMONET R., SALZER J. : *Écrire pour agir*, Éd. Organisation, 1982, 1985, 1990.

MARRET A., SIMONET R. : *La note de synthèse*, in Guide d'expression écrite (sous la dir. de GABAY M.), Larousse, 1988.

MUCCHIELLI R. : *Le questionnaire dans l'enquête psychosociale*, ESF Éditeur, Litec, coll. Formation Permanente en Sciences Humaines, 1990.

MUCCHIELLI R : *L'analyse de contenu des documents et communications*, ESF Éditeur, Litec, coll. Formation Permanente en Sciences Humaines, 1998.

NIQUET G. : *Structurer sa pensée, structurer sa phrase*, Hachette, 1987.

OUDART A.C : *Les chargés de relation clientèle face à la lettre de réclamation*, Presses Universitaires du Septentrion, 2001.

PAGE M. : *L'e-mail futé*, Éd. d'Organisation, 2000.

PORQUET A. : *L'orthographe française*, Éd. Gauthier-Villars, coll. Connaissances fondamentales, 1967.

SIMONET R. : *Comment réussir sa recherche de stage*, Dunod, 2000.

SIMONET R., MARRET A., SALZER J. : *71 fiches de formation aux écrits professionnels*, 1984, 1988.

SIMONET R., SALZER J. : *La prise de notes intelligente*, Éd. d'Organisation, 2001.

SIMONET R., SALZER J. : *Savoir Argumenter*, Éd. d'Organisation, 2001.

WALTER H. : *L'aventure des mots français venus d'ailleurs*, Robert Laffont, 1997.

AUTRES RESSOURCES

Banques de données (liste très limitative)

AFNOR : *Normalisation et certification*, 3616 AFNOR.

ELECTRE : *Parutions en librairies*, 3617.

FRANCIS : *Sciences de l'homme et de la société*, 3629, 3601.

INSEE : Institut national de la statistique.

Données sur la population, les organismes sociaux et du travail, l'économie. Interrogeable sur le 3615, code INSEE.

INPI : Brevets français, Marques, 6615 INPI.

JOEL : *Le Journal officiel sur les cinq dernières semaines*, 3615 JOEL.

LOGOS : *Tous sujets concernant la vie politique, sociale, économique et culturelle.* La documentation française.

NORMATERM : *Terminologie française et anglaise*, 3617.

Les Banques de données européennes délivrant des données bibliographiques, statistiques ou factuelles sont répertoriées dans DIANE guide.

Signalons aussi 3615 EUROPE, centre d'information sur l'Europe.

Aide à la consultation

COMETES : Service informatique consultable à la médiathèque de la cité des Sciences et de l'Industrie.

www.ingramcontent.com/pod-product-compliance
Lightning Source LLC
Chambersburg PA
CBHW032326210326
41518CB00041B/1082